蒙洼蓄洪区
建设实践与思考

徐迎春 等/著

北京师范大学出版集团
安徽大学出版社

图书在版编目（CIP）数据

蒙洼蓄洪区建设实践与思考/徐迎春等著.—合肥:安徽大学出版社,2022.12
ISBN 978-7-5664-2500-3

Ⅰ.①蒙… Ⅱ.①徐… Ⅲ.①区域经济发展－研究－阜南县 Ⅳ.①F127.544

中国版本图书馆 CIP 数据核字(2022)第 193172 号

蒙洼蓄洪区建设实践与思考
MENGWA XUHONGQU JIANSHE SHIJIAN YU SIKAO

徐迎春 等著

出版发行：	北京师范大学出版集团 安 徽 大 学 出 版 社 （安徽省合肥市肥西路 3 号 邮编 230039） www.bnupg.com www.ahupress.com.cn
印　　刷	合肥远东印务有限责任公司
经　　销	全国新华书店
开　　本	710 mm×1010 mm　1/16
印　　张	18.75
字　　数	274 千字
版　　次	2022 年 12 月第 1 版
印　　次	2022 年 12 月第 1 次印刷
定　　价	89.00 元

ISBN 978-7-5664-2500-3

策划编辑：刘婷婷　　　　　　装帧设计：李　军
责任编辑：刘婷婷　　　　　　美术编辑：李　军
责任校对：马晓波　　　　　　责任印制：陈　如　孟献辉

版权所有　侵权必究

反盗版、侵权举报电话：0551—65106311
外埠邮购电话：0551—65107716
本书如有印装质量问题，请与印制管理部联系调换。
印制管理部电话：0551—65106311

蒙洼蓄洪区王家坝进洪闸（1957年摄）

蒙洼蓄洪区王家坝进洪闸（2020年，李博摄）

蒙洼蓄洪区曹台孜退水闸（2020年，阜南县水利局提供）

王家坝闸开闸蓄洪情景（2020年，李博摄）

蓄洪后的蒙洼郑台孜庄台（2020年，李博摄）

蒙洼蓄洪区王家坝保庄圩（阜南县水利局提供）

蒙洼蓄洪区曹集西保庄圩（阜南县水利局提供）

蒙洼蓄洪区西田坡庄台（2020年，李博摄）

王家坝防汛交通桥（阜南县水利局提供）

蒙洼蓄洪区内发展适应性农业——种植莲藕（2020年，李博摄）

蒙洼蓄洪区特色产业——柳编 （阜南县水利局提供）

蒙洼蓄洪区蓄洪退水后群众补种（2020年，李博摄）

著作单位	主要著作人员
安徽省水利水电勘测设计研究总院有限公司	徐迎春　高　强　海　燕　张　震 王志涛　王露露　程志宏　贾　贝
安徽大学农村社会发展研究中心/人口研究所	孙中锋　黄祖宏　张　彪　谈兆杰 孙子涵　朱霞林　杨　璐　张　慧

序

蓄滞洪区治理历来是大江大河治理的一个难点。2020年8月,习近平总书记视察安徽时来到蒙洼蓄洪区考察指导,强调"要把淮河治理的经验总结好"。系统总结蒙洼蓄洪区治理经验,正是深入贯彻习近平总书记重要指示的实际行动。

我国长江、淮河、海河等大江大河设有90多处蓄滞洪区,这些蓄滞洪区是流域防洪体系的重要组成部分,在历年的防汛抗洪中发挥了积极作用。但与其他地区相比,这些蓄滞洪区普遍存在社会经济发展相对缓慢、工程体系不够完善、安全建设不足、社会管理薄弱等问题。解决好这些问题,是大江大河治理题中的应有之义。

淮河地处我国南北过渡带,淮河流域特别是中游地区,是我国洪涝灾害发生较为频繁的地区之一。中华人民共和国成立以来,在中国共产党的正确领导下,淮河治理坚持"蓄泄兼筹"的治淮方针,基本构建了较为完善的流域防洪减灾体系,流域"大雨大灾,小雨小灾,无雨旱灾"的面貌得到根本改变。20世纪50年代设置的淮河中游一连串行蓄洪区,在历年的防汛抗洪中发挥了重要作用,保障了重要地区的安全。淮河行蓄洪区治理坚持以人为本的指导思想,无论是进退洪闸和堤防等工程建设,还是行蓄洪区内庄台、保庄圩、撤退道路等的安全建设,都取得了显著成效,行蓄洪区的面貌发生了巨大变化。

蒙洼蓄洪区是淮河行蓄洪区的典型代表,也是中华人民共和国治淮的一个缩影。蒙洼蓄洪区位于豫皖交界、淮河上中游的分界点,地理位置特殊。蓄洪区自建成以来，已被运用了 13 年 16 次。为保障蓄洪区及时有效的运用，20 世纪 50 年代以来，国家对蓄洪区的治理不断进行探索与实践，积累了丰富的经验。

我曾在安徽工作了 20 年，大学毕业后即被分配到安徽省水利水电勘测设计院从事淮河干流防洪减灾的规划与研究工作，和徐迎春同志在一个办公室共事了 10 年。徐迎春同志学识渊博，对行蓄洪区科学运用与综合治理见解独到，对行蓄洪区百姓感情笃深。这次徐迎春等同仁编著的《蒙洼蓄洪区建设实践与思考》一书，收集的资料丰富，从防洪、安全建设、人口安置等多方面对蒙洼蓄洪区的治理经验进行总结，很有必要，也很有意义。本书系统地回顾了蒙洼蓄洪区 70 年的建设历程，对各个时期蒙洼蓄洪区的安全建设措施进行了回顾和评价，对区内人口的增长趋势进行了分析，从社会学的角度分析探讨居民迁建的动因，并进行典型调查，提出的有关建议可供其他蓄滞洪区和洲滩圩垸治理参考。

蓄滞洪区建设与管理涉及技术、经济、社会等多方面。除了水利部门外，还需要多部门的参与，制定相应政策。而政策的制定需要以调查研究、观察思考、分析评估等为基础。期待本书的出版，为观察全国蓄滞洪区治理历程和人口变迁提供一个窗口，为推进蓄滞洪区治理发挥积极作用。

是为序。

蔡其华

2022 年 6 月

注：蔡其华现任第十三届全国政协常委，中国水资源战略研究会理事长，全球水伙伴中国委员会主席。曾任水利部副部长、党组成员。

前　言

淮河中游行蓄洪区是流域防洪体系的重要组成部分。行蓄洪区及时有效的运用，降低了淮河干流的水位，减轻了重要堤防的防洪压力，保障了淮北平原等重要保护区的安全。

自 20 世纪 50 年代以来，党和政府为了行蓄洪区的建设和治理，付出了巨大的努力。这片易受洪水威胁的土地，水源条件好，土壤肥沃，十分适于农业耕作，沿淮百姓历来就有在此耕作的习惯。早在 1930 年《导淮工程计划》中就提出了这片土地的治理思路：

> 两堤间所夹之面积，用作最大洪水河床者，估计有两百万亩。此项田地，仍可任人耕种。导治以后，洪水之排泄较速，其被淹没之时期，可以较短，利害参半，或免其捐税，或稍给一次之贴费，固无需巨款收买也。

治水前辈们提出的治水思路，既考虑到这一地区要满足行洪需要的特性，又兼顾了农业耕种需求，并建议采取免农业税、进洪以后给予补偿等措施，无须永久征用此地区。

中华人民共和国成立后，治淮初期就提出需要利用沿淮湖泊洼地调节淮河洪水。蒙洼地区是治淮初期最早设立的蓄洪区。1950 年润河集分水闸建成后，治淮委员会即考虑蒙河洼地的治理，希望在该区域建成控制蓄洪库。1951 年蒙洼蓄洪区工程开始建设，1953 年基本建成。

1982年，我从华东水利学院毕业。毕业前夕，学校图书馆处理一批旧书，我买了几本，其中一本是1933年德国水利专家Richard Winkel编著的《治河研究》。也许是机缘巧合，后来我几十年从事的工作都与治河有关。该书译本前言的第一段就是：治河乃一国之要图，无论古今中外，莫不置有大员，专司其事。书中还附有中国历代治河名言摘要，很有价值。

毕业后我被分配到安徽省水利水电勘测设计院工作，被安排在规划室淮河干流组，当时小组成员有林怡然、葛振新、陈锡炎、张炎、蔡其华、王修良和我。林怡然是组长，他于20世纪50年代初毕业于厦门大学。知识分子对事业的专注、对工作的细致，以及对情况的熟悉，在林老身上得到了很好的体现，同事都称他"淮河通"。葛老毕业于上海大同大学，他指导我们年轻人工作十分有耐心，还善于接受新事物。他有个观点，认为行蓄洪区内应少打庄台，可在岗地上建房安置洼地内群众，政府给百姓免费发放自行车，让农民骑自行车下地干农活。蔡其华是77级大学生，后来担任院规划室副主任，带领我们到蒙洼考察进行调研，编制行蓄洪区庄台总体设计方案。她还非常关心年轻人的工作和生活，后来她到水利部担任副部长领导职务，每次回合肥时，她都去看望林怡然等治淮前辈。

1982年、1983年，淮河干流发生了洪水，我当时的工作主要是到省水文局抄录水利规划所需的水文资料，分析水位流量关系，统计行洪区进洪时扒开的口门宽度数据，做一些基础性工作。

第一次去蒙洼是在1984年夏天。当时为了做好行蓄洪区庄台设计，需要到现场复核县里上报的庄台基础数据。那时的条件艰苦，我和淮河干流组的王修良，在县水利局技术人员的带领下，带着皮尺，骑着自行车在蒙洼蓄洪区内丈量庄台的台顶尺寸。记得那时我刚刚学会骑自行车，在乡间的小路上骑行，生怕掉进路边的水沟里。当时我们一共丈量了张大台孜、前楼、王寨、丁郢孜、张湾等15座庄台的台顶尺寸，掌握了蒙洼庄台的第一手资料。对蒙洼总的印象是，蒙洼地理位置偏远，交通落后，庄台上的百姓居住拥挤，生活环境很差。

1991年,对于治淮而言,无疑是一个重要的节点。1991年,我省淮河流域遭受特大暴雨洪水袭击,洪涝灾害损失惨重。汛后,省水利厅组织治淮专家撰写的《安徽省治淮工作汇报》中,把中游行蓄洪区问题列为4个治淮重大问题之一,并指出"40年来,行蓄洪区人民顾全大局,多次付出了'倾家荡产'的惨重代价,至今不少群众的生活极其困苦"。

当时,我有幸承担该工作汇报的附件二"淮河干流近期治理意见"的撰写工作。在"行蓄洪区的运用及存在问题"一节中,我这样写道:

> 从1950年至今,我省22个行蓄洪区累计进洪165次,其中,进洪次数超过10次的有蒙洼、邱家湖等8个行蓄洪区,进洪频率之高,居全国各大江河分蓄洪区之首。行蓄洪区累计淹没面积达1220万亩,群众为此而遭受了巨大损失。据阜南县估计,蒙洼蓄洪区今年第一次蓄洪所造成的直接经济损失就有1亿元以上。汛后堵口、复堤,修复被洪水冲坏的农田水利等农业基础设施又成了群众沉重的负担。行蓄洪区内许多群众的温饱得不到保障,居住条件很差。当地群众的生活和生产条件与其他地区相比,差距日益增大,已到了下决心彻底解决问题的时候了。

当时,蒙洼、邱家湖、城东湖等行蓄洪区群众的瓦房拥有率仅为10%左右,老百姓大多居住在草房内,生活条件可想而知。我有感而发,写了一篇论文《改变行蓄洪区落后面貌的战略措施》发表在我院内刊《水利科技资料》上。论文提出的解决问题的战略措施包括制定特殊政策持续助力脱贫;搞好国土整治,克服环境障碍;开展适度规模经营;多渠道安排剩余劳力;做好基础调查研究工作,强化行蓄洪区管理。文章最后认为,改变行蓄洪区的面貌光靠水利部门是难以办到的,必须依靠全社会的努力。

虽然我的论文没有也不可能引起什么反响,但毕竟是一位28岁的年轻技术人员对行蓄洪区治理的一点思考。现在回想起来,当时写这篇特殊地区发展战略方面的文章,虽然有勇气,但自己对行蓄洪区的理解还是不够深刻。

在后来的工作实践中,我参加了淮河干流河道整治、行蓄洪区安全建设、行蓄洪区调整与建设、蒙洼蓄洪区堤防加固等许多治淮项目的规划设计工作,参加了淮河1991年、2003年、2007年防汛调度工作。特别是2003年大水期间,我被省水利厅抽调到省防办参与防汛调度与决策工作,收获很大,印象深刻。淮河中游的防汛,行蓄洪区的合理运用是最复杂、关注度最高的防汛决策之一。

经过70年的治理,目前淮河行蓄洪区面貌已发生了巨大变化。10年一遇低标准行蓄洪区内的群众已基本得到妥善安置,群众居住在安全的庄台、保庄圩内,或被迁移到安全的岗地上,行蓄洪条件大为改善。特别是2020年淮河洪水,行蓄洪区调度运用自如,保障了重要保护区的防洪安全。

人口安置始终是行蓄洪区治理中最关键的问题。70年来,行蓄洪区治理贯彻了以人为本的指导思想,始终把蓄洪区内群众的安全摆在突出位置,围绕人口的"去"与"留",做了长期的探索与实践,从打庄台、筑保庄圩、修撤退道路,再到居民迁建,使区内人口得到了较好的安置,取得了显著的治理成效,积累了丰富的经验。

回顾蒙洼蓄洪区70年治理走过的历程,有经验,有启示。在多年的工作实践中我体会到,对于行蓄洪区治理,规划人员除了需要具备自然科学等专业知识外,还需要掌握社会科学知识。人口安置问题涉及社会经济背景、交通条件、居民收入、耕作条件、就业渠道、资金补助等许多因素,安置方案的制订就显得尤为复杂。基于此,从2018年开始,安徽省水利水电勘测设计研究总院与安徽大学农村社会发展研究中心联合开展了蒙洼蓄洪区人口演变与安全建设模式研究。

本书是在本次研究成果的基础上,结合多年来我和我的同事在蒙洼治理实践中的工作体会和心得撰写而成,主要编写人员有徐迎春、高强、孙中锋、海燕、张震、王志涛、黄祖宏、王露露、程志宏、贾贝等。全书共十四章,第一章绪论(高强,徐迎春,王志涛),第二章淮河行蓄洪区的形成与演变(徐迎春,王露露,高强),第三章蒙洼蓄洪区的规划与设立(高强,王露露),第四章蓄洪区的调度与运用(王志涛,海燕),第五章1954年居民迁建调查(张震,徐迎春),第六章蒙洼蓄洪区的人口演变与分布(孙中锋,黄祖宏),第七章蒙洼进退洪闸与蓄洪圈堤(王志涛,贾贝),第八章庄台与保庄圩(程志宏,海燕),第九章蒙洼蓄洪区居民迁建工作发展(海燕,王志涛,高强),第十章蒙洼蓄洪区人口流动与发展预测(黄祖宏,杨璐),第十一章蒙洼蓄洪区居民迁建意愿研究(张彪,杨璐),第十二章蓄洪区洪水风险分析(张震,杨璐),第十三章迁建社区乡村振兴与社区治理(孙中锋、黄祖宏、高强),第十四章启示与展望(徐迎春,高强,海燕)。

当前,随着全国大江大河整体防洪能力的提升,蓄滞洪区、洲滩圩垸的治理进入了一个新的阶段。希望蒙洼蓄洪区过去70年的治理经验,能够对其他类似地区的规划、建设和管理有所启示。但限于笔者的理论水平、知识结构,缺点和错误在所难免。为此,诚恳专家、学者和读者对本书不吝指正。

徐迎春

2022年6月

目 录

第一章 绪论   1
一、全国蓄滞洪区概况 1

二、蓄滞洪区的地位与作用 11

三、蓄滞洪区的建设与管理 14

四、国外洪泛区的管理经验 20

五、社区发展与社区治理研究综述 29

第二章 淮河行蓄洪区的形成与演变   34
一、行蓄洪区的基本情况 34

二、行蓄洪区的形成 37

三、行蓄洪区的建设与治理 42

四、行蓄洪区的调度运用 53

第三章 蒙洼蓄洪区的规划与设立   60
一、蓄洪区的基本情况 60

二、蓄洪区的形成 63

三、20世纪60–70年代蒙洼建设及运用情况 68

第四章　蒙洼蓄洪区的调度与运用　　73

一、调度运用条件 73

二、调度运用水位变迁 73

三、历年运用情况 77

第五章　1954年居民迁建调查　　83

一、调查经过 83

二、人口分布 84

三、新建庄台及群众生产生活情况 84

四、群众安置意愿及要求 86

五、调查委员会的处理意见 88

六、治淮委员会积累的经验和教训 89

第六章　蒙洼蓄洪区的人口演变与分布　　92

一、人口演变 92

二、人口分布 97

三、人口结构 100

第七章　蒙洼进退洪闸与蓄洪圈堤　　105

一、王家坝进洪闸 105

二、曹台孜退水闸 108

三、蒙洼蓄洪圈堤 111

第八章　庄台与保庄圩　　115

一、庄台 115

二、保庄圩 124

第九章　蒙洼蓄洪区居民迁建工作情况　　130

一、2003 年居民迁建 130

二、安全建设规划（2018—2025 年）132

三、蒙洼蓄洪区居民迁建实施情况 134

四、对外交通 135

第十章　蒙洼蓄洪区人口流动与发展预测　　140

一、流出人口基本状况 140

二、流出人口年龄状况 142

三、流出人口空间分布 143

四、流动影响因素的实证研究 145

五、典型庄台的人口与社会发展 150

六、人口预测 156

第十一章　蒙洼蓄洪区居民迁建意愿研究　　163

一、蓄洪区的居民迁建现状 163

二、蓄洪区的人地关系特征 164

三、环境正义分析框架下的移民迁建分析 170

四、蒙洼蓄洪区居民迁建意愿研究 178

五、安置意愿 211

第十二章　蓄洪区洪水风险分析　　216

一、洪水风险分析 216

二、洪水影响分析与损失评估 229

三、避险转移分析 235

四、洪水风险分析结论 237

第十三章 迁建社区乡村振兴与社区治理 239

一、蓄洪区居民迁建思路 239

二、蓄洪区乡村振兴策略 243

三、蓄洪区移民迁建社区的社会治理与创新 252

四、蓄洪区灾后重建中社会资本的支持路径 259

第十四章 启示与展望 263

一、启示 263

二、展望 267

附 录 270

主要参考文献 276

第一章 绪 论

蓄滞洪区是指包括分洪口在内的河堤背水面以外临时贮存洪水和分泄洪峰的低洼地区及湖泊等,其中多数是历史上江河洪水淹没和蓄洪的场所。

蓄滞洪区包括行洪区、分洪区、蓄洪区和滞洪区。行洪区是指天然河道及其两侧或河岸大堤之间,在大洪水发生时用以宣泄洪水的区域;分洪区是利用平原区湖泊、洼地、淀泊修筑围堤,或利用原有低洼圩垸分泄河段超额洪水的区域;蓄洪区是发挥调洪性能的分洪区的一种,指用于暂时蓄存河段分泄的超额洪水,待防洪情况许可时,再向区外排泄的区域;滞洪区是指具有调洪性能的一种分洪区,这种区域具有"上吞下吐"的能力,以其容量只能对河段分泄的洪水起到削减洪峰,或短期阻滞洪水的作用。

一、全国蓄滞洪区概况

我国人口众多,人水争地问题突出,而降水时空分布不均匀,暴雨多、雨量大,洪水频发,是世界上洪涝灾害最为严重的国家之一。据统计,20世纪90年代以来洪涝灾害造成的直接经济损失约占全国各类自然灾害总损失的63%,约为同期国内生产总值的1.7%,居各类自然灾害损失之首,严重威胁着人民生命财产安全和经济社会的可持续发展。我国许多江河的洪水峰高量大,而中下游地区的河道泄洪能力普遍不足,利用蓄滞洪区有计划地主动分蓄流域超额洪水,是流域防洪减灾的重要手段,在防御标准内洪水和超标准洪水中具有不可替代的作用。

1.基本情况

中华人民共和国成立以来,根据流域防洪安全保障的需要,我国长江、淮河等主要江河在流域综合规划和防洪规划中,确定并设置了一批蓄滞洪区。2000年5月,国务院发布的《蓄滞洪区运用补偿暂行办法》,明确提出在长江、黄河、淮河和海河流域设置97处国家蓄滞洪区,其中长江流域40处,黄河流域5处,海河流域26处,淮河流域26处。据2004年统计,97处国家蓄滞洪区总面积3.17万 km^2,总耕地面积2585万亩,总蓄洪容积1098亿 m^3。

1998年长江和松花江大水后,为适应流域防洪减灾的新要求,我国主要江河流域开展了防洪规划工作,对流域防洪减灾体系、防洪工程总体布局都重新进行了安排和调整,蓄滞洪区的地位和作用更加突出。

全国七大江河流域防洪规划在深入分析流域洪水情况、工程情况的基础上,根据流域防洪形势的变化、流域防洪安全保障的实际需要和流域目标洪水的处置安排,对蓄滞洪区设置进行了适当的调整,主要调整内容如下。调整撤销黄河流域大功等3处、淮河流域石姚段等6处蓄滞洪区改为防洪保护区,淮河流域上、下六坊堤2处蓄滞洪区实施退堤还河,扩大淮河干流行洪通道。新增设淮河流域大逍遥、南四湖湖东,海河流域崔家桥,松花江流域月亮泡、胖头泡等5处蓄滞洪区;将淮河流域杨庄、洪泽湖周边(含鲍集圩),珠江流域湛江等3处蓄洪洼地、圩区纳为蓄滞洪区。调整长江流域华阳河1处、淮河流域黄墩湖等6处蓄滞洪区的范围,减小蓄滞洪区域面积;对淮河流域的姜家湖、唐垛湖实施联圩合并形成姜唐湖蓄滞洪区;对海河流域的长虹渠(柳围坡)实施拆分,形成长虹渠、柳围坡2处蓄滞洪区。另外,调整长江流域17处、黄河流域1处、海河流域4处运用标准较高的蓄滞洪区的分洪任务,以(或局部作为)应对流域超标准洪水。

根据国务院已批复的七大江河防洪规划,调整完成后各流域设置的蓄滞洪区共计94处。其中,长江流域荆江分洪区,黄河流域北金堤,淮河流域蒙洼、城西湖蓄滞洪区、洪泽湖周边圩区(含鲍集圩),海河流域永定河泛区、小清河分洪区、东淀、文安洼、贾口洼、团泊洼和恩县洼等12处蓄滞洪区由国家防总调度。规划调整设置的蓄滞洪区除了承担大江大河流域防御目标洪水的防洪任务外,还承担流域超标准洪水的防洪任务,部分蓄滞洪区同时还承担支流的防洪任务。

2010年1月,经国务院同意,国家蓄滞洪区名录增列滁河流域荒草二圩、荒草三圩、汪坡东荡、蒿子圩(皖苏各1个)4个分蓄洪区。至此,国家行蓄洪区修订名录合计共98处,其中长江流域44处,黄河流域2处,淮河流域21处,海河流域28处,松花江流域2处,珠江流域1处,详见表1-1。此外,淮河流域在流域防洪规划中初步拟定将上六坊堤、下六坊堤、洛河洼、石姚段、方邱湖、临北段、香浮段、潘村洼8处原蓄滞洪区调整为退堤还河后调整为防洪保护区,或废弃蓄滞洪区退堤后还给河道。在调整方案实施完成前,其仍是淮河流域防洪体系的组成部分,遇大洪水时还将启用,仍参照《蓄滞洪区运用补偿暂行办法》给予补偿。

表1-1 全国蓄滞洪区名录表

流域	长江	黄河	淮河	海河	松花江	珠江
国家蓄滞洪区修订名录	围堤湖、六角山、九垸、西官垸、安澧垸、澧南垸、安昌垸、安化垸、南顶垸、和康垸、南汉垸、民主垸、共双茶、城西垸、屈原农场、义和垸、北湖垸、集成安合、钱粮湖、建设垸、建新农场、君山农场、大通湖东、江南陆城、荆江分洪区、涴市扩大区、虎西备蓄区、人民大垸、洪湖分洪区、杜家台、西凉湖、东西湖、武湖、张渡湖、白潭湖、康山圩、珠湖圩、黄湖圩、方洲斜塘、华阳河、荒草二圩、荒草三圩、汪波东荡、蒿子圩	北金堤、东平湖	蒙洼、城西湖、城东湖、瓦埠湖、老汪湖、泥河洼、老王坡、蛟停湖、黄墩湖、南润段、邱家湖、姜唐湖、寿西湖、董峰湖、汤渔湖、荆山湖、花园湖、杨庄、洪泽湖周边(含鲍集圩)、南四湖湖东、大逍遥	永定河泛区、小清河分洪区、东淀、文安洼、贾口洼、兰沟洼、宁晋泊、大陆泽、良相坡、长虹渠、柳围坡、白寺坡、大名泛区、恩县洼、盛庄、青甸洼、黄庄洼、大黄铺洼、三角淀、白洋淀、小滩坡、任固坡、共渠西、广润坡、团泊洼、永年洼、献县泛区、崔家桥	月亮泡、胖头泡	潖江
处数(处)	44	2	21	28	2	1

据2004年统计,98处国家蓄滞洪区总蓄洪面积约为3.4万km²,蓄洪容

积 1074 亿 m³,耕地面积 2592 万亩,区内人口 1657 万,GDP 总量 1090 亿元,固定资产 2056 亿元。98 处国家蓄滞洪区主要分布在长江、黄河、淮河、海河、松花江和珠江流域,涉及北京、天津、河北、江苏、安徽、江西、山东、河南、湖北、湖南、吉林、黑龙江和广东等 13 个省(直辖市)。全国 98 处蓄滞洪区基本情况见表 1-2。

表 1-2　全国蓄滞洪区现状基本情况统计表(2004 年)

流域	蓄滞洪区(处)	面积(km²)	容积(亿 m³)	耕地(万亩)	人口(万人)	GDP(亿元)	工业总产值(亿元)	农业总产值(亿元)	粮食产量(万 t)	固定资产(亿元)
长江	44	12055.4	590.6	713.7	632.8	278.9	367.7	210.9	358.1	811.3
黄河	2	2943.0	51.2	286.8	211.8	93.7	76.9	59.9	134.5	170.8
淮河	21	5283.8	165.8	448.6	268.6	121.5	65.9	78.7	301.3	255.1
海河	28	10693.4	197.9	1026.0	521.2	584.6	887.8	167.2	448.2	747.9
松花江	2	2680.0	64.8	110.0	16.4	7.0	5.3	5.9	26.0	68.5
珠江	1	80.3	4.1	6.7	5.9	4.6	3.6	1.6	3.6	2.0
合计	98	33735.9	1074.4	2591.8	1656.7	1090.3	1407.2	524.2	1271.7	2055.6

98 处国家蓄滞洪区主要集中分布在长江、淮河、海河流域,共计 93 处,约占全国蓄滞洪区总数的 95%。长江、淮河、海河流域蓄滞洪区面积分别约占全国蓄滞洪区总面积的 35.7%、15.7%、31.7%,蓄洪容积分别约占全国蓄滞洪区容积的 55.0%、15.4%、18.4%,蓄洪区内耕地分别约占全国蓄滞洪区耕地面积的 27.5%、17.3%、39.6%,区内人口分别约占全国蓄滞洪区总人口的 38.2%、16.2%、31.5%。全国蓄滞洪区蓄洪面积、蓄洪容积、耕地面积和现状区内人口比例分布分别见图 1-1 至图 1-4。

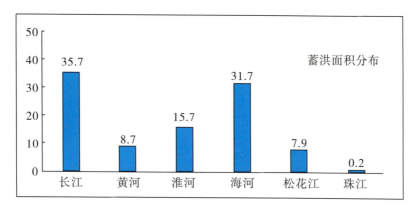

图 1-1　全国蓄滞洪区蓄洪面积分布图

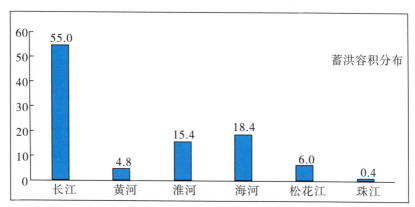

图 1-2　全国蓄滞洪区蓄洪容积分布图

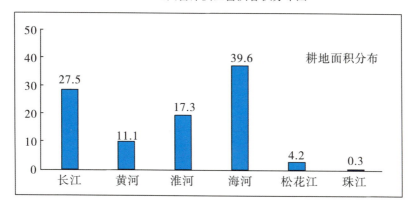

图 1-3　全国蓄滞洪区耕地面积分布图

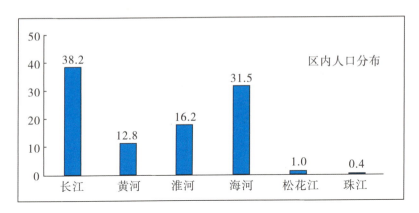

图 1-4　全国蓄滞洪区内人口分布图

由于蓄滞洪区内经济社会发展受到分洪、蓄洪的制约，区内群众生产、生活条件普遍较差，尤其是运用频繁的蓄滞洪区此类的问题更为突出。全国蓄滞洪区内经济发展水平明显落后于周边地区，各流域蓄滞洪区人均GDP、区内居民人均年收入普遍低于周边地区平均水平。据2004年统计，各流域蓄滞洪区人均GDP远低于全国同期人均水平。其中，长江、黄河、淮河、松花江流域蓄滞洪区人均GDP只相当于全国人均GDP水平的35%左右。全国各流域蓄滞洪区人均GDP见图1-5。

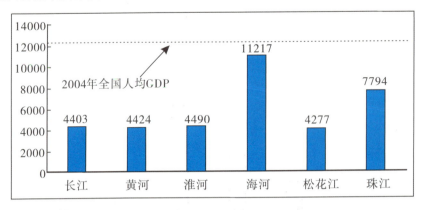

图 1-5　全国各流域蓄滞洪区人均GDP比较示意图

截至2019年底，全国98处国家蓄滞洪区总面积3.4万 km^2，总蓄洪容积1090亿 m^3，总耕地面积2742万亩，蓄洪区内总人口1904万人，GDP总量7052亿元，固定资产9511亿元。全国蓄洪区内GDP、固定资产较2004年有了长足的发展和进步,但仍落后于全国平均水平,区内居民收入水平仍普遍低于周边地区平均水平。

2.蓄滞洪区分类

我国蓄滞洪区在流域防洪体系中的作用和功能各不相同,各区内经济社会发展状况差异也很大。不同类型的蓄滞洪区的建设目标、方向迥异,蓄滞洪区工程设施建设的标准、建设重点及安全建设模式与标准等都有明显差异,社会管理要求也不一样。我们需要根据不同类型蓄滞洪区的特点,分类指导蓄滞洪区建设,实施蓄滞洪区人口、土地、经济发展等的分类管理,有针对性地开展工程建设、安全建设,制定相应的投入政策,制定与分类蓄滞洪区特点相适应的社会管理措施。

为分类指导蓄滞洪区建设和管理,我们按照国务院转发的国家水利部、国家发展和改革委员会、财政部提出的《关于加强蓄滞洪区建设与管理的若干意见》的精神对蓄滞洪区进行分类。明确蓄滞洪区分类,有利于进一步加快蓄滞洪区建设和切实加强蓄滞洪区管理,有利于指导蓄滞洪区的经济发展,促进区内人与自然和谐,经济社会协调发展。

根据国务院办公厅批转的《关于加强蓄滞洪区建设与管理的若干意见》的有关原则,综合考虑蓄滞洪区在防洪体系中的地位和作用、所处地理位置,以及管理调度权限等因素,我们将蓄滞洪区分为重要蓄滞洪区、一般蓄滞洪区、蓄滞洪保留区3类。

重要蓄滞洪区:在保障流域和区域整体防洪安全中的地位和作用十分突出,涉及省际防洪安全,对于保护重要城市、地区和重要设施极为重要,由国务院、国家防汛抗旱总指挥部或流域防汛抗旱总指挥部调度,运用概率较高。

一般蓄滞洪区:对保护重要支流、局部地区或一般地区的防洪安全有重要作用,由流域防汛抗旱总指挥部或省级防汛指挥机构调度,运用概率相对较低。

蓄滞洪保留区:为防御流域超标准洪水而设置的蓄滞洪区,运用概率低但暂时还不能取消,仍需要保留。

98处全国蓄滞洪区中,重要蓄滞洪区33处,约占34%;一般蓄滞洪区45处,约占46%;蓄滞洪保留区20处,约占20%。长江流域,重要蓄滞洪区13处,一般蓄滞洪区16处,蓄滞洪保留区15处。黄河流域,重要蓄滞洪区和蓄滞洪保留区各1处。淮河流域,重要蓄滞洪区9处,一般蓄滞洪区12处。海河流域,重要蓄滞洪区10处,一般蓄滞洪区14处,蓄滞洪保留区4处。松花江流域2处蓄滞洪区、珠江流域1处蓄滞洪区均为一般蓄滞洪区。全国蓄滞洪区分类见表1-3。

表1-3 全国蓄滞洪区分类表

流域	蓄滞洪区（处）	重要蓄滞洪区 名录	处数	一般蓄滞洪区 名录	处数	蓄滞洪保留区 名录	处数
长江	44	围堤湖、西官垸、澧南垸、民主垸、共双茶、城西垸、钱粮湖、建设垸、大通湖东、荆江分洪区、洪湖分洪区、杜家台、康山圩	13	九垸、屈原农场、建新农场、江南陆城、西凉湖、武湖、张渡湖、白潭湖、珠湖圩、黄湖圩、方洲斜塘、华阳河、荒草二圩、荒草三圩、汪波东荡、蒿子圩	16	六角山、安澧垸、安昌垸、安化垸、南顶垸、和康垸、南汉垸、义和垸、北湖垸、集成安合、君山农场、涴市扩大区、虎西备蓄区、人民大垸、东西湖	15
黄河	2	东平湖	1			北金堤	1
淮河	21	蒙洼、城西湖、城东湖、邱家湖、姜唐湖、寿西湖、汤渔湖、荆山湖、花园湖	9	瓦埠湖、老汪湖、泥河洼、老王坡、蛟停湖、黄墩湖、南润段、董峰湖、杨庄、洪泽湖周边（含鲍集圩）、南四湖湖东、大逍遥	12		

续表

流域	蓄滞洪区（处）	重要蓄滞洪区		一般蓄滞洪区		蓄滞洪保留区	
		名录	处数	名录	处数	名录	处数
海河	28	永定河泛区、小清河分洪区、东淀、文安洼、贾口洼、宁晋泊、大陆泽、恩县洼、白洋淀、献县泛区	10	兰沟洼、良相坡、长虹渠、柳围坡、白寺坡、大名泛区、盛庄洼、青甸洼、黄庄洼、大黄铺洼、共渠西、广润坡、永年洼、崔家桥	14	三角淀、小滩坡、任固坡、团泊洼	4
松花江	2			月亮泡、胖头泡	2		
珠江	1			湛江	1		
合计	98		33		45		20

3.运用与分洪情况

蓄滞洪区作为流域防洪减灾体系中的重要组成部分,在防御流域大洪水、保障中下游重要城市和重要防洪地区的安全方面,具有不可替代的重要作用。蓄滞洪区启用应按照既定的流域或区域防御洪水调度方案实施,其启用条件是:当某防洪重点保护区的防洪安全受到威胁时,按照调度权限,根据防御洪水调度方案,由相应的人民政府、防汛指挥部下达启用命令,由蓄滞洪区所在地人民政府负责组织实施。蓄滞洪区启用前必须做好以下准备工作:遵照蓄滞洪区启用的调度程序,做好分洪口门和进洪闸开启准备,无控制的要落实口门爆破方案和口门控制措施;做好区内群众的转移安置工作等。

据不完全统计,1950—2004年期间,全国蓄滞洪区共运用了近400次,蓄滞洪水总量近1400亿 m^3。其中,长江流域共运用58次,荆江分洪区曾于1954年3次开闸分洪,杜家台分洪区自1956年设置以来共运用20次;黄河流域东平湖老湖区1982年分洪1次;淮河流域的蓄滞洪区运用最为频繁,55年间共运用200次;海河流域的蓄滞洪区共运用128次,有3处蓄滞洪区运用次数超过10次;松花江流域2处蓄滞洪区运用2次;珠江流域的蓄滞洪区天然溃堤进洪 6 次。全国蓄滞洪区运用及损失情况见表 1-4。

表 1-4　全国蓄滞洪区 1950—2004 年运用及损失情况统计表

流域	分蓄洪区次数（次）	蓄滞洪总量（亿 m³）	平均历时（天/次）	平均伤亡人数（人/次）	平均财产损失（亿元/次）
合计	395	1355.2	25	79	4.92
长江	58	512.2	25	123	13.09
黄河	1	4.0	72		2.60
淮河	200	311.0	18	45	0.35
海河	128	450.1	33	146	0.77
松花江	2	77.9	70		11.87
珠江	6		20	3	0.84

中华人民共和国成立以来，长江、黄河、海河都发生过流域性大洪水或特大洪水，蓄滞洪区在防洪抗洪的关键时刻，发挥了削减洪峰、滞蓄超额洪水的重要作用，保障了重要防洪地区的安全，为流域防洪减灾作出了巨大贡献。在长江流域 1954 年大洪水、黄河流域 1982 年大洪水、淮河流域 1991 年和 2003 年大洪水、海河流域 1963 年大洪水期间，蓄滞洪区的运用确保了武汉、天津、淮南、蚌埠等重要城市和重点防洪保护区的防洪安全。

长江流域 1954 年大洪水，荆江分洪区曾 3 次开闸分洪，蓄洪总量 122.6 亿 m³，有效削减了长江干流的洪峰，降低沙市水位 0.96 m，保障了荆江大堤和武汉市的安全，使江汉平原避免了毁灭性灾难，同时还减轻了洞庭湖的防洪压力。

1982 年，黄河发生了自 1958 年以来的最大洪水，花园口洪峰流量达 15300 m³/s，孙口洪峰流量达 10100 m³/s。由于河道淤积，黄河下游洪水位普遍超出 1958 年洪水最高水位 1~2 m，河道全面漫滩，堤防偎水，严重威胁艾山以下窄河道堤防的安全。由于及时启用东平湖老湖分洪 4 亿 m³，艾山最大下泄流量减至 7430 m³/s，约削减了洪峰流量的 26.4%，确保了济南市、津浦铁路、胜利油田和黄河两岸人民生命财产的安全。

1991 年淮河发生大洪水，共启用了 17 处蓄洪区，保障了淮北平原和淮南、蚌埠等重要城市及京沪铁路的安全。2003年6月至7月淮河又发生大洪水,相继启用沿淮9处蓄滞洪区,扩大了淮河干流行洪流量,降低了淮河中游水位,确保了当时在建临淮岗洪水控制工程的度汛安全。

1963年海河南系发生特大洪水,8月洪水总量达301亿m^3,相继运用了各河的蓄滞洪区,滞蓄洪水总量111亿m^3,约占8月洪水总量的36.8%。白洋淀、东淀、文安淀、贾口洼、团泊洼全部行洪、滞洪,保障了天津市区和津浦铁路安全。1996年海河南系再次发生大洪水,滏阳河水系各河穿越京广铁路的合成洪峰流量约为12000 m^3/s,经宁晋泊、大陆泽调蓄后,滏阳河、滏阳新河下泄的流量仅为336 m^3/s,大大减轻了广大平原地区的防洪压力,保障了黑龙港地区的防洪安全。卫河良相坡自然分洪,分洪流量800 m^3/s,削减了卫河洪峰流量的50%。

二、蓄滞洪区的地位与作用

蓄滞洪区是江河防洪减灾体系中的重要组成部分,在防御历次大洪水中具有不可替代的重要地位和作用,有效减轻了洪水灾害,保障重点防洪区域安全。在今后相当长的时期内,其仍是重要的不可缺少的防洪减灾利器。

1.蓄滞洪区是江河防洪体系的重要组成部分

我国主要江河的洪水季节性强、峰高量大,而中下游河道泄洪能力相对不足。在安排修建水库、堤防和整治河道的同时,利用沿江两岸湖泊、洼地和部分农田作为临时的行洪、滞洪场所,以缓解水库、河道蓄泄的不足,是防御大洪水和特大洪水的重要措施。

全国防洪规划成果表明,我国七大江河主要控制站设计洪量与其多年平均年径流量的比值平均高达60%,其中海河、淮河、松花江和太湖等流域比值甚至超过100%,长江、珠江流域比值也高达50%。由于江河洪水量级大,而其泄洪通道又都经过人口稠密的东部平原地区,河道泄流能力往往受到一定限制,绝大多数江河控制站的设计洪峰流量都大于下游相应河道的泄流量。七大江河发生流域防御目标洪水时,约有8454亿m^3的洪量需要进行安排。即使规划的防洪通道泄洪能力达到了设计的标准,然而可以通过河道排泄或分泄的水量只占洪水总量的74%,其中南方河流河道可承泄水量占其设计洪量的70%以上,北方河流河道承泄水量占其设计洪量的50%~80%。七大江河尚有26%的超额洪水需要通过水库、湖泊、蓄滞洪区和洪泛区等进行拦蓄、滞蓄,其中北方河流拦蓄洪量与设计洪量的比例在20%~50%,南方河流在10%~30%。如长江流域在三峡工程按正常蓄水位运行后,如遇1954年型设计目标洪水,三峡水库按城陵矶补偿调度时,城陵矶附近必须启用蓄滞洪区分蓄洪量218亿m^3。淮河出现100年一遇洪水时,正阳关站30天洪量达386亿m^3,除水库拦蓄15.5亿m^3外,还需要行蓄洪区及洼地滞蓄洪量63亿m^3。

可见,七大江河流域的防洪要求流域必须具备一定的洪水拦蓄和滞蓄能力才能处置超额洪量和削减洪峰。但具有拦蓄洪水能力的水库大多位于河流上游,控制下游洪水的能力有限。位于泥沙问题较突出的河流上的一些水库,除需拦洪外还要考虑拦沙减淤库容。因而,在流域防洪减灾体系建设中,仍需坚持按照"蓄泄兼筹"的方针,充分发挥水库、堤防等防洪工程的综合作用,在中下游地区设置一些能够滞蓄超量洪水的蓄滞洪区,以达到流域整体防洪标准。

目前,我国七大江河流域防洪,都需要配合蓄滞洪区的运用,只有这样才能达到防御流域洪水的标准。若不使用蓄滞洪区,江河防洪能力将明显下降。防洪减灾的实践表明,由于受自然、经济和风险等各种条件限制,防御流域洪水既不可能依靠修建大量水库拦蓄全部洪水,也不可能依靠无限制地加高堤防,所以必须充分发挥水库、蓄滞洪区和江河堤防等防洪工程的综合作用。蓄滞洪区将始终是我国大江大河防洪减灾体系不可缺少的重要组成部分。

2. 蓄滞洪区是人与自然和谐发展的重要体现

我国蓄滞洪区在历史上多是调蓄洪水的天然场所,但随着人口增加和经济发展,人水争地,大量湖泊、洼地被围垦、开发,洪水宣泄通道缩小了,洪水调蓄能力急剧下降,发生洪水时往往会造成严重的损失。长期的抗洪实践使人们逐渐认识到,完全消除洪灾是不可能的。人类在适当控制洪水的同时,还要有节制地开发利用土地,主动适应洪水的特点,适度承担洪水风险,给洪水以出路。当发生大洪水时,主动有计划地让出一定数量的土地,为洪水提供足够的蓄泄空间,避免发生影响大局的毁灭性灾害,才能保证社会经济的可持续发展。

由于我国降水量的时空分布严重不均、年际变化大等原因,水资源供需矛盾十分突出。近年来,水资源短缺已成为制约我国经济社会发展的主要因素之一。而蓄滞洪区在保障防洪安全的同时,在改善生态环境、拦蓄洪水资源、增加水资源可利用量、为蓄滞洪区群众提供生存和发展空间方面也具有重要作用。合理运用蓄滞洪区,在发挥其防洪减灾作用的同时,可有效改善当地水资源供需关系,为其周边地区提供重要的抗旱水源。同时,蓄滞洪区运用后还具有调节气候、涵养水源、净化水质、维护生物多样性等环境功能,蓄滞洪区是自然生态环境的重要组成部分。1996年海河大水时,通过蓄滞洪区滞洪蓄水,洪水资源得到有效利用,宁晋泊、大陆泽及周边邻近地区的地下水位抬高了 6 m 左右,对改善当地的生态环境起到了促进作用。由此可见,蓄滞洪区不仅是人类适应自然和保护自己的一种行之有效的防洪减灾措施,也是人与自然和谐相处、给洪水以出路的体现。

3.蓄滞洪区是区内居民赖以生存发展的基地

我国蓄滞洪区大多数处于江河流域中下游地区,人口较为密集,区内有比较丰富的耕地资源,分布有不少集镇和工业企业,建设有交通、通信等大量基础设施,是区内居民生存和发展的基地。蓄滞洪区多数地方属于传统农业地区,基本上是具有遭遇洪水风险的农村地区。其既与洪水风险紧密关联,又与农业、农村、农民"三农"问题休戚相关,是"三农"问题聚焦地区。鉴于我国人多地少的特殊国情,不可能将滞洪区内居民完全迁出,蓄滞洪区依然是区内居民安身立命之所,其经济社会的发展在很大程度上还要依赖对蓄滞洪区内土地的利用。此外,我国耕地后备资源有限,保障粮食安全的压力较大,而蓄滞洪区内有比较丰富的耕地资源,蓄滞洪区内的土地很难实施"退耕",仍需要充分利用。因此,我国蓄滞洪区内的大部分群众仍然不能彻底脱离分洪蓄水的影响,蓄滞洪区还要承担防洪保安和保障生产生活的双重任务。长期以来,蓄滞洪区内的经济发展水平较低,民生状况差,条件艰苦,居民自救恢复能力弱,且由于缺乏有效可靠的防洪安全保障,蓄洪区运用时,转移人口数量大,严重影响社会稳定。因此,加强蓄滞洪区建设和管理,妥善处理蓄滞洪区分蓄洪水,保障居民生命安全,促进区内经济社会发展,实现蓄滞洪区分洪、安全与发展的目标不仅是流域防洪建设的需要,而且是新时期解决"三农"问题的重要举措,是建设"生产发展、生活宽裕、乡风文明、村落整洁、管理民主"的社会主义新农村、构建社会主义和谐社会的需要。

三、蓄滞洪区的建设与管理

蓄滞洪区的建设与管理要兼顾两个方面。一方面,要保证大江大河中下游重点地区的防洪安全,将有条件的地区开辟为蓄滞洪区,有计划地分泄、蓄滞超额洪水,削减洪峰是统筹流域防洪与经济现实的需要,也是为保全大局而不得不牺牲局部利益作出的全局考虑。另一方面,蓄滞洪区是区内群众赖以生存和发展的基地,面临分蓄洪水要求和社会发展需要的双重压力。妥善解决分蓄洪水与经济社会发展的矛盾,既能合理有效地使用蓄滞洪区分蓄洪水,保证流域防洪安全,又能妥善地安排居民的生活生产,提高区域居民生活水平,是当前一个时期内蓄滞洪区建设与管理面临的重大课题。

1.建设过程

我国江河中下游平原地区,自然条件相对优越,人口密集,社会经济相对发达。这些地区分布着众多湖泊洼地,历史上就是调蓄洪水的天然场所,两三千年前就有运用湖泊洼地滞蓄超额洪水的记录。随着经济社会的发展,人口的增多,人水争地矛盾日益加剧,土地开发利用程度不断提高,天然湖泊洼地逐渐被围垦和侵占,致使其调蓄洪水能力大大降低,社会经济发展与防洪安全的矛盾日趋尖锐。

中华人民共和国成立以来,国家十分重视防洪工程建设,针对我国主要江河洪水峰高量大、河道宣泄能力不足的特点,规划建设了一批蓄滞洪区,其在历次抗洪实践中有效地分蓄了江河的超额洪水,取得了较好的效果。我国主要江河蓄滞洪区建设大致经历了4个阶段。

(1)第一阶段(1988年以前)

20世纪50年代初期制定的长江、黄河、淮河等流域治理方案,按照"蓄泄兼筹"的方针,在规划建设治理河道提高江河行洪能力、修建山谷水库调蓄洪水的同时,规划安排了江河两岸一些湖泊、洼地作为行洪、滞洪的蓄洪区,与水库和河道堤防共同组成防洪工程体系。1950年,政务院下发《关于治理淮河的决定》,决定在上游建设蓄洪量超过20亿m^3的低洼地区临时蓄洪工程;中游建设蓄洪量50亿m^3的湖泊洼地蓄洪工程。为防御黄河1933年型大洪水,1951年政务院发出《关于预防黄河异常洪水的决定》,决定除利用东平湖自然分洪外,还设置沁黄滞洪区、北金堤滞洪区分滞黄河洪水。1952年,荆江分洪总指挥部编制了荆江分洪工程计划,上报中央批准实施,确定了建设荆江分洪区和虎西备蓄区。1985年,国务院批转了《关于黄河、长江、淮河、永定河防御特大洪水方案的报告》,明确了蓄滞洪区在防御主要江河特大洪水中的作用和运用方式。

我国在制定主要江河流域综合规划、防洪规划和特大洪水防御方案时,都把蓄滞洪区作为江河防洪工程体系的重要组成部分。同时,在制定大江大河主要支流和区域防洪规划时,还规划设置了一批以分蓄当地洪涝水为主要目的蓄滞洪区,基本形成了目前我国主要江河滞蓄洪区的总体格局。蓄滞洪区建设初期,主要以蓄洪围堤工程建设为主。由于区内人口较少,工矿企业较少,经济比较落后,蓄滞洪区启用较为顺利,分蓄洪水时造成的损失相对较小。

(2)第二阶段(1988—1998年)

在主要江河防洪减灾体系初步形成的情况下,蓄滞洪区人口不断增加,经济得到发展。为保障蓄滞洪区的正常运用,在确保大江大河重点地区防洪安全的同时,保障蓄滞洪时区内居民的生命财产安全,1988年国务院批转了水利部《关于蓄滞洪区安全与建设指导纲要》,确定了以"撤退转移为主、就地避洪为辅"的安全建设方针,对蓄滞洪区的通信与预报预警、人口控制、土地利用、产业活动、就地避洪、安全撤离、试行防洪基金或洪水保险制度、宣传与通告等方面作出了原则规定。该纲要的颁布实施,为合理和有效地运用蓄滞洪区,指导区内居民生产、生活和经济建设,使之适应防洪要求发挥了重要作用,有力地促进了蓄滞洪区的建设与管理逐步实现制度化和规范化,推进了全国蓄滞洪区安全建设工作。1991年淮河大水后,国家防总办公室组织长委、黄委、海委等编制了各流域地蓄滞洪区安全建设规划,在重点蓄滞洪区相继安排建设了一批安全设施,并逐步开展了建立蓄滞洪区管理体制和机制等问题的研究。

但由于蓄滞洪区建设投入严重不足,仅安排修建了一些蓄滞洪区围堤和部分进、退洪口门,建设了少量低标准的围村埝、安全台(庄台)、避水房、避水台等安全设施。随着蓄滞洪区人口的增长和经济的发展,区内防洪安全设施越显匮乏,居民的生命财产安全无法得到保障,致使蓄滞洪区启用决策困难;决策后需转移大量居民,转移安置难度大,分蓄洪水与居民生命财产安全矛盾越来越突出。

(3)第三阶段(1998—2008年)

1998年长江、松花江大洪水后,针对蓄滞洪区存在的突出问题,党和国家多次强调加强蓄滞洪区工作的重要性,水利部认真贯彻落实中央的指示精神,在进一步加强主要江河防洪工程建设的同时,以科学发展观为指导,按照建设和谐社会的新要求,积极调整治水思路,突出了给洪水以出路、加强防洪管理、防洪减灾战略逐步从控制洪水向管理洪水转变的新理念,把蓄滞洪区建设和管理作为在江河堤防、控制性枢纽工程建设取得重大进展之后,今后一个时期水利建设重要而紧迫的任务之一,对蓄滞洪区建设和管理工作进行了全面部署。

1998 年长江大水、2003 年淮河和黄河洪水后,国家有关部门在湖南、湖北、江西、安徽、江苏、河南、山东等省的洪泛区和部分蓄滞洪区实施以"退人不退耕"为主要形式的"平垸行洪、退田还湖、移民建镇"工程,为蓄滞洪区安全建设提供了有益的经验。

为合理补偿蓄滞洪区内居民因分蓄洪水遭受的经济损失,2000 年 5 月,国务院颁发《蓄滞洪区运用补偿暂行办法》,实施蓄滞洪区运用补偿政策,明确了蓄滞洪区运用的补偿对象、补偿范围和补偿标准。补偿政策实施后,国家已对 12 处蓄滞洪区 15 次分洪运用后进行了运用补偿,为蓄滞洪区内群众灾后重建、恢复生产提供了必要的扶持、救助,为蓄滞洪区的正常运用创造了有利条件。

(4)第四阶段(2009—2018 年)

2009 年底,国务院批复《全国蓄滞洪区建设与管理规划》,标志着我国蓄滞洪区的建设与管理进入了一个新的阶段。《全国蓄滞洪区建设与管理规划》对今后蓄滞洪区建设与管理工作将起到切实的指导作用,对充分发挥蓄滞洪区防洪功能,保障流域整体防洪安全,促进蓄滞洪区经济社会的科学合理发展具有十分重要的意义。围绕行蓄洪区人口安置问题,一大批行蓄洪区调整和建设工程得以实施,蓄滞洪区建设和管理取得良好成效。

2.建设情况

截至 2004 年,全国蓄滞洪区共修建围堤和隔堤 7617 km,穿堤建筑物 3020 座,建有进退洪控制工程的蓄滞洪区 46 处,进退水闸 105 座、口门 36 处。全国蓄滞洪区现状工程建设情况见表 1-5。

表 1-5　全国蓄滞洪区现状工程建设情况统计表(2004 年)

流域	堤防工程			进退洪控制工程		
	堤防(处)	堤防长度(km)	穿堤建筑物(座)	有控制工程的蓄滞洪区(处)	进退水闸(座)	口门(处)
合计	405	7617.0	3020	46	105	36
长江	102	2764.1	960	6	8	

续表

流域	堤防工程			进退洪控制工程		
	堤防（处）	堤防长度（km）	穿堤建筑物（座）	有控制工程的蓄滞洪区（处）	进退水闸（座）	口门（处）
黄河	9	447.6	33	2	10	
淮河	110	1451.6	733	13	23	
海河	141	2656.6	1234	24	60	36
松花江	26	241.6	22	1	4	
珠江	17	55.5	38			

2004年，全国蓄滞洪区内共有人口1657万，其中居住在分洪蓄水影响范围内的居民有1492万人，约占蓄滞洪区总人数的90%。通过已建的安全区（围村埝）、安全台（村台、顺堤台）、避水楼（房）及救生台等安全设施共安置居民344万人，但其大部分建设标准偏低。若按规划确定的各类安全设施建设标准统计，各类安全设施安置的达标人数仅约为145万人，没有或基本没有可靠安全保障的居民人数约占蓄滞洪区总人数的81%。全国蓄滞洪区居民安置情况见表1-6。

表1-6 全国蓄滞洪区居民安置情况统计表（2004年）

流域	人口（万人）			已安置居民（万人）	
	总数	自然岗地高地	淹没区	安置总人数	达标安置人数
合计	1656.7	164.5	1492.2	344.0	144.82
长江	632.8		632.8	39.2	29.4
黄河	211.8	85.5	126.3	50.8	0.02
淮河	268.6	3.3	265.3	84.9	41.2
海河	521.2	69.1	452.1	169.1	74.2
松花江	16.4	6.3	10.1		
珠江	5.9	0.3	5.6		

注：安置总人数为安全设施内现有人数；达标安置人数指按规划标准统计现有各类安全设施能达标安置的人员数量。

截至2004年，全国蓄滞洪区内共建有安全台（村台、顺堤台）约7409万

m^2,安全区(围村埝)约 29175 万 m^2,救生台约 273 万 m^2,避水楼和避水房约 153 万 m^2,已修建撤退转移道路 4504 km。全国蓄滞洪区安全设施建设情况见表 1-7。

表 1-7　全国滞蓄洪区安全设施建设情况统计表(2004 年)

流域	安全台 (村台、顺堤台) (万 m^2)	安全区 (围村埝) (万 m^2)	救生台 (万 m^2)	避水平房 (万 m^2)	避水楼 (万 m^2)	撤退道路 (km)
合计	7409.2	29175.4	273.3	59.4	93.9	4504.0
长江	411.4	2824.7			62.8	1882.7
黄河	301.8		152.4			476.3
淮河	487.1	21315.1		13.7	1.9	1079.6
海河	6208.9	5035.6	120.9	45.7	29.2	1065.4

3. 管理情况

20 世纪 80 年代末以来,随着我国水法规体系的逐步完善,蓄滞洪区的管理问题逐步得到重视,与蓄滞洪区管理相关的政策法规体系也不断完善。目前涉及蓄滞洪区建设和管理的主要有《中华人民共和国水法》《中华人民共和国防洪法》《中华人民共和国防汛条例》《蓄滞洪区运用补偿暂行办法》《关于蓄滞洪区安全与建设指导纲要》和《关于加强蓄滞洪区建设与管理的若干意见》(国办发〔2006〕45 号)等法律法规,以及《国家蓄滞洪区运用财政补偿资金管理规定》《蓄滞洪区运用补偿核查办法》等行政规章。这些法律法规和行政规章对蓄滞洪区的地位、建设、管理、维护、运用和补偿等作了不同程度的规定,为蓄滞洪区的建设和管理奠定了法律和政策基础。此外,天津、安徽、河北等省市也分别颁布了一些地方性法规,如《天津市蓄滞洪区管理条例》《天津市蓄滞洪区运用的补偿暂行办法》《天津市蓄滞洪区安全建设工程管理办法》《安徽省〈蓄滞洪区运用补偿暂行办法〉实施细则》等。

目前,我国绝大多数蓄滞洪区采取职能分管模式进行管理,其基本架构是各级水行政主管部门与各级地方政府有关部门相互配合,按职责、分工行使相应管理职能。水行政主管部门主要负责蓄滞洪工程设施、安全设施的建设和管理及防洪运用和补偿工作;政府其他相关部门主要承担蓄滞洪区的社会管理职能。现行蓄滞洪区管理模式主要有3种,即综合管理模式、专门管理模式和职能分管模式。综合管理模式指蓄滞洪区当地政府设置综合管理委员会,对蓄滞洪区的经济社会发展进行规划和管理,对工程设施和安全设施的建设进行协调与管理,如海河流域恩县洼蓄滞洪区成立了综合管理委员会。专门管理模式指当地政府设置专门的蓄滞洪区管理机构,对蓄滞洪区工程设施和安全设施进行专业管理,由当地政府其他职能部门主要负责经济社会管理,如长江流域荆江蓄滞洪区和洪湖蓄滞洪区设立了专门的管理局。在职能分管模式下,当地政府不成立专门的管理机构,蓄滞洪区的各类管理职能分别由地方政府各职能部门、各级水行政主管部门及各级防汛机构承担。

由于蓄滞洪区各部门管理目标不完全一致,职能分散管理容易导致各部门利益、权限、职责间的矛盾和冲突。为此,在总结现有蓄滞洪区管理体制和管理经验的基础上,2019年国务院批复《全国蓄滞洪区建设与管理规划》,提出建立蓄滞洪区社会管理和专业化管理相结合的管理框架。社会管理参照有关地方的管理模式,由蓄滞洪区所在地人民政府组织成立蓄滞洪区综合管理委员会,主要负责组织、协调与防洪有关的经济社会发展、社会事业及蓄滞洪区调度运用管理等工作。在社会管理的基础上,地方水行政主管部门行使蓄滞洪区设施管理、防汛管理、蓄洪应急管理等专业管理职能。通过运用这种综合管理模式,地方政府与流域防洪和水行政主管部门能充分发挥管理职能。

四、国外洪泛区的管理经验

1.美国

美国的洪泛区管理工作始于19世纪初,当时私有业主通常自行其是,自发地在洪泛区修建堤防和排水渠道,后来联邦政府逐渐承担起管理职责,最早承担其管理职责的是航运部门,在洪水造成生命财产严重损失的各河段建造专门的防洪工程。自1936年起,联邦政府承担起全国各条河流的防洪职责。由于地方政府和个人业主对位于洪泛区的土地拥有使用权,土地整治不在联邦政府管辖范围之内,因此联邦政府出台政策强化了州政府及地方政府的重要性,设法对地方土地利用决策施加影响。在多目标管理和流域规划方面,州政府承担着多项职责。

过去为使洪泛区免遭洪水侵袭,美国政府修建防洪大坝和堤防,发展至今,洪泛区的管理工作有了一套综合的管理手段。美国1960年的防洪法和1974年的水资源法规定,对洪泛区的土地利用加以限制和管理,管理工作由州或州以下的地方政府负责。如美国陆军工程师团(COE)负责以下四方面的工作。

①编制"洪泛区情况报告",供有关单位参考使用。报告包括不同频率洪水的淹没范围、洪水可能造成的损失、历史洪水淹没情况、利用洪泛区的原则和标准、受洪水威胁地区内国家财产的安置措施等内容。

②提供技术咨询和指导。帮助地方政府就利用和管理洪泛区问题作出正确的决策,传授技术知识等。

③编写出版一些指南和小册子,向公众广泛宣传关于洪水及防洪的知识。例如介绍一些可能被洪水淹没的房屋的防洪结构(如一楼架空,或做成有利于临时挡水的结构形式,利用防洪材料等)。

④制定减少洪水损失的综合规划。

在20世纪60年代,防洪非工程措施盛行,预期通过实施洪泛区管理规章制度阻止向洪泛区移民,防洪、洪水预警和保险各项措施就绪,以帮助当地灾民;灾难援助能为无法得到帮助的灾民提供救济。密西西比河下游设置滞洪区和行洪区,对其土地的分洪运用实行事前一次性赔偿,以后不再给予补偿的政策。区内不允许人们居住,皆为农田或森林;区外农民可经营行蓄洪区农田,自行承担分洪风险。此时期洪泛区管理政策主要是为了实现经济目标,明确针对野生动植物生存环境的项目很少。虽然从洪泛区清除建筑物及耕地的减灾措施可能会产生间接的环保效益,但禁止人类活动并不能让洪泛区自动恢复其自然状态。

从20世纪90年代初期开始,美国洪泛区管理目标已产生了深刻的变化。人们过去只考虑洪泛给生命和财产带来的损失,而现在还要考虑洪泛区管理对生态系统的影响,并要求对生态系统实行保护。对洪泛区管理以制定政策为主转变为以全面规划为主,充分重视当地的实际情况,减少联邦政府各种计划之间的冲突,培训洪泛区管理人员。洪泛区管理政策的最终目标既要考虑减少经济损失,又要考虑生态保护。生态保护目标,是在美国《1994年国家洪泛区管理统一规划》中得以明确的。该规划明确了洪泛区管理有2个目标:①减少洪灾所造成的生命财产损失;②保护和恢复洪泛区的自然资源。规划中还明确规定了4项主要目标:统一国家目标设定和监督体系;至少将全国洪泛区内生命财产和自然资源的受险程度减少一半;研究并实施洪泛区管理激励机制;增强全国洪泛区内部管理能力。

美国洪泛区的管理目标是减少和避免洪水造成的经济损失,并恢复洪泛区的自然生态。洪泛区管理是在联邦洪泛区管理特别工作组领导下,由地方、州和联邦政府各司其职,各相关部门密切配合实现的。

美国洪泛区的管理政策经历了一个逐步修订和完善的过程,自1849年的《沼泽地法案》授权各州政府在洪泛区修建排灌设施和开荒耕种,到1995年由克林顿总统向国会提交《国家洪泛区管理统一规划》,前后跨越了一个半世纪。美国洪泛区的管理政策制定的演变过程详见表1-8。

表1-8 美国洪泛区管理政策制定的演变过程

1849—1850年	《沼泽地法案》授权各州政府在洪泛区修建排灌设施和开荒耕种
1852年	Charles Ellet Jr 的报告指出了开发洪泛区所造成的洪灾,建议修建水库
1861年	一份由 Humphreys 和 Abbot 提出的关于密西西比河物理和水力特性的报告指出,修建堤防是唯一有效的防洪措施
1874年	国会批准第一份防洪减灾建议书
1879年	密西西比河流域委员会成立,专门从事堤防兴建

续表

1917 年	《1917 年》的联邦防洪法提出,对密西西比河和萨克拉门托河上的防洪工程进行投资,并要求地方负担三分之一的建设成本
1927 年	《河流与港口法案》批准陆军工程师团开展 308 个流域的综合勘测
1928 年	密西西比河的防洪工程(首次)认定"堤防"的概念包括分洪渠、溢洪道和渠道整治,地方不参与这部分的投资
1936 年	《1936 年防洪法》建立了联邦政府是防洪主体的机制,明确了地方政府的各项义务;要求工程的效益费用比大于1,审批了200多项工程;指定陆军工程师团负责防洪工作,法案修订后指定美国农业部(USDA)也参与防洪工作
1938 年	《1938 年防洪法》不再要求地方政府分担水库的建设费用,以便于联邦政府能继续实施对水电工程的控制和管理;第一次授权陆军工程师团从洪泛区外迁和安置移民
1944 年	《1944 年防洪法》批准农业部负责 11 个流域的防洪工作
1954 年	《1954 年流域保护及防洪法》批准美国农业部实施"小流域治理规划"
1965 年	《1965 年水资源规划法》批准设立了水资源委员会
1966 年	制定联邦防洪政策的预算局特别工作组建议制定《国家统一洪灾损失规划》(议院 465 号文件),包括减少损失的水灾保险
1968 年	《11296 号行政令》指导联邦机构在洪泛区新建筑物选址前,对其潜在的洪水风险情况进行评估;通过了《国家水灾保险法》
1973 年	水资源委员会正式通过《水和相关土地资源规划的规则和标准》,要求防洪工作需考虑到对地方、环境和社会各方面的影响
1975 年	水利委员会成立了跨部门联邦洪泛区管理特别工作组,成员包括农业部、陆军、商业部、能源部、房地产与城市发展部、内务部和运输部、美国环境保护局(USEPA)和田纳西流域管理局
1976 年	制定《洪泛区管理统一规划》
1979 年	制定《洪泛区管理统一规划》,并提交给国会
1979 年	根据《12127 号行政令》,成立联邦应急管理局
1982 年	撤销水利委员会,由联邦应急管理局负责实施《洪泛区管理统一规划》,其负责人是联邦洪泛管理特别工作组主席
1986 年	修订《洪泛区管理统一规划》,并提交给国会

续表

1986 年	《1986年水资源开发法》更加强调非工程措施的重要性,并增加了地方负担的费用
1988 年	《1974年救灾法》更名为《斯塔福德法》,并作了修订,以指挥水灾后的恢复和减灾工作
1989 年	编制《国家洪泛区管理状况报告》,这是一份由联邦洪泛区管理特别工作组起草的临时性文件
1989 年	根据《国家洪泛区管理状况报告》,国家审查委员会颁布了《国家洪泛区管理行动议程》
1992 年	联邦洪泛区管理特别工作组出版了《美国洪泛区管理评估报告》
1994 年	联邦洪泛区管理特别工作组组建的洪泛区管理审查委员会编写了《共同应对挑战:21世纪洪泛区管理》
1995 年	根据国会国情咨文的要求,陆军工程师团编写了《密西西比河上游、下游和支流的洪泛区管理评估》
1995 年	1994年起草了《国家洪泛区管理统一规划》,3月由克林顿总统提交国会

2. 法国

法国洪泛区管理始于1935年。根据河道管区内河流游荡和确保洪泛区调洪能力的重要性,当时制定的淹没风险区规划主要是划定洪泛区和规定在洪泛区进行土地开发利用时的义务。淹没风险规划区划分为A、B两区,A区为深水急流区,洪水发生时成为行洪河槽,B区为滞洪区。在A区,除住宅、学校、医院、行政设施等公共建筑物及与河道管理有关的现有建筑物外,其他工程均不得批准兴建新的建筑物。A区和B区只有在遵守防洪的特别规定时才被允许修建建筑物。为了确保河流两岸的安全,淹没风险区规划规定,在洪泛区修堤、堆土及修建其他建筑物,不能影响滞洪区滞洪效果的发挥,不能将发生洪水灾害的危险转嫁到下游。

作为提高社会资本有效利用率的手段,1967年法国制定的土地使用规划的最初的目的并不是防御灾害。为保护人民生命财产,1977年法国制定了城市规划限制条例。该条例规定,今后的城市开发不允许或有条件地批准在自然灾害风险区修建建筑物,此条例也适用于淹没风险区。

根据自然灾害后保险制度,1982年法国法律中还明确了防灾救灾的社会任务,确立了参加保险者遭受自然灾害后有享受救济的权利。为减轻自然灾害损失,把预测的自然灾害公布于众,让风险区的土地使用者承担防灾的义务,从而使自然灾害展示规划制度化。1987年,居民接受这种情报的权利得到了保障,后来淹没风险区规划被纳入自然灾害展示规划中。

自然灾害展示规划主要是针对现在及将来的土地使用而制定的,其目的是:①提供风险区的灾害情报;②指导风险区土地的合理使用和减轻灾害损失;③根据风险区的土地使用规定,有效运用灾害补偿制度。

自然灾害展示规划根据灾害风险程度,用红、蓝、白3种颜色对风险区作出如下规定。

红区:由于该区淹没风险大,单独采取防洪对策不经济,所以该区禁止新建房屋,但允许兴建保护现有房屋的工程。

蓝区:该区是指淹没风险较大、经济上允许对现有房屋和新建房屋单独采取防洪对策的区域。在该区域,强行收取风险区内参加自然灾害保险资产总价值10%的费用,实施建筑物加高、设置防水板等防险和减少灾害损失的措施。土地主必须在自然灾害展示规划批准后的5年内实施这些防洪对策。保险公司有权取消对不履行义务者的赔偿费。

白区:该区是完全没有风险,或对100年一遇洪水认为无淹没之虞的区域。

一旦自然灾害展示规划被批准,土地主就要按照自然灾害展示规划的规定使用土地。这种规定虽然对堤防改建和行政区的开发计划等能发挥有效的限制作用,但未能形成能管理每个人的体制。在间接支付保险费时,虽然保险公司也会对情况进行复核,但实际上这种制度并不健全。

法国洪泛区管理的主要措施是制定土地使用规划(POS)。土地使用规划由于具有限制市、镇、村土地利用的法律效力,所以对于抑制自然因素和人类活动造成的灾害危险来说是一种有效手段。根据法国1987年法律,POS明确规定"限制土地使用",既要考虑土地的农业经营价值、农田设施、优质粮生产基地、自然灾害和技术性灾害及重要特殊设备的存在,又要把市区和城市化区域分开,并根据将来的主要功能和能够实施的主要活动来确定如何使用土地。基于这种原因,POS决定将淹没风险区规划(PSS)、自然灾害展示规划(PER)中规划的措施作为附加条款。

为最大程度地减少洪泛区灾害损失,法国在积极加强洪水预报,为滞洪区提供情报及开展以洪灾为主的防灾意识教育的同时,还在滞洪区推行了限制土地使用的政策。

为保护天然滞洪区,限制对滞洪区的开发,根据1935年以来制定的淹没风险区规划及自然灾害展示规划,在展示和公布洪水风险区的同时,法国政府还明确了限制在该区域进行开发及应采取的防洪对策。另外,在这些地区通过制定自然灾害保险制度来赔偿灾害损失。

法国的洪泛区管理起步较晚,普及程度还很低,在制度上明显存在着不少缺陷。从淹没风险区规划和自然灾害展示规划的实施情况看,在小城市和郊区采用这些管理制度比较容易,但人们更关注大城市周围的洪泛区今后将采取什么措施进行防洪。

3. 日本

因土地稀缺,日本蓄滞洪区通常兼具蓄洪、娱乐乃至生态修复等多目标的功能。

日本渡良濑滞洪区位于日本枥木县境内,历史上为沼泽湿地,于1929年渡良濑川治理时被设置为滞洪区,总面积23 km^2。到1960年已有部分土地被围垦耕作,并有村落形成,周边有古河市、小山市、藤冈镇、北川边镇等城镇。1963年该滞洪区进行了重新规划建设,滞洪区中第一、第二、第三子区分别于1970年、1972年和1997年建成,第一子区的南侧开挖了一个蓄水容量2640万m^{3}的兼具生态修复、城市供水、河道流量维持、旅游等多种功能的人工湖泊。

沿河道两岸建有分洪堰,洪水超过堰顶,自然溢流入各子区。平时,渡良濑河水经引水渠引入芦苇区净化,供应人工湖,人工湖与芦苇区间设水泵,维持水循环,使河水不断得到净化。人工湖深约 7 m,汛期水深降至 3 m,以迎接可能发生的需要蓄滞的洪水。区内原有居民被渐次迁移到周边高地及开挖人工湖泊所填起的台地之上,基本免除了洪水的侵袭之害。人工湖泊之上设有浮岛若干,兼具净化水质、为鸟类提供栖息地和为鱼类提供产卵及生长场所的功效。人工湖泊建成后,渡良濑滞洪区旅游、观光人数逐年增加,1991 年为 58 万人次,1997 年达到 78 万人次。滞洪区移民单靠旅游的收入已远超过原来从事农业的收入,使滞洪区得到良性发展。

4. 澳大利亚

澳大利亚一些重要资产和工农业生产发展基地位于洪泛区洪泛区,一旦发生洪水,会给国家和人民带来巨大损失。1955 年亨特(Hunter)河洪水给澳大利亚带来的有形损失约为 5 亿美元(折算为现值),1990 年新南威尔士和昆士兰两州的洪水造成的损失为 1.5 亿美元,1993 年春维多利亚州洪水所造成的损失为 3.2 亿美元,1994 年布里斯班(Brisbane)河流域洪水所造成的损失高达 7 亿美元。而在上述各大洪水年之间尚有一些小洪水,它们在全国各地出现的次数更多,虽然所造成的损失和破坏较小,但累计损失相当可观。

总的来说,澳大利亚各流域洪泛区每年洪灾损失平均约为 3.5 亿美元。城市(主要是新南威尔士、昆士兰、维多利亚、西澳大利亚、南澳大利亚、塔斯马尼亚等六州和北部地方的城市)受灾损失约为 2 亿美元/年,其中受灾最重的是新南威尔士州,约为 1 亿美元/年,约占全年损失的 50%;昆士兰州受灾损失为 6000 万美元/年,约占全年损失的 30%。在有形洪灾损失中,农村地区的受灾损失约为 1.5 亿美元。最严重的是昆士兰州农村,受灾损失约为 6590 万美元/年,约占农村地区全年受灾损失的 44%。

从实践来看,澳大利亚对这些洪水主要采用以下 4 类防治措施。①工程措施,如修筑堤防、疏通河道等,目的在于形成和改善拦洪、行洪及排洪的条件,以减轻洪水的威胁和压力。这些工程措施投资费用通常较高,但只要规划设计合理、施工完善,且所发洪水规模又在规划设计界定的洪水规模范围以内,则防洪的效果一般是明显的。但有时也有洪水规模超过设计界定洪水规模标准的情况,如 1940 年 4 月澳大利亚宁根(Nyngan)地区洪水规模超过了设计界定洪水规模标准,洪水没过了堤顶,造成了重大人员伤亡和财产损失。②对洪泛区内的土地使用进行合理规划。这是一项既经济又有效的治理措施,即在规划利用土地时注意将土地分门别类,使各片土地的使用情况与其洪水风险状况相适应,实施开发和利用。③对洪泛区内的开发项目进行严格控制和管理,例如可以对开发建设提出一个最低的底面高程要求等,以尽量减少可能产生的淹没损失。④采取必要的防洪应急准备与安排,例如实施洪水预警、清理行洪障碍物、居民疏散及灾后重建等措施。也就是说要让当地居民知道在发生洪水前后应当怎么做。

  为了规范和指导对洪水地区的治理,提高对治理洪泛区的认识和防治水平,澳大利亚政府和各州、地根据自身条件先后出台了一些相应的治理政策。这些政策和措施集中反映了洪水地区开发治理的正确思路和观点,其中最重要的包括以下几个方面。①澳大利亚各州、地制定相应的洪泛区治理规划,要求各地区通过全面搜集资料、分析和研究存在的洪水问题,提出解决方案,编制各自的洪泛区治理规划。在编制规划的过程中,应当努力将其与有关地区的经济发展规划、基础设施规划、洪水风险分析与治理规划、资源保护与环境保护规划、土地利用规划,以及洪水应急安排等结合起来。②在编制、审定和实施洪泛区治理规划时,应吸收公众代表参与评议,尤其是洪水淹没区内的有关业主单位,以调动社会各方面的积极性。对于评议过程中提出的问题和正确意见,应在规划最终定稿前予以解决和采纳。③各州、地制定各自的洪水应急安排计划和具体的防洪应急措施,以减少实际洪水可能造成的灾害损失。洪泛区治理规划与防洪应急计划安排是相互补充的,它们之间应有密切的联系。在制订防洪应急安排计划时,应充分掌握有关洪水的规模、淹没水深、流速、历时和涨水速率,以及有关道路交通情况、局部"安全岛"的形成位置等。④各州、地制定一些具体的政策规定,以及防洪操作的具体步骤和内容,如土地使用与管理、新开发项目的审批、林木砍伐、地下水回灌、洪水预警等。⑤对洪水区居民大力进行宣传、教育和培训,以提高他们的认识水平和应变能力。

在实施洪泛区治理规划时,澳大利亚各州、各领地通常要求建立一个洪泛区治理咨询委员会。这一机构照例由地方主管部门负责组建,其主要作用是提出治理洪水的具体目标、战略、策略和措施,对有关工作进行必要的指导和督促等。它由有关行政部门指派的代表、基层社区代表、技术专家代表及其他有关方面推举的代表按适当比例组建。必要时,政府机构可以委派官员参加工作,如河流托管机构、公路铁路机构的官员等。在一定的情况下,应有一名相邻地区机构的代表参与这一机构的工作,因为一个地区所采取的土地管理措施和防洪措施可能会对其他地区的洪水形势和防洪效果产生影响。

洪泛区治理咨询委员会的主要任务包括提出治理目标和政策,开展洪水研究、治理研究、洪水风险控制、经济评估、生态环境和资源研究、水质分析、可持续开发等工作。

五、社区发展与社区治理研究综述

《中共中央关于坚持和完善中国特色社会主义制度 推进国家治理体系和治理能力现代化若干重大问题的决定》中提出健全社区管理和服务机制,构建基层社会治理新格局。蓄滞洪区作为社区的一种特殊类型,其未来的发展和治理同样重要。

1.国外研究现状

"社区"这个概念最早是由德国社会学家斐迪南·滕尼斯(Ferdinand Tonnies)提出来的。1887年出版的《共同体与社会》一书中,他第一次对社区作了较为系统的描述,认为"社区"是一种基于血缘关系或自然情感的社会有机体,颇似平常所说的乡村传统小社会,而"社会"是由契约关系和选择意志造就的机械结合。可见,社区是指那种人口同质性较强、具有相同价值取向的社会共同体,它体现了一种相互帮扶、有共同信仰和风俗习惯的人的人际关系。

社区研究源于西方学者对贫民生活状态的调查和研究。19世纪末,英国和美国发起社区睦邻组织运动(Social Settlement Movement),旨在通过社会组织的参与,整合社区内外资源,激发居民自主自立精神,帮助社区内的弱势群体。20世纪前期,美国芝加哥学派以城市社区研究而出名,在美国社会学中占有重要地位,其代表人物有帕克(Robert E.Part)、伯吉斯(Ernest W.Burgess)和沃思(Louis Wirth)。这一时期,学者给"社区"赋予了社区行政区域的概念,"社区"也就有了双重的属性:一是生活共同体,一是行政区域单元。帕克(Robert E.Part)提出从社区整体研究城市的观点;伯吉斯(Ernest W.Burgess)提出城市区位的"同心圈理论",后人又补充了"扇形理论"和"多核心理论";沃思(Louis Wirth)在《作为一种生活方式的城市性》一文中提出了城市人口与区位的三个特点(众多人口、高人口密度和高人口异质性),并认为这些特点给城市带来了许多不可避免的通病。

1955年,联合国社会局发表了《社会发展经由社区发展》一文,认为"社区发展是一种由全体社区居民积极参与并充分发挥各自创造力,以促进社区的经济进步并构造和谐社区的过程。在此过程中,包括两个基本要素:一是由社区居民自主参与、自主创造,以努力改进其生活水平;二是通过政府在技术层面的协助或实施其他服务,帮助社区居民更有效地自觉、自发与自治"。但此后一段时间由于全球化、信息化的发展,西方社区在一定程度上面临着衰落的问题,对此不同的学者提出不同的观点。如齐美尔(Georg Simmel)和沃思(Louis Wirth)提出"社区失落论",认为现代城市是由社会分工和契约联系起来的缺乏情感的、关系疏远的组织和团体,城市生活盛行一种消解情感、崇尚理性的生活方式;刘易斯(Oscar Lewis)和甘斯(Herbert Cans)提出了"社区继存论",认为工业化和城市化所带来的科层分化,并没有带来社区的消亡,社区团结和亲密关系依然在城市的某些地方存在;而费舍尔(Claude S.Fischer)、维尔曼(B.Wellman)和雷顿(B.Leighton)提出"社区解放论",认为应打破对邻里关系的强调,社区居民应从地域和空间的限制中解放出来,建立更广泛的联系。

20世纪80年代,由于经济危机,福利国家受新自由主义的影响,学者们普遍主张"把个人从主要权力结构中解放(出来)"。社区照顾逐渐取代国家照顾,"政府逐渐从服务供给的垄断者身份转变为服务购买的最大雇主,形成了以社区为依托的社区照顾政策"。后来西方国家将社区服务重点转向有需要的特殊人士。同时英国开始出现志愿者组织,社区服务的提供者已不仅仅局限于社区工作人员。20世纪90年代,社区主义运动在美国兴起。该运动主张从权利到关注社会和集体责任的平衡的转换。21世纪初,澳大利亚所有级别的政府都提出社区参与方法,揭示了社区参与的核心要素,社区参与和政府社会的合作得到了广泛的支持。对于社区组织在社区中的作用,美国学者邓肯(A·Dunham)认为社区组织既是一种社会工作方法,又是一个有意识接触社会的过程。它存在的意义在于:一是满足社区居民随着社会不断发展而产生的多样性需求;二是帮助社区居民解决问题,并培养居民参与社区治理、自主解决事务及相互之间合作的意识;三是改善社区小组之间的关系,并改进社区管理决策权力的分配。

2.国内研究现状

我国社区研究始于20世纪30年代。当时,吴文藻积极倡导社区研究,推进社会学的中国化,将"社区"作为"community"的中文译名。吴文藻认为:"社区乃是一地人民实际生活的具体表词,它有物质的基础,是可以观察得到的","社区研究较之社会调查要进一步,但它不但要叙述事实,记录事实,还要说明事实内涵的意义,解释事变发生的原因。"随后,以费孝通为代表的一批学者,主要从事乡村研究。1947年费孝通在《乡土中国》一书中为人们生动地描绘了一幅以乡土为底色、以家庭为单位、以血缘和地缘为纽带的传统中国乡村社会画卷,并用"差序格局"这一概念,解释了传统中国社会结构的特点。在随后的几十年间,社区研究在我国几乎处于停滞状态。

改革开放后,随着市场经济的发展,"政企"和"社企"职能逐步分开,"单位制"逐渐走向解体,大量的社会职能和社会问题开始回归社会和居住地,迫切需要新的承载平台,"社区制"在此情况下应运而生。"社区制"在我国经历了"社区服务""社区建设""社区治理"3个阶段。

20世纪80年代中期,我国开始推行"社区服务"。1987年民政工作会议在大连召开,首次提出"社区服务"概念,将其定位为"在政府的领导下,发动和组织社区内的成员开展互助性社会服务活动,就地解决本社区的社会问题"。之后,学界主要围绕着社区概念、社区服务的内容、社区功能等方面进行探讨。由于这一阶段相对较短,所以相关学术研究成果很少。如邵思新和张维船在《社区服务论》一文中指出:"社区服务就是根据一个国家和地区的社会福利政策和人民群众的需求意愿,在本社区范围内开展的,旨在满足其成员的物质生活与精神生活需要的社会服务活动","社区服务是城市社会福利事业体系的组成部分,是城市经济运行和社会发展的稳定机制,涉及社会生活全局,发展社区服务,意义重大,影响深远。"

20世纪90年代之后,我国开始推行"社区建设",从此社区建设成为学术界研究的热点。这一期间,学界对社区建设的发展路径、动力机制进行了深入的探讨并得出了不同的观点。第一类观点认为社区建设是一个依靠国家力量自上而下推动的过程,这类观点可称为"国家主导论"。如康晓光、韩恒认为国家对多种社会组织实行不同的控制策略,形成一个"分类控制体系",其中社区居委会事实上已经成为执行政府特定政策的"准政府组织"。它们高度依附于政府机关,几乎没有什么自主性。向德平认为,社区居委会是社区居民自我管理、自我教育、自我服务、自我监督的基层群众性自治组织。但是,在我国社区建设与社区发展过程中社区组织出现了行政化的倾向。第二类观点强调社区建设是一个市民社会不断发育,并借助于市民社会力量促进社区发展,进而在一定程度上形成"自主"与"自为"的社会自我支持系统的过程。这类观点可称为"市民社会论"。如刘继王和青山同认为,在社区建设过程中开始时政府主导作用大一些,社区主导作用小一些;逐渐地政府主导作用小一些,社区主导作用大一些……再发展下去,终将会是社区在主导。桂勇认为,在社会转型期,国家与社会仍然有相当程度的接触,但并不是牢固地镶嵌在一起的,而是相对较为松散地黏合在一起的。在此基础上他提出了"粘连"理论,即国家对城市邻里仍旧拥有一定的动员控制能力,但这种能力受到各种社会政治因素相当大的限制;他还认为居委会组织具有政治价值,即它使国家与基层社会得以避免产生直接冲突并使二者在表面上相安无事,发挥"黏合剂"作用。

党的十八大之后,我国开始推行"社区治理"。十九届四中全会进一步明确了推进国家治理体系和治理能力现代化的总体要求。随着我国政治、经济体制改革不断深化,"社区治理"这一领域受到越来越多的学者的关注。当前,我国学者主要围绕着社区治理认知、理论和模式进行探索。①对社区治理理念的研究。许宝军和陈伟东认为,社区治理不是政府单方面的工作。而是政府、非营利组织、居委会及社区居民群众4个方面联合发力的工作。他们通过对不同方面进行比较,提出了社区治理应该以社区居民群众为中心的观点。②对社区治理体制的研究。付诚认为,社区居民是社区建设的新动力,应该得到越来越多的关注和重视,居民应以社区未来发展目标作为精神指导参与社区治理。③对社区治理模式的研究。葛天任和李强以社区调研为基础,从社会学关于政府、市场与社会三大机制的理论视角出发,对于多种类型的社区治理模式进行分析、归纳和总结,提出了城市社区治理创新的4种模式:政府主导模式、市场主导模式、社会自治模式和专家参与模式。

综上所述,不管是国外学者还是国内学者,在社区治理研究中,都强调多元主体参与的方式,政府、社会组织、社会工作者、社区居民等都是社区治理的主体,都有义务参与社区治理。

第二章 淮河行蓄洪区的形成与演变

一、行蓄洪区的基本情况

淮河干流发源于河南省桐柏山麓,流经河南、安徽、江苏三省,在江苏境内经洪泽湖调蓄后,主流经入江水道至三江营入长江,全长约 1000 km,流域面积 18.7 万 km²。淮河干流按地形和河势特点分上、中、下游三段:从淮河源头到豫、皖两省交界的洪河口为上游,河长 360 km;洪河口到洪泽湖出口中渡为中游,河长 490 km;中渡以下入江水道段为下游,河长 150 km。安徽省地处淮河中游,境内干流上自洪河口,下至洪山头,全长 418 km,流域面积 6.7 万 km²。

淮河流域地势低平,平原面积大,河流众多,历来就是洪水多发地区。1950 年,淮河发生大水,大部分堤防溃决,灾情严重,中央人民政府作出了关于治理淮河的决定,制定了"蓄泄兼筹"的治淮方针,在加固堤防、整治河道、修建水库的同时,在湖泊、洼地开辟了行蓄洪区,形成了以水库、行蓄洪区和各类堤防为主体的防洪工程体系。

行蓄洪区已成为淮河防洪工程体系中的重要组成部分,行洪区在设计条件下如能被充分运用,可分泄淮河干流相应河段河道设计流量的 20%~40%;蓄洪区设计总蓄洪量为 63 亿 m³,滞蓄的洪量约占正阳关 30 天洪水总量的 20%。汛期根据洪水情况,适时启用行蓄洪区,削减洪峰,辅助干流行洪和蓄滞洪,能够有效地降低干流的洪水位,确保淮北大堤和淮南、蚌埠等重要工矿城市的防洪安全。

截至 2018 年,淮河中游有蒙洼、南润段、邱家湖、姜唐湖、城西湖、城东湖、寿西湖、瓦埠湖、董峰湖、上六坊堤、下六坊堤、汤渔湖、荆山湖、花园湖、潘村洼、老汪湖等 16 处行蓄洪区，总面积 2813.4 km²，耕地 254.62 万亩，区内人口 99.07 万人，面积、人口分别约占全国行蓄洪区总数的 9% 和 6%。

蒙洼、南润段、邱家湖、城西湖、城东湖、瓦埠湖、老汪湖等 7 处蓄洪区总面积 1957 km²，耕地 165.2 万亩，区内人口 67.23 万人，耕地和人口分别约占淮河中游行蓄洪区总数的 65% 和 68%；其余 9 处行洪区全部分布在淮河干流中游两岸，面积 856.4 km²，耕地 89.42 万亩，区内人口 31.84 万人，耕地和人口分别约占淮河中游行蓄洪区总数的 35% 和 32%。

截至 2018 年，行蓄洪区内有庄台 199 座，台顶总面积 576 万 m²，居住总户数 5.93 万户，总人口 22.72 万人；保庄圩 35 座，总保护面积 222.3 km²，居住总户数 8.02 万户，总人口 26.49 万人。另外仍有 15.02 万户 49.86 万人居住在行蓄洪区低洼地，对防洪工作有一定影响。

安徽省淮河行蓄洪区基本情况见表 2-1。安徽省淮河行蓄洪区位置示意详见图 2-1。

表 2-1 安徽省淮河行蓄洪区基本情况表

序号	名称	涉及县（区）、农场	进洪概率	面积（km²）	耕地（万亩）	区内人口（万人）
1	蒙洼	阜南县、阜蒙农场	5 年一遇	180.4	19.75	19.50
2	南润段	颍上县	5 年一遇	11.8	0.92	1.09
3	邱家湖	颍上县、霍邱县	4 年一遇	26.2	3.25	0.65
4	姜唐湖	颍上县、霍邱县	4 年一遇	119.2	14.99	2.63
5	城西湖	霍邱县	15 年一遇	517.1	37.41	18.78
6	城东湖	霍邱县、裕安区	10 年一遇	378.1	25.66	6.69
7	寿西湖	寿县、寿西湖农场	>20 年一遇	154.5	17.36	9.42
8	瓦埠湖	寿县、谢家集区、田家庵区、长丰县	>20 年一遇	776.0	69.37	19.17
9	董峰湖	毛集区、凤台县、东风湖农场	7 年一遇	40.9	4.62	1.84

续表

序号	名称	涉及县（区）、农场	进洪概率	面积（km²）	耕地（万亩）	区内人口（万人）
10	上六坊堤	潘集区	5年一遇	8.8	1.40	
11	下六坊堤	谢家集区、八公山区、潘集区、二道河农场	5年一遇	19.2	1.72	0.19
12	汤渔湖	潘集区、怀远县	>20年一遇	72.7	8.34	5.27
13	荆山湖	怀远县、禹会区	8年一遇	68.9	7.35	0.52
14	花园湖	五河县、凤阳县、明光市、方邱湖农场	>20年一遇	203.9	16.69	7.04
15	潘村洼	明光市、潘村洼农场	>20年一遇	168.3	16.95	4.93
16	老汪湖	埇桥区、灵璧县	10年一遇	67.4	8.84	1.35
合计				2813.4	254.62	99.07

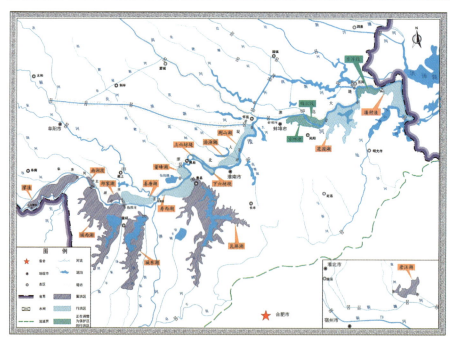

图 2-1　安徽省淮河行蓄洪区位置示意图

二、行蓄洪区的形成

淮河干流上游自淮凤集以下沿淮滩地、洼地渐趋开阔，呈两岗夹洼形势；到洪河口以下中游地带，洼地更趋开阔，南岸又有多处湖泊。千百年来，由于临河修堤，这一地区基本上能保麦收，大水时漫水行洪、滞洪。

淮河干流的洪河口以下中游地带绝大部分在安徽省境内，该段河槽宽度一般为200~600 m，两岸堤防距离400~800 m，临河早已形成了许多不同程度标准的堤段。这些堤防在经过1921年、1931年等年份的大洪水后，已逐步加高，以争取保一般洪水年份的秋收。堤防主要位于正阳关以下，主要因为正阳关以下沿淮的地形已从两岸间夹有一定湖洼地转为淮北大平原，防护面积大，而且还有重要城市与主要铁路干线，对防洪要求高。

1950年7月，淮河干流大水，沿淮堤防普遍溃决。1950年大水后复堤时，除蓄洪区另作规划外，考虑沿淮堤防的重要程度有所不同，以及需确保淮北大平原及重要工矿城市、铁路干线的安全，将沿淮堤防分为3个等级进行建设：一是沿淮主要堤防按高于计划洪水位（1950年最高水位）1 m予以加高培厚，以保麦秋两收；二是颍河右堤及淮左庙垂段等堤防堤顶按高于计划洪水位0.5 m建设，争取保秋收；三是其余堤段只予堵口，照原堤培修，堤顶低于计划洪水位1 m，只保麦作期间不遭淮水侵入，普通洪水之年亦可保秋收，如遇非常洪水则任其漫溢，以增大淮河泄量。自此以后，这些修堤标准低于计划洪水位1 m（即低于淮北大堤顶2 m）的地区被称为"行洪区"，其堤防被称为"行洪堤"。在淮河干流正阳关以上以容量较大的城西湖、城东湖、濛河洼地等湖沼洼地为控制蓄洪区，另外正阳关以下另辟瓦埠湖为蓄洪区，当淮河洪水超设计标准，正阳关以上不能控制时，利用瓦埠湖滞蓄洪水，使洪水安全下泄。

1953年5月，时任治淮委员会主任谭震林等主要领导向中央的汇报中，正式将淮河用于蓄洪、行洪、滞洪的湖洼地定名为蓄洪区、行洪滞洪区和非确保区。根据1956年6月治淮委员会编制的《淮河上中游蓄洪行洪区情况及处理方案》（以下简称《处理方案》），安徽省境内沿淮地区的蓄洪区有濛河洼地(蒙洼)、城西湖、城东湖及瓦埠湖4处,合计耕地135.9万亩,人口31.4万。行洪滞洪区(即行洪区)当时有16处,总耕地85.7万亩,人口16.1万。其中行洪区位于正阳关以上有王润段(南润段)、润赵段、赵庙段(邱家湖)、姜家湖4处,合计耕地17.8万亩,人口3.3万;正阳关以下有寿西湖、便峡段(董峰湖)、黑张段、六坊堤、石姚段、三芡缕堤、芡荆支荆段(荆山湖和芡荆段)、黄苏段(孔津湖)、小相香浮段、凤阳嘉山漫水区(包括方邱湖、花园湖、潘村洼3处)共12处,合计耕地67.9万亩,人口12.78万。行蓄洪区共计20处,耕地221.6万亩,人口47.48万人。详见表2-2。

表2-2　1953年安徽省淮河干流行蓄洪区情况表

类别	湖洼	耕地(万亩)	人口(万人)	备注
蓄洪区	濛河洼地	25.0	4.8	现蒙洼
	城西湖	34.0	7.2	
	城东湖	20.5	5.3	
	瓦埠湖	56.4	14.1	
	小计4处	135.9	31.4	
行洪区	王润段	3.0	1.5	现南润段
	润赵段	1.3		
	赵庙段	5.0	1.8	现邱家湖
	姜家湖	8.5		
	正阳关以上小计4处	17.8	3.3	
	寿西湖	10.5	1.7	
	便峡段	5.0		现董峰湖
	黑张段	3.0	3.9	
	六坊堤	6.0		
	石姚段	2.4	0.09	
	三芡缕堤	9.0	0.03	现荆山湖
	芡荆支荆段	1.5	0.2	芡荆段
	黄苏段	3.0	0.06	
	小相香浮段	2.5	0.2	
	凤阳嘉山漫水区3处	25.0	6.6	包括方邱湖、花园湖、潘村洼3处
	正阳关以下小计12处	67.9	12.78	
	合计16处	85.7	16.08	
行蓄洪区共20处		221.6	47.48	

1954年淮河流域发生了超过1950年的流域性大洪水,在沿淮行蓄洪区全部运用的情况下,淮北大堤仍然在凤台县禹山坝和五河县毛滩两处决口。1954年大水后,对淮河干流重要堤防实施了加固工程,多处堤距较窄河段实施了堤防退建。由于河道整治和经济社会的发展需要,行洪区作了局部调整。

1954年,小相圩破堤后未再恢复,改为滩地行洪区。1956年,临北缕堤筑成后,临北新老堤之间辟为临北段行洪区。1956年汛后黄苏段改为一般堤防保护区。1958年,二道河开挖工程将六坊堤分为上六坊堤和下六坊堤两个行洪区。1958年,临淮岗引河开挖,使姜家湖行洪区四周临河。1960年,洛河洼增辟为行洪区。1963年,因煤炭生产需要,黑张段堤线延伸至李咀子,改为黑李段工矿确保区。1965年,唐垛湖确定为行洪区。1972年,汤渔湖增辟为行洪区。20世纪70年代茨淮新河开挖,茨荆段行洪区南片并入荆山湖行洪区,北片成为塌荆段一般堤保护区。1978年,潘村洼南部建成安淮圩,成为潘村洼行洪区的一部分。

经以上变动后,沿淮行洪区现共计18处,其中正阳关以上5处,分别为南润段、润赵段、邱家湖、姜家湖、唐垛湖;正阳关以下13处,分别为寿西湖、董峰湖、上六坊堤、下六坊堤、石姚段、汤渔湖、洛河洼、荆山湖、方邱湖、临北段、花园湖、香浮段、潘村洼。蓄洪区仍为4处,分别为蒙洼、城西湖、城东湖、瓦埠湖。淮河干流行蓄洪区堤防形成年代及确定时间详见表2-3。

在行蓄洪区安全建设在1950年大水后便开始逐步开展,在蒙洼、城西湖等蓄洪区和南润段、润赵段、姜家湖、董峰湖等行洪区兴建了一些低标准的围村堤和庄台。1954年大水后,又陆续建了一些低标准庄台。1958年,原治淮委员会撤销后,行蓄洪区安全建设工作基本停止。1971年,治淮规划提出为了保证行蓄洪区内群众生命财产安全和发展生产,对沿淮两岸的行蓄洪区(除南润段、润赵段、六坊堤等经常行洪的行洪区外)进行修建和加高庄台。自1971年后,修建庄台的投资实行以居民自筹为主、国家补助为辅的政策,但由于补助的标准太低,居民自筹资金的能力有限,庄台建设进展缓慢。

在行蓄洪区运用补偿方面,《处理方案》提出了行蓄洪区的使用和补偿办法。根据不同地区的不同情况,确定不同的处理办法:一是对年年都要蓄洪或行洪滞洪的地区,如耕土不够,可由地方政府调整土地使用规划或迁移一部分群众去其他地区,一般要协助群众提高麦收单位面积产量,并开展夏秋季的副业生产,以解决群众的生活问题;二是对2至5年需蓄洪或行洪滞洪的地区,适当地调整土地使用规划,除被淹的年份外,秋征仍收公粮,使用举办义仓或实行农业保险等办法,在秋季不受淹的年份逐年积蓄物资,以作蓄洪过水年份的救济之用;三是对5年以上需蓄洪或行洪滞洪的地区,在不蓄洪不行水的年份征收公粮,放水淹没年份全部给予居民以赔偿或办理水利保险。

表2-3 淮河干流行蓄洪区堤防形成年代及确定时间表

序号	行蓄洪区	堤防形成年代	确定为行洪区或蓄洪区年份
1	蒙洼	1918年上游钐岗至下游南照集开始筑堤。	1951年
2	城西湖	1757年、1758年霍邱知县请帑浚深沟河三道,兴修湖区水利工程。1936年安徽省建设厅开发垦区,兴建任家沟闸(又名万民闸)和新河口闸(又名万户闸)。上格堤系民国初年所筑	1951年
3	城东湖		1951年
4	瓦埠湖		1951年
5	南润段	1913年南照集筑堤至十八亩地头,后被水毁。1920年南照集到润河口的圩堤筑成,1922年筑起了北面王庄孜到润河口圩堤,均毁于1924年洪水。1931年洪水后,1933年再次筑堤,后经历年加宽培厚,1950年大水未决口	治淮初期
6	润赵段	沿淮于民国初年已筑有堤。1931年洪水后修复。1949年冬、1950年春复堤堵口时,三湖堤连成一线	治淮初期
7	邱家湖	清道光三年(1823)始垦殖,四年(1824)筑堤	治淮初期

续表

序号	行蓄洪区	堤防形成年代	确定为行洪区或蓄洪区年份
8	姜家湖	1915年修筑淮堤。1937年兴建下格堤	1951年
9	唐垛湖	1823年始筑圩堤	1965年
10	寿西湖	湖区始垦于明崇祯十三年(1640)。1949年整修了原寿西淮堤。1950年汛后复堤	治淮初期
11	董峰湖	便峡段沿淮堤防始建于民国初年	治淮初期
12	六坊堤	民国初年曾有堤,1916年大水冲刷殆尽。1946年,皖淮复堤工程局二所,以工代赈,筑成围堤。1949年冬,凤台县出工培修	1953年
13	石姚段	沿淮堤防始筑于1929年	治淮初期
14	洛河洼	民国时曾筑过堤,经多次洪水冲击而毁。1957年,当地群众在淮南市郊区政府组织下再次圈圩,取名幸福堤。1960年,安徽省政府批准恢复圩堤	1960年
15	汤渔湖	沿淮堤防于1932年由救灾会修筑。因年久失修而溃不成,1948年淮域复堤工程局工赈修复。1956年,筑汤渔湖遥堤	1972年
16	荆山湖	沿淮堤防于1932年由救灾会修筑。因年久失修而溃不成,1948年淮域复堤工程局工赈修复。1949年人民政府领导整修	治淮初期
17	方邱湖	沿淮筑堤始见于1781年。1950年洪水溃决,治淮修复	治淮初期
18	临北段	1802年沿淮始筑堤。1956年,建临北遥堤	1956年
19	花园湖	沿淮堤防于民国时所建,1950年溃决后培修	1952年,《治淮工程计划纲要》中曾将其列为蓄洪区,在实际实施中将其列为行洪区
20	香浮段	堤防为民国时建	1953年

续表

序号	行蓄洪区	堤防形成年代	确定为行洪区或蓄洪区年份
21	潘村洼	据1949年7月河道形势图,其时已有部分堤防	1952年,确定了泊岗引河以北列为确保区,以南部分列为行洪区

注:表中"治淮初期"指1950—1953年,六坊堤包括上、下六坊堤。

三、行蓄洪区的建设与治理

中华人民共和国成立后,行蓄洪区经过初期的治理,生产有了一定的发展,人口增长较快。

20世纪50年代中期,尤其是1966年后,由于管理不善等原因,人们在干流滩地任意修建房屋、码头、泵站、渠道和种植荻苇、树木等,严重阻水,加之人口增多,与水争地,任意设置生产堤,束窄河道,削弱了淮河中游干流的行洪能力。行蓄洪区群众逐年自行加高行洪堤,抬高了河道的水位,行洪区、蓄洪区进洪次数增加,导致洪水不能按计划宣泄滞蓄。

行蓄洪区庄台建设不足、高程不够,居住环境十分拥挤,人均占地面积仅为6~7 m²,群众防洪安全难以得到保障,居住条件差。行蓄洪区地势低洼,灌排设施建设严重不足,旱灾、涝灾频繁,生产能力较低且不稳定,加上行蓄洪区的粮食减免政策落实不到位,行蓄洪区群众生产生活困难。

改革开放以来,党和国家高度重视淮河行蓄洪区群众的安全与经济发展,开展了一系列大规模的建设和治理工作。建设和治理工作大致可分为以下3个阶段。

(一)20世纪80年代

1982年淮河发生了10年一遇的洪水,淮河中游启用了12个行蓄洪区。同年8月24日,《国内动态清样》反映了淮河行蓄洪区存在的问题。胡耀邦同志在《国内动态清样》上作出重要批示:"这个问题要彻底了解研究清楚,然后提出方案,确实不能再这样浑浑噩噩过日子了。"随后水利电力部,于当年11月向胡耀邦同志报告了淮河行蓄洪区情况和处理意见。意见提出,在今后长时期内,运用行蓄洪区仍是防洪的重要措施,但是居住在这个区域的人民,为淮河的防洪作出了牺牲,因此国家应在行蓄洪区进一步落实有关经济政策,在工程建设上予以照顾支持,改善非行洪、蓄洪期的生产条件和保证行洪、蓄洪期人民生命财产的安全,从而做到行洪畅通、蓄洪及时,人民生产生活有保障。具体措施包括以下几个方面。

一是做好规划,调整行洪区,清除阻水障碍。沿淮行蓄洪区要进行总体规划,对于不合理的规划要进行调整,对于未经批准建设的滩地生产圩要彻底清除,对于三年两行洪的几个行洪区(河南的童园、黄郢孜、建湾和安徽的润赵段、南润段行洪区)应当动员居民迁出,平毁圩堤,恢复行洪滩地。凡束窄河道的局部堤段应当退堤,留足河道宽度,同时清除各种阻水障碍,扩大行洪流量。

二是建设庄台、避水台,保证居民的生命财产安全。要抓紧修建安全庄台和避水台,尽可能地结合修堤、傍堤建庄台,挖河取土,以节省土地。

三是修建排洪设施和进出口工程。为保证行蓄洪区在不需行洪时能及时排涝,提高作物产量,补偿秋季行洪的损失,以及行洪后按时排水,保证及时播种,需要修建必要的排涝(结合灌溉)抽水站。为使行洪区能及时有效地行洪,一般采取漫堤行洪措施,标准较高的行洪区要逐步做好洪水进出口门的建设,留足行洪宽度,将圩堤铲低至设计高度,明确行洪、蓄洪水位和行洪口门大小高低标准,建立健全管理制度。

四是制定落实行蓄洪区的经济政策。为了保障行蓄洪区群众的生产生活,必须制定和落实各项经济政策。首先是征购政策。凡5年以内进洪1次,约有100万亩耕地的地方,由政府规定免予征购公粮,争取一季留足全年口粮。其次是救济和补助政策。每次行蓄洪造成的损失,根据行洪、蓄洪区防洪标准,由政府进行补偿和救济;国家供应每人每天一斤粮,生产上实行发放无息贷款政策,恢复生产。最后是试行防洪保险办法。凡行洪、蓄洪机遇在10年以下的行蓄洪区,建议采取防洪保险的办法,每年提取一定的积累储备作为保险基金,用作按计划行洪、蓄洪时的赔偿,可先于安徽省试行,具体办法由中国人民保险公司与安徽保险分公司会同有关部门及地方研究拟定,报省人民政府和国务院批准。

五是在农业生产上进行合理安排。农业生产要考虑行洪、蓄洪的特点,种植早熟品种和耐淹作物,提高夏收产量,在洪水来临之前收好一熟作物,以保口粮;发展其他农业生产,广开门路,开展多种经营,使居民收入增加,逐步富裕起来。具体表现在以下几个方面。

1. 工程建设

1983年5月,水利电力部对《安徽省淮河干流河道整治及堤防加固工程规划》(以下简称《淮河干流河道整治工程规划》)进行了批复,要求通过工程措施和非工程措施,使正阳关以上的河道排洪能力恢复到1956年的实际水平,正阳关以下基本上恢复到1955年的设计水平,进洪标准在5年一遇以下的行蓄洪区人民生产、生活和安全条件有明显改善。根据《淮河干流河道整治工程规划》,1983年董峰湖石湾段行洪堤实施退建,1987年姜家湖何家圩南堤实施退建,1987年唐垛湖行洪堤道郢子至冯家行段实施退建。

2. 安全建设

行蓄洪区安全建设方面,根据《淮河干流河道整治工程规划》,安徽省水利厅编制了《安徽省淮河干流低标准行蓄洪区庄台工程总体设计》,在蒙洼、南润段、邱家湖、姜家湖、唐垛湖、董峰湖、下六坊堤、石姚段、幸福堤(洛河洼)、荆山湖等12处行蓄洪区修建庄台和保庄圩等设施。截至1990年底共投资1亿元,建成庄台391.4万m^2,保庄圩面积811.55万m^2,避洪楼1684幢,撤退道路398 km,可满足36.66万人避洪和撤退需求。

3. 行蓄洪区管理

(1)特殊政策

1988年,安徽省政府发布《关于对沿淮低标准行蓄洪区实行特殊扶持政策的通知》。从1988年起,政府连续3年对淮河蒙洼、唐垛湖、邱家湖、润赵段、南润段、姜家湖6个低标准行蓄洪区实行10项特殊扶持政策。

一是加快区内人口智力开发,免收中小学生的学杂费、书本费;

二是改善医疗卫生条件,提高卫生事业费补贴标准;

三是提高在区内工作的知识分子生活待遇,上浮一级工资,解决配偶和子女"农转非"问题;

四是免征农业税及乡镇企业部分企业税,减轻农民负担;

五是加强内部水利建设,5年内除涝标准达到三年一遇;

六是加强公路建设,争取1990年底实现村村晴雨通车;

七是优先供应农用物资,保证化肥和抗灾抢险物资供应;

八是免除国库券认购和粮食定购任务,减轻农民负担;

九是积极发展非农产业,组织劳务输出;

十是严格控制人口增长。

这些扶持政策的落实,对群众生产的发展、生活水平的提高产生了一定的促进作用。

(2)防洪基金与防洪保险

20世纪80年代,我国还没有制定针对蓄滞洪区运用的补偿政策,为此安徽省开展了防洪基金、洪水保险试点工作。

1988年国务院批复了《安徽省淮河行蓄洪区防洪基金征收、使用和管理办法》。办法规定:淮北大堤和城市圈保护范围内的中央工商企业、地方国营工商企业、集体企业、个体企业和农户,按照生产经营情况和受益土地面积多少交纳防洪基金。计划筹集防洪基金总额7500万元,从1988年起的5年内,每年筹集1500万元,其中水电、民政、财政三部门每年拨款500万元,向受益区的中央工商企业和地方国营工商企业征集500万元,向受益区的集体、个体企业和农户征集500万元。受益区市、县防洪基金征收任务,由省政府一次下达至市、县,一定5年不变。防洪基金的70%用于拨补行蓄洪区农作物行洪保险所交保费不足的部分;25%用于有偿扶持行蓄洪区进行产业结构调整;5%用于安置行蓄洪区外迁人口,凡取得迁入地区有关手续,确有妥善安排的自愿迁出户,一次性地发给安置补助费。

洪水保险投保费用根据历史洪水概率进行测算,费用由国家和省财政两级承担70%,行蓄洪区群众承担30%。行蓄洪区农户无论投保与否,均作为被保险户,行洪后国家不再拨付农作物直接水淹损失部分的救济费。1986年在南润段行洪区试办了漫堤行洪保险,保险对象为农作物。因1986—1988年淮河没有大水,在试点期间,没有发生行洪区赔偿问题。

这一阶段开展的防洪基金、洪水保险试点工作,是对行蓄洪区运用补偿,减轻群众损失的有益探索。但由于蓄滞洪区运用存在很大的不确定性,试点年份基本没有启用蓄滞洪区,且没有制定具体措施,大部分地方政府和群众对政策的认识和理解不足,致使这一工作最终并未真正落地实施。

(3)产业结构调整

1984—1985年,沿淮各行蓄洪区有关县对行蓄洪区产业结构调整进行了探索,摸索出不少经验。如怀远县发挥本地优势,摸索出"一种、二养、三加工、四流通"的发展商品经济的路子;颍上县王岗乡采取"多路并进,全面发展"的思路;霍邱县姜家湖乡采取"保、改、编、养、转、趋利避害"的办法;淮南市洛河镇采取"五业并举,共同富裕"的办法;凤台县董峰湖行洪区采取"先安居,后乐业,调整产业结构寻富路"的办法……具体措施包括以下几个方面。

一是调整种植业结构。这一时期,产业结构调整的方向是调整种植业为副业。"民以食为天",农业是国民经济的基础,粮食是基础中的基础,人们的口粮问题得不解决,势必影响群众生活的安定和工副业生产的发展,因此当时的种植业调整始终把夏粮持续稳定增产放在首位,即"夺午"一定要夺到手,夺得好的收获。逐步建设必要的排灌设施,使用良种,增施肥料,防治病虫害,提高机械化程度,加强农业技术指导,提高单产,以保全年口粮;秋季生产遵循顺应自然、趋利避害的原则,种植油料、蔬菜、瓜果等生产周期短、效益高的经济作物,能收就收,不能收就丢。

积极发展林果业,在不影响行洪、分洪的前提下,发展池杉、杞柳等耐水、耐湿林木;由点到面推广池杉和粮食经济作物间作套种;在村庄、居民点、庭院内外及其他保收的地方,因地制宜地多栽葡萄、石榴、梨、桃、李、枣等果树,发展立体农业。

二是调整畜牧业结构。畜牧业重点发展水禽、兔、羊、牛等周期短、效益高、节粮型的畜禽饲养,形成具有区域特色的产业结构布局。城郊可生产鱼肉奶蛋,建成鲜活副食品生产基地。水产业可实行养殖、增殖和捕捞相结合的方式,在增殖资源的同时,逐步发展网箱养鱼和围网养鱼,发展精养和半精养、池塘养鱼;加强资源保护增殖,积极组织开发性生产。

三是提高工副业生产比重。行蓄洪区大力发展以工副业为主的商品经济,促进多余劳动力转移,以就地转移为主,就地转移和向外转移相结合。采取乡(镇)、村、联户和户"四个轮子一齐转"的办法,大力发展具有地方特色的乡镇企业,建设商品生产基地,包括小麦、啤酒大麦、油菜、黄红麻、瓜菜、蜂蜜、水禽、肉兔、山羊板皮、水产及编织加工等基地,加速开发这一地区特有的自然资源,促使越来越多的劳动力从种植业中转移出来。鼓励农民进小城镇务工经商,到大中城市从事第三产业。积极组织人员到煤矿当轮换工,各系统招工尽量照顾行蓄洪区居民。

(4)人口控制

1988年水利部发布《关于蓄滞洪区安全与建设指导纲要》,明确提出实施严格的人口政策,控制人口的适度增长。一是省级人民政府应组织有关部门制定蓄滞洪区人口控制规划,规定区内人口增长率(自然增长率及机械增长率)必须低于省内其他地区,提出具体控制指标并建立分区人口册;限制人口迁入,明确区外迁入户口的审批机关,严格履行审批制度。二是经常进洪的蓄滞洪区应鼓励人口外迁或到其他地区工厂、矿区、油田做工,受保护地区的工厂、矿山和油田应优先招用蓄滞洪区民众。三是宣传蓄滞洪环境对人口容量的制约作用,认真执行政府制定的人口规划;对人口超计划增长的蓄滞洪区,减少或停止给予国家的优惠待遇。

由于群众认识不足、政策宣传落实不到位等原因,淮河中游行蓄洪区20世纪50至90年代人口增长迅速,如蒙洼蓄洪区人口由1953年的4.8万人增加到 1990 年的 13.3 万人,增长超过 2 倍。人口增长过快,加大了蓄洪区防洪保安和管理的难度。

截至 1990 年,淮河干流行蓄洪区基本情况详见表 2-4。

表 2-4　1990 年安徽省淮河干流行蓄洪区基本情况表

类别	湖洼	面积(km²)	耕地(万亩)	总人口(万人)	备注
蓄洪区	蒙洼	181	18.0	13.3	
	城西湖	530	37.0	24.0	
	城东湖	390	24.9	19.0	
	瓦埠湖	776	60.2	33.4	
	合计 4 处	1877	140.1	89.7	
行洪区	南润段	20.2	2.0	1.4	原王润段
	润赵段	12.5	1.2	1.0	
	邱家湖	29.1	3.5	3.3	原赵庙段
	姜家湖	47.6	5.0	3.3	
	唐垛湖	67.8	7.6	6.1	
	寿西湖	170.2	16.3	9.6	
	董峰湖	43.0	6.0	3.0	原便峡段
	上六坊堤	8.5	1.0	0.8	
	下六坊堤	16.2	1.9	1.6	
	石姚段	20.2	2.0	1.7	
	汤渔湖	66.0	7.5	6.0	
	洛河洼	18.7	1.9	1.4	
	荆山湖	74.0	7.6	5.6	
	方邱湖	85.0	8.6	6.1	
	临北段	29.0	3.6	2.0	
	花园湖	213.0	15.6	9.2	
	香浮段	45.0	5.8	3.4	
	潘村洼	171.5	18.0	6.9	
	合计 18 处	1137.5	115.1	72.4	
行蓄洪区共 22 处		3014.5	255.2	162.1	

(二) 20 世纪 90 年代

1991 年淮河流域发生洪水,淮河中游启用了 15 个行蓄洪区。大水后,国务院及时作出关于进一步治理淮河和太湖的决定,明确提出加强行蓄洪区安全建设,并将其作为淮河流域 19 项骨干治理工程之一,列入国家治淮建设计划。

淮河水利委员会于 1991 年编制完成了《淮河流域行蓄洪区安全建设规划》,并于 1993 年进行修订,1994 年水利部以水规计〔1994〕302 号文批复《淮河流域行蓄洪区安全建设修订规划》。截至 2002 年底,水利部共批复安徽省淮河流域行蓄洪区安全建设工程投资 2.7 亿元;批准修建撤退道路 933 km,避洪楼 488 幢,外迁安置 1416 人,庄台深水井 69 眼,以及批准添置通信报警设施、防汛交通车等。这一时期行蓄洪区安全建设取得了一定成绩,但主要以撤退道路、避洪楼建设为主,庄台、保庄圩等安全设施数量远不能满足需要。

行蓄洪区工程建设方面,这一时期继续实施了一系列堤防工程。1992 年临北段行洪堤梅家园段、邱家湖行洪堤赵集至双台孜段退建,1993 年润赵段行洪区废弃,1994 年南润段行洪堤、城西湖沿淮蓄洪堤退建,1997 年蒙洼尾部退建,1998 年寿西淮堤退建。

(三) 21 世纪

2003 年大水后,水利部印发《加快治淮工程建设规划(2003—2007 年)》,将行蓄洪区调整作为治淮新三项工程之一,提出加快建设步伐。2007 年淮河流域再次发生流域性大洪水,为解决洪水中暴露出的行洪区防洪标准低、运用效果差、行蓄洪区运用与区内群众安全保障的矛盾突出等问题,2009 年 6 月,水利部、安徽省人民政府、江苏省人民政府联合发文,批复《淮河干流行蓄洪区调整规划》(修订),同意将寿西湖、董峰湖、姜唐湖、汤渔湖、荆山湖、花园湖等 6 处行洪区调整为有闸控制的行洪区。2009 年 11 月国务院批复《全国蓄滞洪区建设与管理规划》,明确了蓄滞洪区的调整方案。安徽省淮河流域行蓄洪区调整内容为:将南润段、邱家湖建闸改为蓄洪区;将姜家湖、唐垛湖联圩建成有闸控制的姜唐湖行洪区；结合河道整治近期废弃上六坊堤、远期废弃下六坊堤；石姚段、洛河洼经部分退堤后改为防洪保护区；方邱湖、临北段、香浮段改为防洪保护区；寿西湖、董峰湖、汤渔湖、花园湖、荆山湖实施局部退建，部分退堤还河，均建成为有闸控制的行洪区，远期结合开辟冯铁营引河，将潘村洼调整为防洪保护区。同时该规划按照分类指导蓄滞洪区建设与管理的需要，对蓄滞洪区进行了分类，明确汤渔湖、寿西湖、花园湖、荆山湖、蒙洼、城西湖、城东湖、姜唐湖、邱家湖为重要蓄滞洪区，董峰湖、瓦埠湖、南润段为一般蓄滞洪区。据此，各行蓄洪区全面加快展开工程建设及安全建设，并开始实施移民迁建工作，逐步将群众迁出行蓄洪区。

（1）工程建设

2003年至今，淮河中游开展了大规模的行蓄洪区调整与建设工程。2003年，荆山湖行洪区兴建了进、退洪闸各1座，设计流量均为3500 m^3/s。2004—2007年，姜家湖和唐垛湖联圩为姜唐湖行洪区，并兴建了进、退洪闸各1座，设计流量均为2400 m^3/s。2005年，蒙洼蓄洪区加固了进洪闸、退洪闸和蓄洪堤。2007—2010年，何家圩、荆山湖、方邱湖、石姚段、洛河洼等退堤工程实施，其中石姚段、洛河洼退堤后调整为防洪保护区。2010年，南润段进（退）洪闸和邱家湖进（退）洪闸兴建，设计流量分别为600 m^3/s、1000 m^3/s，南润段、邱家湖行洪区调整为蓄洪区。2013年后，淮河干流蚌埠至浮山段行洪区调整和建设工程实施，蚌埠以下方邱湖、临北段、香浮段3处行洪区调整为防洪保护区；花园湖行洪区建设进、退洪闸，设计流量均为3500 m^3/s，调整为有闸控制的行洪区。

2020年开工建设的淮河干流正阳关至峡山口段行洪区调整与建设工程，将董峰湖、寿西湖调整为有闸控制的行洪区，并提高行洪区行洪标准。董峰湖建设进、退洪闸各1座，设计流量均为2500 m^3/s；寿西湖建设进、退洪闸各1座，设计流量均为2000 m^3/s。汤渔湖、上六坊堤、下六坊堤、潘村洼行洪区调整建设方案当前正处于前期论证阶段。

（2）安全建设

2008年，水利部以水规计〔2008〕557号文批复了《淮河流域行蓄洪区安全建设实施方案修订报告》。据此，各行蓄洪区全面加快开展安全建设工程。2003年以后，水利部共批复投资7.15亿元，批准兴建、修建撤退道路85条，道路总长534 km；加固庄台98座，配套深水井149眼，加固保庄圩3座，以及批准添置通信报警设施、防汛交通车等。

（3）居民迁建

2003年大水后，在总结和借鉴长江流域退田还湖、移民建镇工作经验的基础上，国家安排实施淮河行蓄洪区及河滩地居民迁建，先后批复实施4期居民迁建，共5.76万户、20.24万人。

2007年大水后，灾后重建工作将淮河行蓄洪区及河滩地移民作为首期实施工程，并对居民迁建补助标准进一步作了修改，共批复迁移安置行蓄洪区移民0.77万户、2.66万人。至此，安徽省淮河干流行蓄洪区移民迁建共批复实施了居民迁建6.54万户、22.89万人，加上后批建的15座保庄圩就地保护约2.96万户、11.15万人，总计解决了低洼地群众9.5万户、34.04万人的防洪安全问题。

根据2010年国务院治淮工作会议精神，2011年安徽省人民政府批复了《安徽省淮河行蓄洪区及淮干滩区居民迁建规划》（简称《迁建规划》）。2015年安徽省政府对《迁建规划》进行了修编，形成了《安徽省淮河行蓄洪区及淮干滩区居民迁建规划（修编）》（简称《修编规划》），2016年安徽省人民政府批复了《修编规划》。自2011年以来，省发改委、水利厅依据已批复的《迁建规划》及《修编规划》，先后批复实施了2010—2013年、2018年共5个年度的居民迁建实施方案，批复实施淮河干流行蓄洪区居民迁建共1.98万户、6.64万人。至2018年，累计解决了淮河干流行蓄洪区11.48万户、40.68万人的防洪安全问题，其中迁移安置8.52万户、29.53万人，新建15座保庄圩就地保护2.96万户、11.15万人。

2018年安徽省政府发布《安徽省淮河行蓄洪区安全建设规划》，重点推进人口安置、庄台构筑、保庄圩修筑、保庄圩达标改造、行洪区调整等工作，安置低洼地人口和庄台超容量安置人口 64.46 万人，其中低洼地人口 50.96 万人、庄台超容量安置人口 13.50 万人。迁移安置 40.75 万人（迁出行蓄洪区安置 17.07 万人、迁入庄台安置 4.21 万人、迁入保庄圩安置 19.47 万人），就地保护 23.71 万人。

(4) 运用补偿政策

为了保障蓄滞洪区的正常运用，确保受洪水威胁的重点地区的防洪安全，合理补偿蓄滞洪区内居民因蓄滞洪遭受的损失，2000 年 5 月 27 日中华人民共和国国务院令第 286 号《蓄滞洪区运用补偿暂行办法》（以下简称《办法》）发布，此后行蓄洪区运用补偿以此办法作为主要依据。

2003 年大水期间，安徽省启用了蒙洼、城东湖、唐垛湖、上六坊堤、下六坊堤、石姚段、洛河洼、荆山湖、邱家湖等 9 个行蓄洪区，淹没耕地面积 72.2 万亩，转移人口 22.23 万人；同时对南润段、姜家湖、东风湖、汤渔湖、方邱湖、临北段、花园湖、城西湖共 8 个国家级行蓄洪区下达了居民转移命令，后因汛情变化没有实施行洪，转移人口 21.94 万人。同年 11 月，财政部对安徽省上报的行蓄洪区补偿方案作了批复，同意对已运用的 9 个、已下达转移命令但未行洪的 8 个行蓄洪区财产损失及行蓄洪影响 2004 年午季收成等损失给予补偿，明确补偿资金共 5.57 亿元。

2007 年大水期间，安徽省先后启用了蒙洼、南润段、邱家湖、姜唐湖、上六坊堤、下六坊堤、石姚段、洛河洼、荆山湖等 9 个行蓄洪区，淹没耕地面积约 50 多万亩；另外，对花园湖、香浮段、临北段等 3 个行洪区下达了居民转移命令，后因汛情变化没有实施行洪。12 个行蓄洪区共转移人口 12 万多人。汛后，安徽省制定行蓄洪区补偿工作方案，确定补偿范围为已经运用的 9 个行蓄洪区的受淹区域和已下达行洪命令但未行洪的 3 个行洪区。对于已启用的行蓄洪区，进行分类补偿。①农作物按沿淮行蓄洪区前 3 年夏季农作物平均亩均产值核定损失，补偿标准按损失的 70% 确定。②经济林按前 3 年平均亩均产值核定损失，补偿标准按损失的 50% 确定。③水产养殖按前 3 年平均亩均产值核定损失,按损失的50%确定补偿标准。④专业养殖实行分类定值补偿,按前3年平均市场价核定损失,按损失的50%,分猪、牛、羊、蛋禽、肉鸡、肉鸭、肉鹅等7类确定补偿标准。对已下达转移命令但未行洪的行洪区常住人口中进行了转移的人员,实行定额补偿,每人400元。

四、行蓄洪区的调度运用

(一)行蓄洪区控制运用条件

根据国家防汛抗旱总指挥部2016年批准的《淮河洪水调度方案》(国汛〔2016〕14号),淮河中游各行蓄洪区调度方案如下。

1.蒙洼蓄洪区

蒙洼蓄洪区为有闸控制蓄洪区,王家坝闸设计进洪流量1626 m^3/s;曹台孜退洪闸设计退水流量2000 m^3/s。

控制运用条件:当王家坝水位达到29.3 m,且继续上涨时,视雨情、水情和工程情况,适时启用蒙洼蓄洪。设计蓄洪水位27.8 m,设计进洪流量1626 m^3/s,设计蓄洪库容7.5亿 m^3;临淮岗工程100年一遇设计蓄洪水位29.26 m,蓄洪量9.74亿 m^3。

2.南润段蓄洪区

南润段蓄洪区由南润段进(退)洪闸控制进洪和退洪,设计流量600 m^3/s。

控制运用条件:当南照集水位达到27.9 m时开闸进洪,设计蓄洪水位27.7 m,蓄洪库容0.64亿 m^3;临淮岗运用后南润段蓄洪区超蓄,设计蓄洪水位28.8 m,蓄洪库容0.75亿 m^3。

3.邱家湖蓄洪区

邱家湖蓄洪区由邱家湖进(退)洪闸控制进洪和退洪,设计流量1000 m^3/s。

控制运用条件:当润河集水位达到27.7 m,或临淮岗坝前水位达到27.0 m,或正阳关水位在26.0~26.5 m时,运用邱家湖蓄洪;邱家湖先于姜唐湖运用。设计蓄洪水位为27.0 m,蓄洪库容1.7亿 m³;临淮岗运用后邱家湖蓄洪区超蓄,设计蓄洪水位为28.6 m,蓄洪库容2.3亿 m³。

4.姜唐湖行洪区

姜唐湖行洪区为有闸控制行洪区,进洪闸设计进洪流量2400 m³/s,退洪闸设计退洪流量2400 m³/s,退洪闸还具有反向进洪功能,设计流量1000 m³/s。

控制运用条件:当润河集水位在27.7 m、临淮岗坝前水位达27.0 m或正阳关水位在26.0~26.5 m时开闸行洪,先于城西湖运用。

5.城西湖蓄洪区

城西湖蓄洪区为有闸控制蓄洪区,王截流进洪闸设计进洪流量6000 m³/s,城西湖退洪闸设计流量2000 m³/s,退洪闸还具有反向进洪功能,设计进洪流量1400 m³/s。

控制运用条件:当润河集水位超过27.7 m,或正阳关水位达26.5 m时,视淮北大堤等重要堤防情况,适时运用城西湖蓄洪。城西湖蓄洪区设计蓄洪水位26.5 m,蓄洪量28.8亿 m³;临淮岗工程100年一遇设计蓄洪水位28.78 m,相应面积613 km²,蓄洪量41.5亿 m³。

6.城东湖蓄洪区

城东湖蓄洪区由城东湖闸控制进洪和退洪,设计流量1800 m³/s。

控制运用条件:城东湖蓄洪区在正阳关水位在26.0~26.5 m时启用,设计进洪流量1800 m³/s。城东湖蓄洪区设计蓄洪水位25.5 m,相应蓄洪区面积378.1 km²,设计蓄洪量15.3亿 m³。

7.寿西湖行洪区

寿西湖行洪区行洪方式为口门行洪,规定行洪水位为黑泥沟25.9 m,设计行洪流量3200 m³/s。

8.瓦埠湖蓄洪区

瓦埠湖蓄洪区由东淝闸控制进洪和退洪,设计最大进洪流量1500 m³/s,退洪流量940 m³/s。

控制运用条件:当蒙洼、城东湖、城西湖蓄洪后,正阳关水位仍超过

26.5 m,威胁淮北大堤及淮南城市圈堤安全时,运用瓦埠湖蓄洪。瓦埠湖蓄洪区设计蓄洪水位 22.0 m,设计蓄洪量 11.5 亿 m^3。

9. 董峰湖行洪区

董峰湖行洪区行洪方式为口门行洪,规定行洪水位焦岗闸下 24.6 m,设计行洪流量 3000 m^3/s。

10. 上六坊堤行洪区

上六坊堤行洪区行洪方式为口门行洪,行洪口门规定为:上口门位于堤西顶溜中部,高程 23.7 m;下口门位于二道河左堤,高程 23.5 m;上、下口门各宽 1000 m。行洪控制水位为凤台站 23.9 m,设计行洪流量 2800 m^3/s。

11. 下六坊堤行洪区

下六坊堤行洪区行洪方式为口门行洪,行洪口门规定为:上口门高程 23.7 m,分为 3 处,口门宽度总计 3400 m;下口门高程 23.3 m,分为 3 处,口门宽度总计 3800 m。行洪控制水位为凤台站 23.9 m,设计行洪流量为 2800 m^3/s。

12. 汤渔湖行洪区

汤渔湖行洪区行洪方式为口门行洪,设计行洪水位为田家庵 24.25 m,行洪流量 4300 m^3/s。上口门在柳沟管理段以下,口门宽 2000 m,高程 24.49 m。下口门分 2 处,1 处在王咀排灌站以南,口门宽 1000 m,高程 24.19 m;1 处在自芦沟 22 km 里程碑以西,口门宽 500 m,高程 24.19 m。

13. 荆山湖行洪区

荆山湖行洪区为有闸控制的行洪区,进洪闸设计进洪流量 3500 m^3/s,退洪闸设计行洪流量 3500 m^3/s,退洪流量 1000 m^3/s,反向进洪流量 2000 m^3/s。规定行洪水位为淮南站 23.5~23.7 m。

14. 花园湖行洪区

花园湖行洪区为有闸控制行洪区,进洪闸设计流量 3500 m^3/s,退洪闸设计退洪流量 3500 m^3/s,反向进洪流量 1000 m^3/s。规定行洪水位为临淮关 20.85 m。

15.潘村洼行洪区

潘村洼行洪区行洪方式为口门行洪,规定行洪水位为浮山站18.1 m,设计行洪流量4600 m³/s。

蒙洼、城西湖蓄洪区的运用由淮河防汛抗旱总指挥部商安徽省提出意见,报国家防汛抗旱总指挥部决定;当年的再次运用由淮河防汛抗旱总指挥部决定,报国家防汛抗旱总指挥部备案。城东湖、瓦埠湖及其他行蓄洪区的运用由安徽省商淮河防汛抗旱总指挥部决定,报国家防汛抗旱总指挥部备案。

(二)历年运用情况

据统计,1950—2020年,安徽省淮河干流行蓄洪区共行蓄洪166次。在1950年、1954年、1956年、1968年、1975年、1982年、1991年、2003年、2007年和2020年等洪水较大年份,每年都有多处行蓄洪区运用,其中蚌埠以上的蒙洼、南润段、润赵段、邱家湖、姜家湖和唐垛湖(现姜唐湖行洪区)、董峰湖、上六坊堤、下六坊堤、石姚段、洛河洼、荆山湖等低标准行蓄洪区运用频繁。

1991年洪水期间,淮河干流共启用了蒙洼、城西湖、城东湖、南润段、润赵段(已废弃)、邱家湖、姜唐湖、董峰湖、上六坊堤、下六坊堤、石姚段(已改为防洪保护区)、洛河洼(已改为防洪保护区)、荆山湖等13处行蓄洪区。蒙洼两次开闸蓄洪6.9亿m³;城西湖7月11日开闸,蓄洪5.2亿m³,有效分蓄了淮河洪水。1991年洪水期间,行蓄洪区临时转移人口超过100万人,保障了淮北平原和淮南、蚌埠等重要城市、京沪铁路及重点防洪保护区的防洪安全。

2003年,淮河干流共启用了蒙洼、城东湖、邱家湖、唐垛湖、上六坊堤、下六坊堤、石姚段、洛河洼和荆山湖行洪区等9处行蓄洪区,分蓄洪量8.5亿m³,有效降低了淮河干流洪峰水位。2003年,行蓄洪区共临时转移人口46.84万人,在保障淮北平原和淮南、蚌埠等重要城市、京沪铁路及重点防洪保护区防洪安全的同时,也确保了当时在建的临淮岗洪水控制工程的度汛安全。

2007年，淮河干流先后启用了蒙洼、上六坊堤、下六坊堤、南润段、邱家湖、姜唐湖、石姚段、洛河洼、荆山湖等9处行蓄洪区，其中蒙洼蓄洪区滞蓄洪量2.5亿 m^3。行蓄洪区的运用使润河集、正阳关、淮南、蚌埠（吴家渡）站水位降低了 0.29~0.61 m。2007 年行蓄洪区共临时转移人口 12.55 万人。蓄滞洪区的综合运用，降低了干流洪峰水位，缩短了高水位持续时间，缓解了淮北大堤等重要堤防的防守压力。

2020年，淮河干流先后启用了蒙洼、南润段、上六坊堤、邱家湖、姜唐湖、下六坊堤、董峰湖、荆山湖等8处行蓄洪区，最大滞洪量共计25.8亿 m^3。行蓄洪区的运用使润河集、正阳关、淮南、蚌埠（吴家渡）站水位降低了0.2~0.7 m。安徽省淮河干流行蓄洪区历年运用情况见表2-5。

表2-5　安徽省淮河干流行蓄洪区历年运用情况表（1950—2020年）

类别	序号	行蓄洪区	运用年数（年）	运用年份
行洪区	1	南润段	15	1954、1956、1960、1962、1963、1968、1969、1975、1977、1980、1982、1983、1991、2007、2020
	2	邱家湖	17	1950、1954、1955、1956、1960、1963、1964、1968、1969、1975、1982、1983、1984、1991、2003、2007、2020
	3	姜家湖	17	1950、1952、1954、1955、1956、1960、1963、1964、1968、1969、1971、1975、1982、1983、1991、2007（姜唐湖）、2020（姜唐湖）
	4	唐垛湖	15	1968、1969、1970、1971、1972、1975、1977、1980、1982、1983、1984、1991、2003、2007（姜唐湖）、2020（姜唐湖）
	5	寿西湖	2	1950、1954
	6	董峰湖	10	1950、1954、1956、1968、1975、1982、1983、1991、1996、2020
	7	上六坊堤	13	1950、1954、1956、1960、1963、1968、1969、1975、1982、1991、2003、2007、2020
	8	下六坊堤	13	1950、1954、1956、1960、1963、1968、1975、1982、1983、1991、2003、2007、2020
	9	石姚段	9	1950、1954、1956、1963、1975、1982、1991、2003、2007
	10	洛河洼	9	1963、1964、1965、1968、1975、1982、1991、2003、2007

续表

类别	序号	行蓄洪区	运用年数（年）	运用年份
行洪区	11	汤渔湖	0	1972年设立以来未进过洪
	12	荆山湖	9	1950、1954、1956、1975、1982、1991、2003、2007、2020
	13	方邱湖	3	1950、1954、1956
	14	临北段	2	1950、1954
	15	花园湖	3	1950、1954、1956
	16	香浮段	3	1950、1954、1956
	17	潘村洼	3	1950、1954、1956
蓄洪区	18	蒙洼	13	1954、1956、1960、1968、1969、1971、1975、1982、1983、1991、2003、2007、2020
	19	城西湖	3	1954、1968、1991
	20	城东湖	6	1954、1956、1968、1975、1991、2003
	21	瓦埠湖	1	1954
合计			166	

注：姜家湖和唐垛湖行洪区现已联圩建成姜唐湖行洪区。

（三）行洪区行洪方式演变

20世纪50年代初,沿淮行洪区的行洪堤顶高程比较低,当时确定的行洪堤顶高程低于计划(1950年)洪水位1.0 m,洪水来临时漫堤行洪。但在1954年汛前,由于南润段、邱家湖、东风湖、荆山湖和香浮段等行洪区的行洪堤顶高程超过规定高程0.5~1.5 m,因此在行洪区上、下端事先开缺口行洪,口门高程为规定的堤顶高程。南润段和邱家湖口门另加1.2~1.5 m高子埝。1955年淮北大堤加固后确定的行洪堤顶高程有所增高。20世纪60年代中期后,行洪堤顶逐步加高,行洪堤顶一般超规定的1~3 m。为了不影响淮干泄洪,每届汛前有关单位检查防汛落实情况,要求铲低行洪堤顶至规定高程。但行洪堤在普遍加高培厚后,再要求全线铲低,地方干群阻力很大。

为了防止进洪地点不恰当,或行洪缺口过小,影响行洪的效果,并考虑到铲堤任务大,20世纪70年代初提出口门行洪。安徽省革命委员会水利电力局在(73)水电水建字第 125 号文《关于进一步清除淮河阻水障碍物处理意见的报告》中,提出安徽省沿淮所有行洪区必须预留上下口门,在洪水来临时自然漫口。报告对各行洪区的行洪水位,口门的具体位置、高程、宽度都作了具体规定。行洪水位基本按照 1957 年前淮委的规定设计,行洪口门宽度在 1000 m 以上。1981 年省政府以皖政〔1981〕19 号文,重申了对各行洪区口门行洪的要求,并对邱家湖、下六坊堤、洛河洼、方邱湖、香浮段和潘村洼等行洪区的口门位置规定作了修订,发至有关地、市、县,要求遵照执行。1987 年省政府办公厅第 5 号文《关于淮河清障问题会议纪要》明确,行洪区仍按省政府〔1981〕19 号文规定铲好行洪口门。20 世纪 80 年代以来,安徽省淮河正阳关以上陆续实施了姜家湖、唐垛湖、邱家湖、南润段行洪堤退建工程,对退建后的行洪区口门高程和行洪水位作了适当调整。

2000 年后,在临淮岗洪水控制工程、2003 年及 2007 年灾后重建、行蓄洪区调整建设等工程中开始逐步建设行洪区进、退洪闸,行洪区逐步由口门行洪改为有闸控制行洪。

2003 年至 2005 年,在临淮岗洪水控制工程中,兴建姜唐湖进、退洪闸,设计进洪流量 2400 m³/s;姜唐湖退水闸设计退洪流量为 2400 m³/s,反向进洪流量 1000 m³/s。

2003 年大水后,兴建荆山湖进、退洪闸,于 2004 年开工、2007 年竣工。荆山湖进洪闸设计进洪流量 3500 m³/s;荆山湖退洪闸设计行洪流量 3500 m³/s,退洪流量 1000 m³/s,反向进洪流量 2000 m³/s。

2007 年大水后,兴建南润段进(退)洪闸和邱家湖进(退)洪闸,两闸均于 2008 年开工、2010 年竣工,设计流量分别为 600 m³/s、1000 m³/s。

2015 年开工建设花园湖进、退洪闸,进洪闸设计流量 3500 m³/s,退洪闸设计退洪流量 3500 m³/s,反向进洪流量 1000 m³/s。

2020 年开工的淮河干流正阳关至峡山口段行洪区调整与建设工程,在寿西湖、董峰湖行洪区建设进、退洪闸,将其调整为有闸控制行洪区。

第三章 蒙洼蓄洪区的规划与设立

一、蓄洪区的基本情况

(一) 自然地理位置

蒙洼蓄洪区位于安徽省阜南县境内,淮河干流洪河口以下与南照集之间,南临淮河,北临濛河分洪道,汛期四面环水。蒙洼蓄洪工程由王家坝进水闸、曹台孜退水闸、蒙洼圈堤等组

图 3-1 蒙洼蓄洪区俯览图

成。蒙洼蓄洪区东西长约 40 km,南北宽 2 km~10 km,是呈西南—东北走向的狭长地带,地势由上游王家坝渐向下游曹台孜倾斜,由淮堤渐向濛河分洪道倾斜,区内地面高程一般为 26.0~21.0 m。蒙洼蓄洪区兴建于 1951 年,1953 年建成。蓄洪区原有总面积 182 km², 1997 年实施蒙洼尾部退建工程,退出面积 1.57 km², 现有蓄洪区总面积 180.43 km², 耕地面积19.8万亩。蒙洼蓄洪区设计蓄洪水位 27.7 m, 设计进洪流量 1626 m³/s, 设计蓄洪库容 7.5 亿 m³; 临淮岗工程 100 年一遇设计蓄洪水位 29.26 m, 蓄洪量9.74 亿 m³。蒙

洼蓄洪区地理位置见图 3-2。

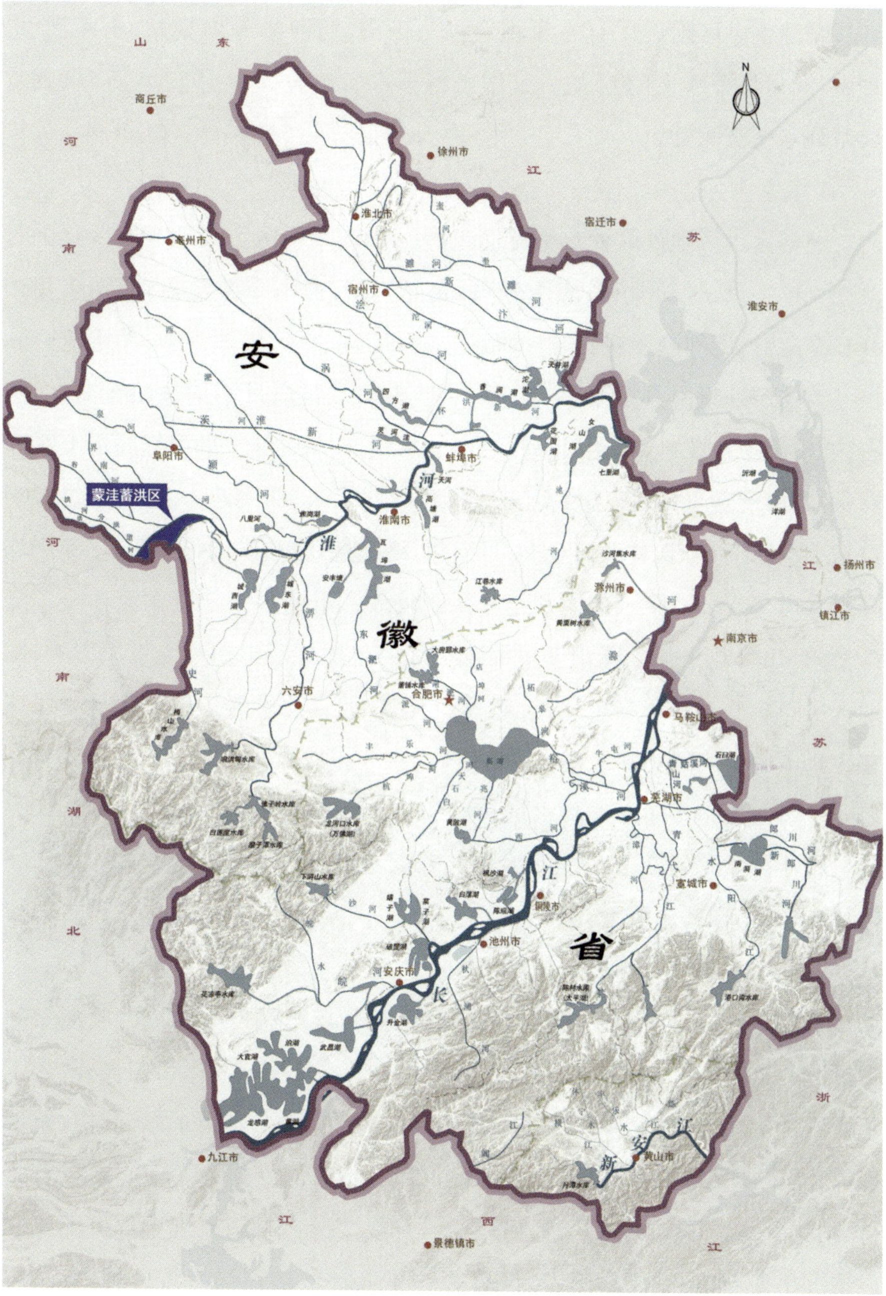

图 3-2　蒙洼蓄洪区地理位置示意图

(二)气象条件与生物资源

蒙洼蓄洪区附近现有王家坝、曹集、中岗、润河集等雨量站,王家坝、地理城、润河集等水文(位)站。其中王家坝水文站设立于1952年5月,拥有长系列水文观测资料。

1. 气象条件

蒙洼蓄洪区地处北亚热带湿润半湿润季风气候区。该地区有明显的过渡性气候特点,气候温和,四季分明,光照充足,梅雨季节明显,降雨多集中在6至9月,期间降水量占全年降水量的60%~80%,雨热同季,无霜期长。

蒙洼所处阜南县多年平均气温为15.1℃。最高月平均气温在28℃左右,通常出现在7月,极端最高气温超过42.8℃。最低月平均气温在1℃左右,通常出现在1月,极端最低气温低于−21.4℃。无霜期一般年份在220d左右。初霜期在10月下旬至11月上旬,终霜期一般在4月上旬。多年平均降水量为936 mm,降水年内和年际变化较大。汛期6至9月雨量占全年降雨量的60%以上,汛期降雨多集中在6月中旬至8月中旬。受季风影响,本地区风向多变。冬季多东北风,夏季多偏南风,春秋季多东风。年平均风速在3.1 m/s,平均风力3级左右,最大风力在8级以上。

中岗雨量站多年平均降水量941.5 mm,年最大降水量1685.0 mm(2003年),最小降水量473.3 mm(1978年),年最大降水量是最小降水量的约3.6倍,降水量年际变化较大。

2. 生物资源

本区地处暖温带落叶阔叶林带向北亚热带落叶阔叶与常绿阔叶混交林带过渡的地带,主要植被属暖温带落叶阔叶林。除耕地农作物植被外,人工栽培树种主要有侧柏、刺槐、苦楝、臭椿、柏、榆、柳树、杨树、水杉、泡桐、紫穗槐等,灌木常见的有胡枝子、酸枣、荧荆草、枸杞等。主要草丛植被有白茅草、狗尾草、巴根藤、飘拂草、刺刺芽、夏枯草、艾蒿、半夏、鹅观草等。主要农作物有小麦、水稻、豆类、玉米、红薯等。陆生野生动物均为常见种,有普通兽类、鸟类、地藏小动物类,野生兽类有野兔、蝙蝠、刺猬等,野生鸟类有麻雀、斑鸠、乌鸦等,家畜有牛、马、驴、骡、猪、羊等。

区域内浮游植物以蓝藻、硅藻居多,底栖动物有水生昆虫、甲壳动物,水生植被主要有芦苇、浮萍、水浮莲、水葫芦、田菁、荸荠、菱、茨菇等。蒙洼段淮河的鱼类属于中国江河平原鱼类复合体区系,主要鱼类有鲫鱼、泥鳅、鲤鱼、草鱼、鲢鱼、青鱼、鲶鱼、黑鱼等,区内渔业主要是淡水养殖业。

(三)社会经济

阜南县位于安徽省西北部、淮河上中游接合部北岸。全县地形分为岗地、坡地、湾地3类,呈现"大平小不平"的地貌特征。阜南位居东部经济发达地区与西部资源丰富地区的衔接带、华东经济圈与京九经济带的交汇区。依托阜阳市,域内形成了铁路、公路、航空、水运相互衔接的立体交通网络。阜南县国土面积1801 km²,耕地10.8万公顷,辖28个乡镇和1个省级工业园区,328个村(居委会),人口173.6万人。2019年地区生产总值278.2亿元,财政收入20.98亿元,城镇居民人均可支配收入30123元,农村居民人均可支配收入12451元。

蒙洼蓄洪区产业涉及王家坝、老观、曹集、郜台、中岗、张寨、黄岗7个乡镇及阜蒙农场,区内人口19.5万人,耕地面积19.8万亩。

蒙洼蓄洪区产业以农业为主,粮食作物年产量11.7万吨,蔬菜年产量9.6万吨,瓜果年产量1.12万吨。蓄洪区水、草资源丰富,农民有养殖牛羊和水禽的习惯和经验,存栏牛5971头、羊22302只、水禽62.28万只。可养水面1.49万亩、精养池塘0.5万亩、稻虾(渔)综合种养1.2万亩。区内有规模的工业企业15家,农民专业合作社和家庭农场323家。

二、蓄洪区的形成

(一)1949年之前的濛河洼地

1949年之前,蒙洼是一片天然洼地,位于阜南县南部,西起王家坝,东止南照集,南临淮河,北靠岗地。濛河洼地东西长约40.5 km,南北平均宽度7.5 km,总面积300多km²,地形西高东低,上游王家坝地面高程26 m左右,下游曹台孜地面高程22 m左右。濛河洼地位于淮、洪河交汇处,区域内湖洼较多,有黄泥湖、十二里湖、老猫湖、程大湖、崔家湖、黄家湖、镜儿湖、段家湖、月牙湖等洼湖,河湖相连,历史上是天然的蓄洪区。

淮河自桐柏东行至淮滨县汇入洪河以后,坡度骤降趋于平坦,加之河道异常弯曲狭窄,排水能力弱,平槽流量不到1000 m³/s,每当夏秋汛期流量稍大,洪河口一带水位即被壅阻抬高。据当地老人回忆,在光绪十年(1884年)至民国三年(1914年),蒙洼是一个荒草、水草丛生,人烟稀少,湖河不分的区域。

1918年,当地政府在濛河洼地自上游钐岗至下游南照集修筑钐南小堤。由于堤身矮小不能防洪,且上下游各有一个缺口,上游在官沙湖口筑有横坝,下游在小涧沟敞着口门,每到夏秋汛期,淮水稍涨,先自下游小涧沟口倒灌,而后从上游进口段官沙湖决堤下泄,年年泛滥成灾。春水较大年份小麦不能保收,农作物的保收程度很低。据有关记载,10年中要淹3次麦,淹7次秋作物。

官沙湖口历史上长期存在着水利纠纷,1949年前常因上游要扒堤、下游想保堤发生械斗。1937年、1941年、1944年,官沙湖口都发生了大械斗,其中1937年一次伤亡30多人。官沙湖口的水利纠纷不仅是洪河上下游之间的水利纠纷,而且是安徽、河南两省边界的最大水利纠纷。有一首民谣有力地刻画了当时两地的水利纠纷:"官沙湖,打横坝,惹着上游张红鼻子啦!起人马,来拼命,张三李四往上拥;扒开坝,结下冤,闹的鸡犬都不安;淹上游,淹下游,要打官司上颍州……官司打了好几年,颍州没有包青天;损了人,花了钱,结果还是免不了淹。"

1949年初期,濛河洼地300 km²范围内有99个自然村庄,分布在现分洪道区域内的有12个,分布在现蒙洼圈堤区域内及沿淮河的有87个,共有4万多人,散居在洼地低小庄台上。每逢大汛,房屋被洪水淹没,民众流离失所。濛河洼地地面高程自西向东为26 m至21 m,其中22 m高程以下洼地面积约50 km²。因地势低洼,土地常年荒芜不能种庄稼,除沿淮较高地区。

上游在地面 24.5 m 以上,下游在地面 23.5 m 以上的地区,局部筑圩保地,共圈建 17 处生产圩堤,合计圈圩面积约 150 km²,耕地约 15 万亩。其中属于现分洪道内的约 20 km²,约 2 万亩耕地;现分布在蒙洼圈堤内的有 130 km²,约 13 万亩耕地。生产圩堤堤身高度一般超出地面 2 m,低矮单薄,残缺不全,抗洪能力极低,只作保麦之用。

(二)1950—1956 年蓄洪区建设情况

1949 年后,党和政府十分重视淮河治理,在 1950 年毛主席"一定要把淮河修好"的指示下,中央政务院作出"根治淮河,蓄泄兼筹,三省共保"的重要决议,开始了伟大的治淮工程。

1950 年润河集分水闸完成后,治淮委员会随即考虑濛河洼地的治理,致力将该区域改为控制蓄洪库,以降低洪河口一带的洪水位,并开辟分洪道,解除官沙湖挖堤的纠纷。

1.蓄洪工程规划设计及建设情况

(1)工程规划

根据《治淮会刊》(1952 年)记载,1951 年 9 月至 10 月底,治淮委员会派遣查勘队会同河南省治淮总指挥部及信阳、潢川、阜阳三专区治淮指挥部人员到受灾地区进行查勘,上至新蔡、潢川,下至润河集。后经会商讨论,明确建设蒙洼蓄洪区(当时称为"濛河洼地蓄洪区"),提出初步规划原则及方案。主要建设内容包括:淮河干流河道裁弯取直,蒙洼圈堤建设,开挖濛河分洪道及濛河分洪道北堤建设,新建进、退洪闸等。规划蓄洪区面积约 187 km²,设计蓄洪水位 27.5 m,蓄洪量 7.5 亿 m³。

1951 年 11 月下旬,治淮委员会召集河南省治淮总指挥部及潢川、阜阳两专区治淮指挥部负责人和技术人员赴蚌埠,研究计算洪河口水位、流量,淮河洪河口以下最大来水流量以 1950 年洪水量为规划标准,分 9 种情况进行计算分析。

根据上述初步规划原则、方案及洪河口水位研究计算成果,开展蒙洼蓄洪区规划设计工作。

（2）规划设计条件

洪水来量。淮河洪河口以下最大来水流量以1950年洪水量为规划标准，在山谷水库及小型水库蓄洪后，淮河在洪河口流量为3600 m^3/s，白鹭河最大流量为450 m^3/s，洪河在洪河口最大流量为1750 m^3/s，史灌河最大流量为650 m^3/s，谷河最大流量为300 m^3/s。

下泄流量分配。淮河洪河口最大来水量为5800 m^3/s，淮河本干分配2100 m^3/s，濛河洼地蓄洪分配1590 m^3/s，濛河分洪道分配2110 m^3/s。

设计水位。根据1950年洪水量，经上游蓄洪后，按照润河集闸上水位26.5 m的标准，推定南照集以上淮河及濛河各地设计水位，洪河口水文站28.36 m，王家坝27.93 m，官沙湖口27.90 m，三河尖27.26 m，谷河口27.28 m，南照集26.8 m。规划通过对淮河干流采取退堤切滩、裁弯、清障等措施，使排洪量达到2100 m^3/s。于蒙洼北部利用原濛河开辟濛河分洪道，下泄流量2110 m^3/s。筑钐南段淮堤与濛河南堤构成濛河洼地蓄洪区圈堤，蓄洪区最大进洪流量1590 m^3/s，蓄洪水位27.5 m，蓄洪量7.5亿 m^3。

洪河口以下各处水位流量关系，详见示意图3-3。

（3）工程设计

裁弯取直。对淮河干流河道过度弯曲处截直，其中张家湾、郎河湾河道弯曲狭浅，由叶大园至邢营子及由邢营子至陡河沿予以裁直。三河尖北支弯曲过甚，泄水困难，自潘大台子至张台子间取直，裁直挖河段总长9.9 km。

开辟分洪道。于蒙洼北部，自官沙湖口至小涧沟口，距北岗2 km处利用原濛河开辟分洪道。濛河分洪道新开挖河道两段，一为官沙湖口至姚庄子，一为庞台子至张庄子，其余利用旧有濛河加以连贯，全长40 km左右。分洪道宽度自官沙湖口至中岗约1.5 km，中岗至曹台孜约2.0 km。分洪道内所有堤埂、庄台、树木一律铲除，保持洪水畅通。濛河分洪道左岸洪集圈堤，自陈家营经节节湾至洪集退建，使淮水分一部分进入濛河分洪道，退建长度4.05 km，堤顶高程29.5~29.1 m。钐岗至付家岗筑地付圈堤，长度15 km，堤顶高程30~29.6 m；付家岗以下利用岗地为北界。官沙湖口筑小堤，顶高程

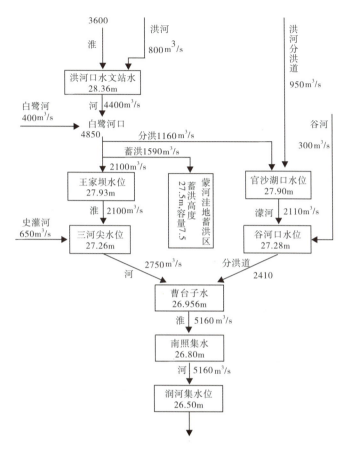

图 3-3　洪河口以下各处水位流量关系示意图（废黄河高程系）

为 26.5 m，顶宽 1 m，以保分洪道内麦收，洪水水位超过 26.5 m 则漫堤泄洪。

圈堤。筑钐南段淮堤与濛河南堤构成濛河洼地蓄洪区圈堤。淮堤建设以淮左原钐南段淮堤为基础，加高培厚，对部分顶冲锐湾段适当退建。濛河南岸洼地建筑蒙堤一道（濛河分洪道南堤），西起官沙湖口，东至曹台孜与淮堤相衔接；另培筑官沙湖口至王家坝淮堤，使蒙、淮堤相连成圈，形成濛河洼地蓄洪区圈堤。蒙洼圈堤总长 95 km，蓄洪区面积 185 km²，堤顶高程 29.0~29.5 m。

进、退洪闸。在王家坝建 13 孔进洪闸一座，每孔净宽 8 m，底高 24.0 m，顶高 29.5 m，闸门顶高 28.5 m。在部台子建双孔退洪闸一座，每孔净宽 5 m，底高 19.0 m，顶高 29.0 m，闸门顶高 24.0 m，主要用途为排泄内水。蓄洪以后则需决堤放水。

(4)工程建设情况

蒙洼蓄洪区蓄洪工程自 1951 年开始实施,1951 年冬季至 1952 年春季,完成蒙洼圈堤、洪集退建、官沙湖引河、三河尖和张湾引河截直段,以及濛河分洪道障碍清除及排涝蓄洪大沟开挖、退洪闸修建等工程;1952 年冬至 1953 年春,完成洪集、郎湾引河,淮堤退建,官沙湖淮河分洪道障碍清除,蒙洼下段块石护坡及进洪闸修建等工程。共筑堤防 114 km,开挖河道 18.5 km,清除行洪障碍 27 处,块石护坡 2.1 km,涵闸 3 座,排涝大沟 38 km。

2. 庄台规划设计及建设情况

20 世纪 50 年代初期,蒙洼蓄洪区范围内居住人口 5 万多人,散居在低小庄台上。原有庄台高度,安舟岗以上在 27 m 左右,安舟岗以下在 26 m 左右,均低于 27.5 m 的计划蓄洪水位。为了保证蒙洼区内群众生命财产的安全,政府开展了庄台建设及迁安工作。

根据《治淮汇刊》(第二辑),规划建设庄台 51 座,高程 29.0 m,边坡 1∶3。庄台按每人占地面积 16 m^2 建设,四周预留空地,以作将来扩大之用。

蓄洪区迁安工作于 1953 年开始,1954 年淮河发生大水,当时迁安工作还未完成,仍有约 3 万人居住在低洼地里或低矮老庄台上,为保障群众安全度汛,汛前建成 69 座生产庄台用于临时安置群众,台顶高程 28.5 m。但这一年蒙洼蓄洪区,区内水位超过 28.5 m,临时安置的群众普遍受灾。

至 1956 年春,共新建永安庄台 38 座,安置 0.8 万户、3.56 万人;其余群众分别被安置在蒙淮堤上及安岗圈堤内,共计 0.38 万户、1.84 万人。至此,按当时的标准,蓄洪区内居住的 1.18 万户、5.4 万人基本得到了安置。

三、20 世纪 60—70 年代蒙洼建设及运用情况

(一)蒙洼蓄洪区建设情况

1952 年建设的郜台子闸仅考虑了排涝而忽视泄洪,以致排洪时间延长,影响蓄洪区部分地区耕作。为满足蒙洼蓄洪后退洪的需要,政府于 1972 年

底兴建曹台孜退水闸,1976年竣工,设计流量2000 m^3/s,并于1985年堵塞废弃郜台子闸。

随着蒙洼蓄洪区人口的不断增加,20世纪50年代建设的庄台已远远不能满足群众的居住需求,大量群众仍居住在湖洼地区,1968年特大洪水给群众造成了很大的损失。大水过后,1979年,蒙洼进行了一部分庄台建设,但远没有解决群众的安全问题。

（二）蒙洼蓄洪区的运用及存在的问题

蒙洼蓄洪工程建成后至20世纪70年代末,28年来共进洪7次,即1954年、1956年、1960年、1968年、1969年、1971年和1975年,其中1968年以来的10年间共蓄洪4次。蓄洪区运用频繁,且群众的损失得不到补偿,其生产、生活上存在极大的困难。

截至20世纪70年代末,蒙洼蓄洪区内有耕地18万亩,人口约11万人。阜南县革命委员会向安徽省革命委员会及治淮委员会提交的《关于洪、蒙洼地情况的报告》(1979年)中提到,1968年以来的4次蓄洪导致蒙洼地区损失惨重,倒塌房屋85619间,死伤耕牛12297头。其中1968年蓄洪,房屋倒塌49308间（群众住房大部分倒塌）,死伤耕牛4002头,损失粮食约2400万千克。由于耕牛死亡,生产力受到破坏,每逢种植季节,只得用人拉犁拉耙,群众生产、生活极度困难。

在群众生活保障方面,1954年、1956年每次蓄洪后政府给予群众一定补偿。如1956年蓄洪后,规定解决群众200天口粮问题,每人每天供给面粉1斤、烧煤1斤、医药费1分、补偿金3分,牲口每头每天饲草10斤、每次喂牲口盐9斤。但自1968年以后的4次蓄洪,原来的补偿规定不再执行,每次蓄洪后,对蒙洼群众的困难只是按一般救灾原则进行处理,救灾粮食大部分是山芋干,群众生活有困难,只能向国家借贷过活。据统计,当时阜南县全县贷款1900多万元,其中蒙洼地区群众借贷1100多万元,约占总借贷的57.9%,每年利息就要付36万多元。当时阜南全县春季供应回销粮1424万千克,其中洪、蒙洼地区供应1404万千克,约占63.5%。据记载,当时群众正常生活一直得不到保障,每户只住一两间草房,一家五六口人只有一条被子,群众吃粮是收什么吃什么,没有一点存粮,以致每逢王家坝闸开闸蓄洪,蓄洪区内的干部和群众的抵触情绪很大,需要当时市、县,主要负责同志做大量的工作才能实施开闸放水。

在农业生产上,蒙洼等区行蓄洪也给阜南县带来许多问题。1949年以来,蒙洼地区蓄洪行洪灾情严重。1975年以前,阜南县水利经费(历年投资8000多万元)和劳力,约有87.5%(7000万元)用于洪蒙洼地挖河、筑坝、建闸和复堤、堵口、修庄台,只有12.5%(1000万元)用于岗区兴修水利。因此当时阜南县水利工程薄弱,抗御旱涝灾害能力差,农业生产水平低。

关于蒙洼蓄洪区运用频繁的问题及原因,1978年安徽省阜南防汛抗旱指挥部向治淮委员会提交的《关于要求解决防汛工作中存在的几个主要问题的报告》,以及1979年阜南县革命委员会向安徽省革命委员会和治淮委员会提交的《关于洪、蒙洼地情况的报告》中均作了具体阐述。

一是蒙洼蓄洪区进洪水位偏低。当时王家坝以上河南淮滨县境内堤防已按1960年洪水标准治理,堤顶高程均已超过1960年水位1 m,洪河上的圩堤在1975年8月大水时也没有破堤。蒙洼蓄洪区的进洪水位按1950年洪水确定,为王家坝水位28.3~28.66 m,而王家坝1960年洪峰为29.34 m,进洪水位较低,导致蒙洼进洪频繁。

二是蒙洼附近低标准行洪区标准提高且行洪不及时。治淮初期,河南省在三河尖附近建青泥滩、黄营子、建河湾3处行洪区。1963年以前,行洪区堤防均矮小,其中青泥滩顶高27.3 m、黄营子顶高26.8 m、建河湾顶高26.26 m,堤顶宽都在1 m以内。后来堤防不断加高培厚,其中青泥滩堤顶高29.38~28.33 m,堤顶宽4 m左右;黄营子顶高28.7~28.2 m,顶宽3~4 m;建河湾堤顶高28.68~28.19 m,顶宽3~4 m。10年内,行洪区生产圩加高1~2.4 m,顶宽3~4 m。这几处低标准行洪区常常不能及时行洪,如1969年、1971年蒙洼蓄洪,而黄营子行洪区始终没有行洪,其他两处也是在蒙洼蓄洪一天后才破堤进水的;1975年蒙洼蓄洪,而黄营子、建河湾没有行洪,青泥滩在蒙洼蓄洪半天后方破口。蒙洼附近低标准行洪区堤防标准的提高、不能及时行洪等,导致淮河河道泄流量逐年减小,水位不断提高,提高了蒙洼的蓄洪概率,增加了防洪风险。

三是河道内阻水障碍增加。蒙洼建成后的几十年间,淮河河道内增加了许多阻水障碍,包括阻水作物、圩堤、拦沙坝等。拦沙坝主要是河南在王家坝闸附近河道内设置的,有 10 多处。1966 年以后,群众在淮河的滩地上大片种植荻苇、树木,修筑庄台及生产圩堤,形成阻水障碍。群众在河道内种植阻水作物的主要原因是,原居住在蒙洼分洪道内的群众,在蒙洼蓄洪区建设时搬迁到沿岸岗地后,因在岗区的耕土极少,不能维持最低生活,只能到分洪道湾区进行生产,但分洪道的耕作不能保收,只能种耐水作物(荻柴、杞柳、茴草)阻水。当时王家坝附近积淤严重,一般地面积淤 0.5 m 以上,河道淤高 $1.7 \sim 3$ m,导致王家坝水位抬高,泄洪能力减弱。淮干泄洪流量比 20 世纪 50 年代下降 $1500 \sim 2000$ m^3/s。

(三)相关要求

针对前述蒙洼蓄洪区运用存在的问题,阜南防汛抗旱指挥部[《关于要求解决防汛工作中存在的几个主要问题的报告》(1978 年)]、阜南县革命委员会[《关于洪、蒙洼地情况的报告》(1979 年)]、阜南县水利局[《阜南县淮、洪河情况回报》(1981 年)]等相关部门均提出了相关要求和建议。

第一,要求落实治淮政策,给予为全局承受损失的行蓄洪区群众相应的补偿。一是赔偿 1968 年以来 4 次蓄洪时给群众房屋、牲畜、粮食造成的损失。据 4 次蓄洪的损失统计,损失房屋 85619 间、牲畜 12297 头、粮食 8000 多万斤。二是尽快解决沿淮群众由于生活困难无力偿还的因生产生活所借的 1100 多万元贷款问题。三是在铲除分洪道内荻柴、杞柳、茴草等清障工作中,要解决群众耕地和生产问题,按标准给予群众生活费,解决群众生活困难的问题。四是今后在非不得已的情况下需要开闸蓄洪,应按经济手段管理经济,每次蓄洪需给予蓄洪库群众 2500 万千克粮食、2000 万元赔偿,既体现小局服从大局、大局照顾小局的原则,又避免产生轻率开闸的官僚主义作风。五是蓄洪以后,不能按救济灾民处理问题,应把社队看作生产单位,赔偿一定损失,每次按要求给予灾民粮食2500万千克、资金2000万元。

第二,要求提高蒙洼蓄洪区进洪水位。因为当时王家坝的洪水来量发生了变化,河南境内的洼地都加高加大了堤防,防洪能力大大提高。但是安徽省同河南省、淮委的具体意见不一致。其中阜南县革命委员会提出进洪水位以提高到1960年实际洪水水位29.34 m为宜;阜南县水利局提出进洪水位提高到29.66 m,并按此标准培修堤防和庄台;阜南防汛抗旱指挥部提出进洪水位提高到29.34 m;阜阳市要求进洪水位提高到30 m;淮委建议进洪水位提高到29 m。而河南省反对提高进洪水位,甚至提出要彻底平毁蓄洪工程,恢复原来两岗夹一洼自然滞蓄洪水的自然状态。

第三,针对蒙洼附近低标准行洪区标准提高且行洪不及时的问题,阜南县提出行蓄洪区应该按先行洪后蓄洪、先上游后下游的原则调度运用,行洪区没有行洪,蒙洼就不蓄洪。应先运用河南行洪区、淮滨境内的潼湖蓄洪库,再考虑蒙洼蓄洪问题。

第四,要求拆除河道内拦沙坝等阻水建筑物。继续实施蒙洼蓄洪区内电力排灌工程,并做好相应的配套工作,改善水利条件,发展生产。要求建设引河闸、桂庙闸、关口闸、木郢站、胡庄站等引水上岗工程,解决岗区缺水地区的水源问题。

第四章 蒙洼蓄洪区的调度与运用

一、调度运用条件

蒙洼为有闸控制蓄洪区,王家坝闸设计进洪流量 1626 m³/s;曹台孜退洪闸设计退洪流量 2000 m³/s。

现行的《淮河洪水调度方案》(国汛〔2016〕14 号)对蒙洼蓄洪区调度运用作出明确规定:当王家坝水位达到 29.3 m[①],且继续上涨时,视雨情、水情和工程情况,适时启用蒙洼蓄洪。蒙洼蓄洪区设计蓄洪水位 27.8 m,设计进洪流量 1626 m³/s,设计蓄洪库容 7.5 亿 m³;临淮岗工程按 100 年一遇标准设计蓄洪水位 29.26 m,蓄洪量 9.74 亿 m³。

二、调度运用水位变迁

1951 年,治淮委员会拟定濛河洼地蓄洪工程初步规划原则时,按 1950 年型洪水量,分配给濛河洼地的蓄洪流量为 1000 m³/s。1952 年,在濛河洼地蓄洪工程技术设计中,蒙洼的蓄洪流量增至 1590 m³/s。1953 年,王家坝闸建设时,最大进洪流量标准采用 1626 m³/s。2003 年,对王家坝进行全面除险加固时,设计流量仍采用 1626 m³/s。

与设计进洪流量不同,蒙洼蓄洪区的启用条件,牵涉上、下游两省的利益,是淮河防汛调度的难点,也是社会关注的焦点。受淮河干支流治理情

---

① 根据淮河流域防汛调度实际,水位采用废黄高程基准。

况、省际上下游洪水矛盾的影响,蒙洼蓄洪区王家坝闸调度运用水位几经变迁。按调度运用实际启用水位的先后顺序,大致可分为 1954—1997 年、1998—2006 年、2007 年至今 3 个阶段,各阶段王家坝闸的启用水位分别为 28.3~28.66 m、29.0 m、29.3 m。

1.1954—1997 年(启用水位 28.3~28.66 m)

根据 1950 年型洪水量,淮河干流润河集闸上最高水位 26.5 m,洪峰流量 5160 m³/s,演算出王家坝的洪水位为 28.0 m,王家坝闸最大进洪流量为 1626 m³/s。在 1953 年建设王家坝闸时,确定拦洪时期闸上最高水位为 27.94 m,但并未明确闸门调度启用水位。

1954 年,淮河发生特大洪水。在中央防总的调度下,王家坝闸建成的第二年即开闸蓄洪。1954 年淮河大水后,治淮委员会的规定王家坝闸启用水位为 28.3~28.66 m,由中央防总统一调度。

1961 年五省平原会议决定,王家坝闸管理运用办法仍按治淮委员会的规定执行,汛期闸口启闭由中央防总决定,受省委指挥。王家坝闸开闸、关闸水位具体为:① 当王家坝闸上淮河水位涨至 28.66 m 时,根据上级命令逐步开启王家坝进洪闸,维持闸上水位部超过 28.66 m,当水位开始下降时即逐步关闭闸门。② 进洪闸全部开启,而水位继续上涨,则水位任其抬高,直到蒙洼蓄水位达到计划高程(27.66 m)或淮河水位降至 28.66 m 时,才逐步关闭闸门。③ 洪峰过后,根据内外水情况,王家坝闸及退洪闸应及时开闸排内水。④ 平时闸上水位在 28.66 m 以下时,应将闸门全部关闭。

1978 年 7 月,原水利电力部以(78)水电管字 18 号文件批复了淮委关于《淮河流域洪水调度意见》,这个文件是淮河流域洪水调度的第一个纲领性文件。文件第一次明确提出由淮委负责淮河和沂沭泗河的防汛工作,并进行必要的统一调度。批文附件中对淮河和沂沭泗河重要枢纽防洪作了具体规定,初步解决了淮河和沂沭泗河上下游洪水调度的问题。

1979 年 7 月,阜南县革命委员会向安徽省革命委员会报送了《关于洪、蒙洼地情况的报告》,建议王家坝进洪水位以提高到 1960 年实际洪水位

29.34 m为宜,今后蓄洪应该按先行洪后蓄洪、先上游后下游的原则调度,行洪区没行洪,蒙洼就不蓄洪。1980年4月,阜南县县政府向阜阳行署再次报告洪、蒙洼地情况,要求提高王家坝蓄洪水位,以30.0 m为宜。

1980年6月,安徽省水利水电勘测设计院编制了《关于蒙洼分洪道和蓄洪区的历史情况以及处理意见的报告》,认为王家坝进洪水位在未经批准改变以前,仍应按原规定执行。报告同时指出,对于淮河王家坝水位,安徽省同河南省、淮委的意见不一致。由于上游干支流都先后扩大了泄量,"七五·八"河南大洪水时炸毁了洪河分洪道上的班台闸,给洪、蒙分洪道及洼地带来了灾害。现在王家坝的洪水来量发生了变化,河南境内的洼地都加高加大了堤防,防洪能力大大提高,安徽省的意见是进洪水位要从28.66 m提高到29.6 m,河南省反对提高进洪水位。淮委建议王家坝进洪水位抬高到29.0 m。

1981年,阜南县水利局以水管字〔1981〕027号文《关于上报王家坝、曹台孜两闸控制运用计划的报告》上报淮委、省水利厅及县政府。报告根据1961年五省平原会议决定,提出了王家坝闸控制运用依据,制定了进蓄洪制度。王家坝闸进洪启用水位仍维持28.66 m。

1985年,国务院批转原水利电力部《关于黄河、长江、淮河、永定河防御特大洪水方案的报告》。报告明确了蒙洼滞洪区调度运用办法:当淮河干流王家坝水位为28.3~28.66 m时,运用蒙洼滞洪区滞洪(蒙洼滞洪区内有耕地18万亩,人口10.9万人)。由于蒙洼滞洪区关系到河南、安徽两省,其运用由中央防汛总指挥部决定。

2.1998—2006年(启用水位29.0 m)

国务院召开治淮、治太会议后,淮委于1992年编制了《淮河流域综合利用规划纲要(1991年修订)》。纲要提出淮干中上游防洪规划:扩大行洪通道,畅泄中小洪水,减少沿淮圩区和行蓄洪区的进洪次数;同时新建蓄、泄洪工程,增强蓄洪、泄洪能力,提高淮北大堤及工矿、城市圈堤的防洪标准。纲要要求进一步减少王家坝至正阳关河段行蓄洪区的进洪机遇,调整洪水位比降,加快洪水流速,减轻防汛压力。纲要明确淮河干流王家坝设计流量为 7000 m³/s,设计洪水位为 29.3 m。

1998 年,国家防汛抗旱总指挥部要求淮委及淮河流域有关省,对淮河洪水调度方案进行修订。在淮河流域四省的积极配合下,淮委于 1998 年 5 月底完成了《淮河洪水调度方案》修订工作。1998 年 6 月,国家防汛抗旱总指挥部以国汛〔1998〕9 号文批复了《淮河洪水调度方案》。当时考虑陈族湾、大港口、蒙洼圈堤等堤防尚未加固,正阳关以上扩大行洪通道的各项工程尚未全部完成,白露河口、大洪河尚未治理等实际情况,决定将王家坝闸进洪水位由 28.3~28.66 m 提高到 29.0 m。即当淮干王家坝水位达 29.0 m,且有继续上涨趋势时,开启王家坝闸,运用蒙洼蓄洪区蓄洪。蒙洼蓄洪区的运用由淮委提出意见,报国家防总决定,安徽省防汛指挥部组织实施。

(3) 2007 年至今(启用水位 29.3 m)

2003 年淮河大水后,治淮步伐进一步加快。随着怀洪新河、入海水道、临淮岗洪水控制工程等一大批治淮骨干工程相继完成,淮河防洪工程体系、防御洪水标准、社会经济条件均发生了很大变化。

2007 年 5 月,国务院以国函〔2007〕48 号文批复同意国家防总制定的《淮河防御洪水方案》,对淮河干流王家坝防洪工作作出了明确安排。当淮河干流王家坝水位低于 29.3 m 时,利用河道行洪。当王家坝水位达到 29.3 m,且继续上涨时,视雨情、水情和工程情况,适时启用蒙洼蓄洪区蓄洪,降低王家坝水位。王家坝闸调度启用水位由 29.0 m 升至 29.3 m。

2008 年 6 月,国家防总以国汛〔2008〕8 号文批复同意淮河防总会同江苏、安徽、河南省人民政府制定的《淮河洪水调度方案》。淮河干流王家坝控制站设计流量 9000 m³/s(含蒙洼进洪流量 1600 m³/s),设计水位 29.3 m。当王家坝水位达到 29.3 m,且继续上涨时,视雨情、水情和工程情况,适时启用蒙洼蓄洪区。临淮岗洪水控制工程启用以拦洪蓄洪,蒙洼等临淮岗坝上游的行蓄洪区,要在前期蓄洪的基础上进一步滞蓄洪水,以控制正阳关水位不超过 26.5 m。

2016年7月,国家防总以国汛〔2016〕14号文批复了《淮河洪水调度方案》。其中,蒙洼蓄洪区王家坝闸启用水位仍采用国汛〔2008〕8号文中的29.3 m。

三、历年运用情况

蒙洼蓄洪区自建成以来,于1954年、1956年、1960年、1968年、1969年、1971年、1975年、1982年(2次)、1983年、1991年(2次)、2003年(2次)、2007年、2020年的13年间蓄洪16次,累计蓄滞洪水约74.8亿 m^3,进洪概率约5年一遇。蒙洼蓄洪区历年调度运用情况见表4-1。

表4-1　蒙洼蓄洪区历年调度运用情况表

蓄洪年份	控制站名称	控制站最高水位(m)	启用时间(月、日、时)	启用时控制站水位(m)	最高蓄洪水位(m)	蓄洪量(亿 m^3)
1954	王家坝	29.59	7、6、13	28.64	29.15	11.18
1956	王家坝	28.98	6、9、5	28.65	26.91	5.78
1960	王家坝	29.34	6、30、8	29.08	25.1	3.0
1968	王家坝	30.35	7、15、22	28.79	29.9	11.08
1969	王家坝	28.74	7、16、9	28.74	23.6	0.83
1971	王家坝	29.05	6、13、5	29.04	25.16	3.03
1975	王家坝	28.71	8、15、17	28.71	26.02	4.94
1982	王家坝	29.5	7、22、12	29.01	27.25	6.6
			8、22、10	28.73		3.3
1983	王家坝	29.44	7、24、10	29.18	25.42	3.5
1991	王家坝	29.56	6、15、8	29.31	27.48	4.46
			7、7、8	29.03		5.24
2003	王家坝	29.42	7、3、1	29.39	26.99	2.03
			7、11、2:36	28.87		3.58
2007	王家坝	29.59	7、10、12:29	29.48	24.9	2.5
2020	王家坝	29.76	7、20、8:31	29.75	25.99	3.75

1. 1954 年调度运用

1954 年 7 月，淮河流域连续普降暴雨，共有 5 次暴雨过程，雨区主要分布在淮河正阳关以上流域。流域有 4 处暴雨中心：一是洰河上游吴店至前畈一带，中心雨量（吴店）1265.3 mm；二是沙颍河支流汾泉河临泉一带，中心雨量 1074.9 mm；三是以淮北宿县为中心的地区，中心雨量 963 mm；四是沿淮干流王家坝至正阳关一带，王家坝雨量 923.8 mm。全流域 7 月面平均雨量为 513 mm，降雨量 1000 mm 的雨区面积为 1600 km^2，降雨量 800 mm 的雨区面积为 16400 km^2，降雨量 700 mm 的雨区面积为 42940 km^2，降雨量 600 mm 的雨区面积为 79560 km^2。

淮河干流先后出现 5 次洪峰。7 月 6 日 13 时，淮河王家坝水位达 28.64 m，王家坝闸第一次开闸蓄洪，7 月 27 日 15 时，终止进洪。在蓄洪运用期间，7 月 23 日 23 时，淮河王家坝最高水位 29.59 m，7 月 24 日洪峰最大流量 9610 m^3/s。蒙洼蓄洪区内最高蓄洪水位 29.15 m，拦蓄水量 11.18 亿 m^3。

2. 1991 年调度运用

1991 年 6—7 月淮河流域发生两次强降雨，淮河干流形成了两次洪水过程，主要控制站水位接近 1954 年水位，王家坝 30 天面雨量 400 mm，30 天洪量 76 亿 m^3。

6 月 12—14 日，淮河流域中南部普降大到暴雨，其中降雨量 200 mm 以上的雨区在息县以下沿淮地区和洪汝河中下游、沙颍河下游地区，300 mm 以上的雨区在王家坝至临淮关沿淮地区。大暴雨区始终稳定在中游沿淮平原地区，致使淮河干流各站水位同时陡涨。6 月 15 日，王家坝闸开启，蒙洼进洪，最大分洪流量 1680 m^3/s。

7 月初，第一场洪水还未退尽，淮河流域又连降暴雨，沿淮各站水位再度上涨。第一阶段降雨形成的洪峰刚过王家坝进入中游，第二阶段平原地区的强降雨又开始，暴雨中心自上游向下游移动，在淮河中游地区形成峰上叠峰、水上加雨、下抬上壅极为不利的形势，造成中游水位居高不下，沿淮湖洼内水无法排泄。王家坝闸于 7 月 7 日再度开启进洪。蒙洼蓄洪区两次进洪，蓄洪量 8.08 亿 m³,有利于淮河干流洪水错峰,有效缓解了淮河干流的防洪压力。

1991 年蒙洼 2 次进洪,滞洪历时 160 小时,淹没耕地 18 万亩,受灾人口 14.6 万人,财产损失 1.2 亿元。

3.2003 年调度运用

2003 年淮河流域发生了大面积、高强度、长历时的降雨,自 6 月 20 日至 7 月 22 日,先后出现 6 次大范围的降雨过程,最大 30 天降雨强度超过 400 mm,王家坝 30 天最大洪量 82.7 亿 m³。

第一次洪水期间,王家坝水文站水位涨势迅猛,直逼保证水位。由于在王家坝上游的白露河经治理后泄洪能力增强,汇流时间缩短,加之洪峰前暴雨集中,王家坝水位陡涨,3 小时涨幅达 0.25 m。7 月 2 日 13 时,王家坝水位超过保证水位(29.0 m)并快速上涨,预报 7 月 3 日 5 时王家坝将出现洪峰,水位将达 29.5 m,流量将达 6500 m³/s。国家防总在充分听取淮河防总、安徽省、河南省防指的意见后,慎重考虑,果断决定在 7 月 3 日 1 时启用蒙洼蓄洪区蓄洪,最大分洪流量 1670 m³/s,分洪后王家坝站提前于 7 月 3 日 4 时出现年最高水位 29.42 m。蒙洼蓄洪区及时开闸分洪,发挥了显著的削峰作用,降低了王家坝河段水位约 0.2 m,使 29.3 m 以上高水位持续时间缩短 1 天以上,降低润河集水位 0.15 m 左右。至 7 月 5 日 6 时 30 分,蒙洼蓄洪区停止蓄洪,共拦蓄洪水约 2.0 亿 m³。

第二次洪水期间,淮河上中游再降暴雨,为有效缓解淮河中游防汛压力,王家坝闸于 7 月 11 日 2 时 36 分再次开启蓄洪,最大分洪流量 1670 m³/s,持续时间约 60 小时。于 7 月 14 日 12 时 42 分关闸,蓄洪量约 3.45 亿 m³。蒙洼蓄洪区 2 次共蓄滞洪水 5.45 亿 m³。

2003 年蒙洼蓄洪区 2 次进洪,分蓄洪历时约 130 小时,淹没耕地 18 万亩,受灾人口 15.2 万人,财产损失 1.49 亿元。

4.2007 年调度运用

2007 年,淮河发生了 1949 年以来规模仅次于 1954 年的流域性大洪水。

淮河流域 6 月 19 日入梅,7 月 26 日出梅,历时 37 天,较常年长 14 天。梅雨期,淮河流域先后出现 6 次大范围降雨过程,即 6 月 19—22 日、6 月 26—28 日、6 月 29—7 月 9 日、7 月 13—14 日、7 月 18—20 日和 7 月 21—25 日。面平均降雨量 437 mm,其中淮河水系面平均降雨量为 465 mm。

降雨的时空分布有利于大洪水形成。淮河水系最大 30 天降雨主要在淮河干流为轴线向两侧分布,降雨量 500 mm 以上雨区主要分布在淮河干流及沿淮两侧,降雨产流大、汇流快。降雨初期,雨区自上游向下游推进并以淮干为中心向两岸扩展,造成河道水位快速上涨形成洪水过程,造峰雨偏于降雨过程后期形成,雨量大且集中,淮河干流易形成大洪水。如 6 月 29 日至 7 月 7 日持续降雨,使淮河上中游河段水位超过警戒水位并不断上涨,7 月 8 日淮河干流沿河一带又出现大暴雨和特大暴雨,王家坝以上 1 天面雨量达 68 mm,致使区间洪水与上游来水叠加,造成河道洪水迅猛上涨,淮河干流出现一次大洪水过程。

王家坝水位 7 月 3 日 20 时超过警戒水位,7 月 10 日 9 时达到 29.24 m 时,7 月 10 日 10 时接近 29.3 m 的保证水位,水文部门预报王家坝将出现 29.60 m 左右的洪峰水位。

7 月 9 日,国家防总、淮河防总与有关省防指通过视频多次进行异地会商。7 月 10 日,在淮河防汛的紧要关头,时任国务院副总理回良玉亲自主持防汛紧急会商会,听取淮河防总,河南、安徽及江苏省防指对淮河防汛调度的意见,在认真分析研究淮河汛情后,从大局出发,权衡利弊,下达了启用蒙洼蓄洪区蓄洪命令。安徽省防指在接到命令后,严格按照程序再次对蒙洼蓄洪区进行拉网式检查,在确定区内所有人员全部撤离后,于 7 月 10 日 12 时 28 分开启王家坝闸分洪,历时 45 小时,滞蓄洪量 2.44 亿 m^3,降低王家坝水位 0.2 m,降低正阳关水位 0.1 m,收到了显著的削峰效果,有效缓解了淮河干流的防洪压力。

2007 年蒙洼滞洪历时 45 小时,淹没耕地 15.5 万亩,财产损失 1.82 亿元。

5. 2020 年调度运用

2020 年淮河发生了流域性较大的洪水,其中正阳关以上发生区域性大洪水。7 月 14 日以来,淮河流域出现 3 次强降雨过程,流域累积面雨量 170 mm,较常年同期偏多 89%,列 1961 年以来第 2 位。其中上游 259 mm,列第 2 位;中游 193 mm,列第 1 位。

受强降雨影响,淮河 17 日出现 2020 年第 1 号洪水。淮河干流河南楚子集至江苏盱眙河段全线超警戒水位,王家坝至鲁台子河段超保证水位,润河集、汪集、小柳巷河段水位超历史水平。王家坝最高水位 29.76 m,列有实测资料以来的第 2 位;润河集最高水位 27.92 m,最大流量为 8690 m³/s,列有实测资料以来的第 1 位;正阳关最高水位 26.75 m,列有实测资料以来的第 2 位。

7 月 20 日王家坝水位达到 29.75 m,超保证水位 0.45 m,蒙洼蓄洪区第 16 次开闸蓄洪,流量 1560 m³/s。7 月 23 日 13 时关闸,76 小时总蓄洪量 3.75 亿 m³。蒙洼蓄洪降低了淮干水位,对淮河安澜起到了关键作用。

图 4-1　王家坝闸开闸蓄洪(2020 年,李博摄)

图 4-2 蓄洪后的蒙洼郑台孜庄台（2020 年，李博摄）

第五章 1954年居民迁建调查

一、调查经过

1952年蒙洼蓄洪区圈堤筑成后,群众连年喜获丰收,生活逐步改善。1954年洪水期间,蒙洼蓄洪区内修筑的庄台发挥了一定的作用。但由于庄台分布零散且不易防守,大量群众仍然进行了撤退转移,加之庄台洪水期间受冲刷严重,威胁庄台群众生命财产安全,汛后庄台修补工程量也较大,当时的安全设施依然不能从根本上解决群众安居问题。

为使蓄洪区群众生产便利、生活改善、居住安全,彻底解决蒙洼蓄洪区群众安置问题,淮委、地委、专区淮党委作出指示,在阜南县县委的统一领导下,阜南县、淮委于1954年11月组织成立了阜南县蒙洼蓄洪区调查委员会,共15个工作组,调查成员共128人,其中治淮干部106人、县干部4人、区干部3人、乡干部15人。具体调查经过综述如下。

11月18—19日,调查组在各区委及乡党支部统一领导下进行了工作研究、部署和分工讨论,取得了思想一致和步调统一,各区确定了专人负责相关工作。经过2天的学习讨论,调查组于11月20日分赴所属各乡开展调查工作。11月21日至30日,调查组与乡镇干部交换工作情况后,分赴各个选区,根据以互助合作为中心,搞好生产救灾的指导思想开展调查。在不影响生产的原则下,召开了党委会、团支部干部会、群众会、老农民座谈会及漫谈会等不同形式的会议,完成了调查。调查包括蓄洪区内人口分布情况、新建庄台及群众生产生活情况、群众安置意愿及要求等方面内容,12月1—8日,调查委员会对调查结果进行了登记、统计和研究,并对蒙洼群众安置提出了建议,形成了《对蒙洼蓄洪区群众安置问题的调查报告》。

二、人口分布

根据《对蒙洼蓄洪区群众安置问题的调查报告》,蒙洼蓄洪区涉及河南省淮滨县,安徽省阜南县、颍上县,共15个乡、267个自然村庄,总人口11854户、53595人,房屋21369间,耕地187929亩。其中老庄台居住3206户、14962人,约占总人口27.9%,房屋5327间;平地上居住3594户、15352人,约占总人口28.6%,房屋5606间;新庄台居住2965户、13560人,约占总人口25.3%,房屋5437间;蒙淮堤居住1399户、6514人,约占总人口12.2%,房屋3217间;安舟岗居住690户、3207人,约占总人口6.0%,房屋1782间。庄台面积小,高度不够,群众居住安全问题迫切需要解决。蒙洼蓄洪区内人口分布情况详见表5-1。

表5-1 蒙洼蓄洪区内人口分布情况(1954年调查成果)

序号	居住地	户数(户)	人口(人)	占总人口(%)	房屋(间)
1	老庄台	3206	14962	27.9%	5327
2	平地	3594	15352	28.6%	5606
3	新庄台	2965	13560	25.3%	5437
4	蒙淮堤	1399	6514	12.2%	3217
5	安舟岗	690	3207	6.0%	1782
	合计	11854	53595	100%	21369

三、新建庄台及群众生产生活情况

(一)新建庄台情况

新建庄台分布和高度情况如下:(1)高度29.0 m以上的有18座,分布在安舟岗以上,其中有4座靠淮堤;(2)高度28.5 m以上的有部分分布在中部,共30个;其中靠蒙堤1个,靠淮堤的5个,其余都在湖中。(3)高度28.5 m

以上的分布在蒙洼下游的有39个,其中靠蒙堤的1个,靠淮堤的4个,其余34个都在湖洼地中。

(二)群众生产生活情况

蒙洼蓄洪区位于淮河流域中上游衔接处的淮蒙之间,区内土地肥沃,作物产量较高,但土质各异。沿淮地形较高,多沙淤。中部多为岗地,西面两合土较多,湖中有一排洪大沟,北临谷河、濛河,接近岗地,南靠淮河,有9个弯曲段。总体上看,蓄洪区内群众除少数从事特殊生产外,一般都以种地为生,共同特点是会捕鱼、捉虾,做生意。一般群众生产方式大致有如下几种。

靠湖洼西部的老观、杜寨、崔集等5个乡的群众,习惯于种植甘蔗、大蒜、西瓜,生产靛等土特产,有"张郢孜的甘蔗、李郢蒜、李家西瓜、邢家靛"的说法。湖洼中部,王郢、大同、童楼等5个乡,过去因涝灾较多,人们靠地生活信心不大,故一般群众大多以捞鱼捕虾、打长工、拉船、挖河、逃荒、贩运为生。如童楼群众反映:"二十九年来,俺晒场里的石磙没有翻过身,不知怎样喂牲口,湖人以前过日子不能离开了四长两短(扁担长、打鱼杆子长、渔网撒得长、腿要跑得长,贩运镰刀短割柴,斧头短砍柴),一年忙到头,少吃无房住。"蒙洼东部的刘沟、老家一带3个乡,地势特别低洼,耕种较难,但因土地宽广,人们改种杞柳,自种、自产、自销,生活较为富裕。如当地群众所说:"西浅子的簸箕,连殷台的斗,李郢孜的簸箩很凑手,今晚来谈货,不误明天走(指小贩)。杞柳在此地区家家种植,人人会编,是摇钱树、是聚宝盆。"

1949年以前,蒙洼地区分属两省三县,属于三不管地区。据老年人回忆,自光绪十年(1884年)至民国三年(1914年),这里荒草水草交错、人烟稀少、湖河不分。湖洼地区,大雨大灾,小雨小灾,不雨旱灾,十年九不收,加之群众土地占有相当不平均,贫富悬殊较大。

1950年大水后,政府开始大力治淮,改变了蒙洼旧面貌,将蒙洼治理成了肥沃良田。经黄泥湖直通退洪闸,开挖了排水沟,一连串的湖泊都控制了洼地积水。土改时群众普遍得到了土地,最多的每户得7亩多,最少的每户得地2亩左右;治淮保证了麦收并能争取秋收,群众生活较1949年以前大有改善。如群众反映:"过去麦不保,秋不收。治淮后,麦望丰收,秋望收。"

（三）互助合作社(组)情况

互助合作社(组)大部分在1951年组织起来,继而逐步扩大的。尤其是在总路线方针的宣传下,农民提高了社会主义觉悟,在部分互助较好的基础上,积极要求走社会主义的道路,互助合作运动有了进一步的发展,互助合作社(组)共有7544户、34899人。具体情况如下。

(1) 合作社3个,涉及87户、431人,其中贫农60户、293人,中农27户、138人。

(2) 常年互助组150个,涉及2574户、12502人,其中贫农1920户、9027人,中农654户、3475人。

(3) 临时互助组364个,涉及4883户、21966人,其中贫农3593户、15772人,中农1290户、6194人。

四、群众安置意愿及要求

调查组调查时提出了2个安置方案,一是以扩建庄台为主和部分迁岗等,二是迁岗、新建安岗保庄圩和迁入沿堤庄台等。为调查群众对安置方案意愿及要求,召开了不同形式的各种会议。总体上看,群众支持和赞成迁岗、新建安岗保庄圩及迁入沿堤庄台等安置方案。群众对彻底解决安全问题的意愿及要求大体可归纳为以下几类。

（一）岗地及安舟岗一带群众安置意愿及要求

虽然岗地及安舟岗(现为安岗保庄圩范围)一带群众,每次洪水期间未遭受多大损失,但基本上同意迁岗与新建安岗保庄圩方案。群众同意方案的理由总体上有以下4个方面。

(1) 岗地位于蒙洼中部,每次发生洪水时,亲友都来逃水灾,岗坎四面被水包围,岗地上人畜混住、人山人海,占压青苗致庄稼受损,影响收成。

(2) 岗上人多地少,人均1.5亩,粮食不够吃。蓄洪时政府仅救济洼地群众,因岗地不受水淹,岗地群众得不到救济。若实施迁岗与新建安岗保庄圩方案,可以进行岗地、湖地调剂,岗地群众可多得土地。

(3)大水年份,在缺粮少草情况下还需贴补、照顾来投靠自己的亲友,导致全家因忙于照顾亲友而影响生产。

(4)曹集镇群众认为湖地群众迁岗后,人多生意好,营商有利,有利于集中建设集镇。

(二) 中部洼地群众安置意愿及要求

大部分中部洼地群众拥护迁岗方案,少数持中间态度。绝大多数群众在思想上是拥护迁岗方案的,仅有个别人有不同意见。群众基本都想解决安居问题,且对迁岗安置有一定的要求,如到岗后的场园、如厕、生产问题怎么解决,何时能实现机耕等。综合来看有如下几个要求。

(1)岗地要划分建设用地,以选区为单位,留出公共场所用地,以互助合作为单位排列,除公共场所外,还要考虑今后发展和人口增加等问题,多预留宅基地,同时兼顾拴牲口、堆草积肥等场所需求。

(2)提前做好迁移准备工作,根据地界划分安置地点,非汛期期间组织劳动力筑坝盖房,以免汛期措手不及。

(3)湖地老庄台不铲除,房屋不全拆,未来可用作生产庄台,在耕作季节可以用于临时居住、打场放柴草、放置拖拉机等,便利生产。

(4)迁岗后,建设生产道路和桥梁,解决交通问题;如在 2 到 3 年内不能实现机耕,则要求政府帮助贷款购买大车和牲口,便利农业生产运输。

(三) 东部、西部低小庄台群众安置意愿及要求

(1)沿蒙堤、淮堤附近的新庄台现已住满群众,且没有更好的安置去处。他们积极要求加宽、加高、加长现有庄台,并加固险段。除公共场所外,庄台面积按每人 18 m^2 规划,且中间留 2 m 宽路,四面留 2.3 m 宽预留空地,以便长久居住。

(2)沿蒙堤、淮堤有安置空间的老庄台距离较远,迁移后生产半径大,刚开始群众迁移意愿不强;但近几年洪水对居住在湖心庄台的群众的心理冲击大,群众要求就近迁入沿堤老庄台。

（3）加高已有 29 m 高的庄台。

（4）原有零星的老庄台可铲至地平，扩大生产面积。据统计，刘沟乡的 18 个老庄台，如果铲平，可扩大耕地面积 651 亩，按每亩每年 200 斤产量计，一年即可收 6.15 万千克粮食。

五、调查委员会的处理意见

调查委员会按照"安全、节省、便利生产、因地制宜"的原则解决安置问题，有条件的尽量迁堤、迁岗，对没有更好安置去处的群众的庄台采取加高、扩建和新建庄台等办法。尽量充分利用现有的自然条件，不另外大建庄台。可将建庄台经费投入群众生产，在可能的范围内适当地解决机耕和交通工具、机器等问题，促进农业互助合作。

（一）不同地区的处理方案

（1）对于居住在中部王郢、杨台、大同、童楼、曹集等 5 个乡的群众，除利用沿淮堤部分庄台安置外，其余就近迁岗安置，不再新建庄台，节约经费以投资农业生产，变畜耕为机耕，并适当解决交通问题。在实行机耕前，采取两地为家的办法，以便利生产，区内不再新建和扩建群众住房，只解决临时居住问题。在岗上修建可长久居住的房屋，修建经费由群众自筹，对个别户政府予以适当照顾。

（2）居住在东部、西部低小庄台的群众没有更好的安置去处，同时群众不支持外迁方案，大部分人拥护庄台就地加固方案，对此政府可尽可能地加高、加宽现有庄台；个别居住在湖洼中低小庄台的群众，有条件的就近搬迁至沿堤新筑庄台，避免返工浪费。

（3）以安舟岗为中心建立国营农场，并附设拖拉机站。针对农民耕作、运输困难问题，以合同方式确定代耕及运输方式，生产半径小的尽量采用畜耕，适当采用机耕。

（4）将蒙洼 15 个乡划成统一的一个区，区政府设立在安舟岗。这样可以精简机构进行管理，也能促进各组协同工作，同时有利于护堤防汛。

（二）处理方案应注意的几个问题

（1）加强蓄洪区迁安领导工作，以地方为主，会同治淮部门，将有条件的群众尽量迁堤迁岗，永久性地解决安居问题，不返工，不浪费。

（2）要因地制宜地制定各乡群众安置方案，并统筹考虑群众生产、生活问题，做好群众宣传工作，方案应具有全面性、长远性。

（3）要顺利地、彻底地完成这一复杂工作，须对蒙洼中部5个乡进行统筹规划。这5个乡因没有互助合作组织，互助合作基础差，且没有机耕条件。

六、治淮委员会积累的经验和教训

治淮委员会当时提出的行蓄洪区迁安方针是：因地制宜，就近安置，组织互助合作，发展生产。解决群众生产生活问题的原则是：安全、节省、便利生产。具体办法有5个。一是打庄台，原有老庄台傍宽加高，或者沿堤傍宽，没有庄台的在可能的条件下打新庄台。其高度一般超出计划蓄洪水位0.5 m~1 m，庄台面积根据当地群众居住情况确定，每人平均16 m^2~20 m^2。二是筑圈堤，在重要城镇或蓄水浅、人口居住集中，或者地形地势合适、对蓄水影响不大的地区，根据条件建筑圩堤。三是就近迁岗，安置半径一般不超过5 km。四是远地迁岗，离岗地较远而不便于生产者，两处为家，坚持生产，即平时住岗，生产下湖。五是转移群众到外地进行生产，个别湖洼地区因地势低洼需要经常蓄水行水，生产生活确实无保证者，予以迁出。政府在不降低群众原有生产、生活水平的前提下，以开荒生产、投入互助合作和个别安插等办法进行统一安置。在前4种安置方法中，政府给予房屋补助，对于工程建筑和挖压土地青苗，根据情况有的由政府投资，有的由是民办公助。第五种安置方法主要由政府负责实施，统一处理。在几年行蓄洪区迁安工作中，积累了如下经验。

（1）利用岗地就近安置是最安全、最经济的处理办法，这一办法很受群众欢迎。有些地方耕地较远，生产不便，在过去个体分散的小农经济生产经营中要得到解决这个问题，确有困难，但随着农业合作化运动的迅速发展，农民普遍走上合作化、机械化道路,这一问题最终可以得到妥善解决。因此,行蓄洪区完全有条件采取利用岗地就近安置这一办法。打庄台在洪水小、蓄水时间短、水不深的地区可起到临时避洪的作用,但这不是解决问题的根本办法。1954年洪水期间的客观现实表明:在洪水大、蓄水时间长,水深、面广、风浪大的地区,打庄台既不经济也不安全,不能为群众所接受。因此除可以考虑沿堤傍宽打庄台外,应尽量少打庄台。岗地保庄圩在蓄水位不深时能够自行排出内水,在安全经济的原则下是可以考虑的,但必须将保庄圩堤防断面放宽放大,并解决平时的管理养护和防汛等问题。否则可能因安全隐患、蓄洪发生问题使群众生命财产遭受严重损失,甚至造成更劣的影响。

(2)组织互助合作。发展生产的方针贯彻不够。在具体执行中,个别地区的某些干部因怕做群众的思想工作和组织工作,习惯于解决个别问题,如采取零星征用土地、分散安置和单纯给予补偿等方法安置群众,结果是钱花了、力出了,问题却解决得不彻底,群众很有意见。在迁安工作中,产生了补偿发后不迁、迁而复返等问题,如部分群众因远地安置生产、生活不便利,又返回原地盖房。

(3)对水情估计不足,安置水位偏低。如1954年大水期间,迁安方案是按1950年洪水情况制定的,洪水期间不少庄台和圩堤被淹,不仅群众遭受了损失,而且大水后一迁再迁,浪费国家资源。

(4)深入基层进行宣传教育,充分发动群众是保证按计划顺利进行蓄洪行洪的关键。过去过度重视对细微问题的解决,而全面、深入、细致的宣传教育及思想发动工作做得不够。行蓄洪区内的群众遭受淮患最多、盼望除害最切,所以在行蓄洪时有些人思想不通,对组织开闸、开口放水产生抵触情绪,是可以理解的。这些问题可以通过思想宣传教育工作解决。事实证明凡群众思想工作做得好的地区,工作都进行得很顺利。可见今后在工作中不光要从物质方面很好地满足群众的需求,还要大力宣传"小利服从大利""我为人人,人人为我"的整体思想,使群众懂得行洪蓄洪、保家卫国的道理。

（5）迁安工作艰巨且复杂，只有以地方党政为主，建设部门配合，紧密结合当前的中心工作，才可顺利进行。淮河流域的行蓄洪区因面大、人多、情况复杂，涉及各地的政治、经济、文化等方面的问题，单靠治淮部门是很难负起这一重任的。实践证明，只有地方党政亲自主抓，治淮部门配合，统一规划，才可能有组织、有领导、有计划地妥善安置当地居民。

第六章　蒙洼蓄洪区的人口演变与分布

一、人口演变

(一)改革开放以后安徽省人口演变情况

在人口数量方面,人口总量大一直是安徽的最基本、最重要的省情之一。随着经济社会的发展,安徽省人口总量的变化呈现出明显的时代特征,先后经历了1949年初期、三年困难时期至20世纪80年代、20世纪80年代后期至90年代、21世纪初期4次生育高峰。改革开放后,安徽省户籍人口由1978年的4713万人逐渐增加到2020年的7119.4万人,常住人口为6102.7万人。目前安徽省常住人口总量居全国第9位,占全国总人口的4.5%左右,而安徽省耕地总面积只有8320万亩,仅占全国耕地总量的4.3%,位列全国第8位。相对于其他省份,安徽省人口、资源、环境与经济的协调发展面临着较大的挑战。改革开放至今,安徽人口发展经历了人口控制初期、人口控制初显成效期、人口增长进入新的高峰期且人口控制步入良性循环期、"全面两孩"政策实施和人口总量缓慢有效增长期4个阶段①。在中国人口即将进入负增长的时代背景下,国家积极应对人口老龄化,于2021年实施了一对夫妻可以生育3个子女政策,安徽省的人口发展将进入深度转型阶段。

人口文化素质方面,随着安徽省人口规模扩大,人口受教育水平迅速提高,人口素质大大改善。改革开放40多年来,尤其是近十几年来,安徽省小

---

① 数据来源:《安徽省统计年鉴》。

学文化水平的人口数量减少约21%,初中、高中文化水平的人口数量分别增长了近1.43倍和2.12倍。第七次人口普查数据显示,安徽省平均每10万人中具有大学(大专及大专以上)文化程度的人数由1982年的408人增加到2020年的13280人,约增长了32.5倍,具有大学文化程度的人口数量增加幅度明显;平均受教育年限从1982年的4年增加到2020年的9.35年,增长了1倍多;总人口文盲率由1982年的33.7%降至2020年的4.49%,平均每年降低近0.77%,文盲率有效降低。此外,2020年安徽省15岁及15岁以上文盲人口为2739952人,占常住人口的4.49%,略高于全国水平的2.67%。除了受年龄结构变动和老年文盲人口自然减员的影响外,九年义务教育的普及是文盲率降低的重要原因。2020年,安徽省学前教育毛入园率94.9%、义务教育巩固率95.5%、高中阶段毛入学率92.3%、高等教育毛入学率继续保持在50%以上,主要教育指标已达到或超过全国平均水平。安徽省教育事业高质量发展,教育生态进一步优化,各级各类教育质量进一步提升,必将促进安徽省人口红利向人才红利转变,加速科技创新和产业升级,以应对少子化、老化的人口新时代。

  在人口预期寿命方面,安徽省婴儿死亡率明显下降。20世纪60年代以前,安徽省婴儿死亡率在50‰以上。1978年,国家在妇幼保健工作中实行"儿童保健系统管理"和"科学接生,住院分娩"两项制度,使婴儿死亡率不断下降。1982年第三次人口普查时期的婴儿死亡率为31.55‰,到2010年第六次人口普查时已降至25.5‰,2020年第七次人口普查时进一步降到3.47‰;5岁以下儿童死亡率由1981年的42.87‰下降为2020年的4.85‰,低于同期全国平均水平,优于一些全球中高收入国家平均水平。安徽省人口死亡率大幅度降低,平均预期寿命也大大延长。2010年安徽省人口平均预期寿命为75.08岁,2020年为77.3岁,10年时间人口平均预期寿命提高2岁多。针对人口长寿化与老龄化的新趋势,安徽省需要重点关注老年人力资源开发,提高老年人社会参与度,大力促进"银发经济"发展。

  在人口城镇化方面,城镇化是安徽省现代化建设的重要历史任务,也是经济社会现代化的重要标志之一。1949年以来,安徽省人口城镇化发展经历了艰难、曲折的探索,走出了一条不平凡的城镇化之路。中华人民共和国成立之时,安徽省设市11个,在全国28个省(市、区)中居前。而直到1978年安徽人口城镇化水平才只有12.6%,仅比1965年末高出1个百分点。改革开放以来,在经济迅速发展的大背景下,安徽省人口城镇化飞速发展。1978年底,安徽省有11个建制城市,城市市区人口390万人,其中非农业人口256万人,分别约占安徽省总人口的8.3%和5.4%。之后随着整体经济的持续快速发展,一批新兴城市相继建立,城市规模不断扩大。从2000年开始,安徽省委、省政府审时度势,作出了"加快发展、富民强省"的战略决策,提出把推动城镇化进程作为拉动安徽省社会经济增长的"四大发展战略"之一,以全面提升社会经济综合竞争力,有力地推进了安徽的城镇化发展。随着城镇区域扩张、乡村人口大量流入城镇,加之人口从省外回流至省内城镇地区,安徽省常住人口城镇化进程加速。截至2020年末,安徽省常住人口城镇化率达56%,户籍人口城镇化率达35%,增速快于全国平均水平,在长三角地区位居第一位。

在人口流动方面,人口流动和迁移是我国城镇化进程中一个典型的社会现象,无论是对流出地还是对流入地而言都推动了社会结构的变动、利益格局的调整和社会组织体系的变化。1990年以前安徽省人口迁移流动量较少,1990年之后,人口迁移流动逐渐开始活跃,但受多种因素的制约,人口迁移的规模并不大,人口迁移原因由改革开放初期的婚姻向务工经商转变。从人口流动和迁移的去向看,迁入地或目的地一般是相对发达或资源丰富、劳动力不足的地区,长三角、京津冀和珠三角地区是安徽省人口主要的流动迁移区域。迁入、流入安徽省人口最多的是江苏、四川两省人口,占全部迁入人口的近1/3。由于人力资源丰富,而省内吸纳就业人口有限,安徽省异地务工、经商者增多,人口流动频繁,流动人口数量大、分布广,安徽省已成为全国著名的人口输出大省。到2020年底,安徽省外出半年以上的人口占总人口的14.9%。其中,流向省外半年以上的人口为1061万人,主要流向地理位置比较近的江浙沪地区。和大量的流出人口相比,安徽省的人口流入规模较小,一直保持较为稳定的略增状态。随着新一轮产业转移速度加快,人口回流成为省内常住人口增长的主因,安徽省人口迁移流动进入了新阶段。

在人口老龄化方面,按照国际人口年龄类型的标准划分,安徽省0—14岁少年儿童比重在30%以下,65岁及65岁以上老年人口比重在7%以上,意味着这个国家或地区进入老龄化阶段。近年来,随着人口再生产类型的转变,安徽省人口年龄结构不断趋向老龄化。1982年第三次人口普查结果表明,安徽省的几个主要人口系数趋向成年型,少年人口比例为36.1%,65岁老年人口比例为4.1%,年龄中位数为20.2岁。到1990年第四次人口普查结果表明,年龄中位数为24.02岁,少年儿童人口比例降到28.4%,老年人口比例为5.4%,安徽省人口属于典型的成年人口型。从1990年到2010年,65岁及65岁以上老年人口数从303.7万人增加到608.5万人,增长了1倍多,平均每年约增长5%。2010年,安徽省少年儿童人口比例为17.7%,老年人口比例为10.23%,年龄中位数为36.4岁,是名副其实的人口老龄化省份。截至2020年,安徽省65岁及65岁以上老年人口占常住人口的比重达15.01%,较2010年上升7.48%,比全国平均水平高出1.51%,这一比例已经超过了联合国制定的传统老龄社会标准,快于全国进入老龄社会,老龄化程度日益加深。安徽省经济发展相对落后,劳动力尤其是大量青壮年农村劳动力向经济发达地区流动,而安徽省老龄化速度已超过全国平均水平。相对于发达地区,在人口外流和人口结构老龄化的双重作用下,未来安徽省面临着更为复杂的人口老龄化形势,给安徽省的劳动力、资本、养老保障、可持续发展等带来了巨大挑战。

(二)改革开放以来阜南县人口演变情况

阜南县隶属于安徽省阜阳市,位于安徽省西北部,境内自然资源丰富,人口众多,是安徽省人口十大县之一。改革开放伊始,阜南县人口便突破百万大关,1985年达到113.63万人,占当时阜阳地区总人口的10.4%,占安徽省总人口的2.2%,位居阜阳地区第5位。2010年,全县户籍人口167.7万人,常住人口116.8万人,占阜阳市总人口的16.2%,位居阜阳市第4位,在全国人口排名第139位。截至2020年底,阜南县土地面积1801km^2,耕地1080 km^2,辖28个乡镇和1个省级经济开发区,334个村(居)委,户籍人口173.64万,常住人口118.36万人,65岁以上人口约占比13.03%,人口密度约为707人/km^2。①

阜南县是劳务输出大县,改革开放以来,阜南县人口外流情况愈加严重。2000年,阜南县户籍人口145.6万人,常住人口127.2万人,净流出人口18.4万人;2010年,阜南县户籍人口167.7万人,常住人口116.8万人,净流出人口50.9万人;2020年,阜南县户籍人口173.64万人,常住人口118.36万人,净流出人口55.28万人。面对人口流出形势,阜南县需大力提升区域城镇化水平和区域影响力,同时要积极对流出人口提供就业信息,进行职业技能培训,完善相关服务体系,增强其社会应变能力。大量流出人口向老家的汇款的经济行为对阜南县经济社会发展具有重要的正向作用。

(三) 改革开放以来蒙洼蓄洪区人口演变情况

蒙洼蓄洪区主要由王家坝镇、老观乡、曹集镇和郜台乡4个乡镇组成。现在蓄洪区包括131个庄台、6个保庄圩,区域面积216.39 km^2,耕地面积18万亩,人口19.89万人。受功能定位和地理条件影响,蒙洼蓄洪区群众生命财产和基础设施时常遭受洪水威胁,存在居住容量不足、基础设施薄弱、公共服务水平不高和生产条件较差等问题。为更加有效地利用蓄洪区,确保沿淮蓄洪区人民生命财产安全,需要合理规划区内发展和控制区内人口规模,创造良好居住空间和发展环境,实现区内长治久安、可持续发展。

蒙洼蓄洪区一度是全国深度贫困地区,多次的蓄洪严重地制约了区域第二三产业的发展,蓄洪区长远发展受限。蓄洪区内以农业生产为主,工商业较为落后,城镇化水平偏低,农业人口占比80%以上,属于典型的农业区。

---

① 数据来源:《阜阳市统计年鉴》。

截至 2020 年,蒙洼蓄洪区内人口由 1953 年的 4.8 万人增至 19.89 万人,增长了近 4 倍,户籍人口密度在 991 人/km² 左右,超过了淮河流域平均人口密度 (630 人/km²),更是远远超过了全国平均人口密度(148 人/km²)。人口大幅度增长加剧了紧张的人地矛盾,人口、资源与环境之间的矛盾越来越突出,在很大程度上制约了当地经济和社会的发展。

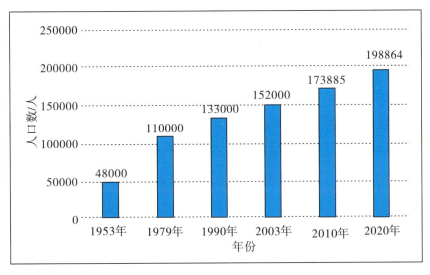

图 6-1　阜南县蒙洼行蓄洪区户籍人口演变情况①

二、人口分布

蒙洼蓄洪区内主要乡镇有王家坝镇、老观乡、曹集镇及郜台乡。

王家坝镇地处淮河上、中游接合部北岸,蒙洼蓄洪区上游,距阜南县城 25 km,位于两省(皖、豫)三县(淮滨、固始、阜南)三河(淮河、洪河、白鹭河)交汇处,与河南省固始县、淮滨县隔河相望,西接洪河桥镇,东连老观乡,土地面积 32.99 km²。王家坝镇共有 7975 户,总人口 34663 人,其中户籍人口 7975 户、34663 人,常住人口 7551 户、23692 人。

老观乡位于阜南县城东南方向,距县城 20 km,东靠淮河,与河南省固始

---

① 蒙洼蓄洪区人口数据摘自治淮相关规划报告、材料等。

县交界,北依曹集镇,西同于集乡、南同王家坝镇交界,土地面积 53.5 km²。淮河沿南境而过。老观乡共有 10877 户,总人口 43086 人,其中户籍人口 10877 户、43086 人,常住人口 10876 户、32138 人。

曹集镇位于阜南县城东南部、蒙洼蓄洪区中部,距阜南县城 21 km,南临淮河,与河南省固始县隔河相望,土地面积 52.08 km²。曹集镇共有 14623 户,总人口 54480 人,其中户籍人口 14623 户、54480 人,常住人口 13717 户、41371 人。

郜台乡位于阜南县东南部、淮河中游北岸,地处蒙洼蓄洪区最下游,东临颍上县南照镇,西接曹集镇,南与霍邱县周集镇、临水镇及河南省固始县三河尖乡隔河相望,北靠黄岗镇,属"两省四县"交界处,土地面积 77.82 km²。郜台乡地势低洼,自然灾害连年不断,是一个典型的洪涝灾害多发乡镇。郜台乡共有 15005 户,总人口 66635 人,其中户籍人口 15005 户、66635 人,常住人口 14871 户、31724 人。

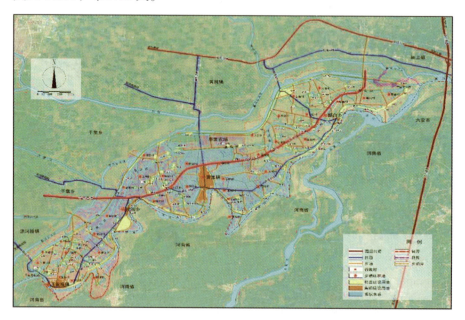

图 6-2　阜南县蒙洼行蓄洪区庄台分布图

2020 年,曹集镇常住人口 41371 人,人口密度 794 人/km²;其次是老观乡,常住人口 32138 人,人口密度 601 人/km²;人口最少的是王家坝镇,为 23692 人,人口密度 718 人/km²。蒙洼蓄洪区人口分布及密度情况见表 6-1、6-2。

表 6-1　2020 年蒙洼蓄洪区人口分布表

所属行政区划	总人口		其中户籍人口		其中常住人口	
乡镇名称	总户数(户)	总人口(人)	户数(户)	人口(人)	户数(户)	人口(人)
王家坝镇	7975	34663	7975	34663	7551	23692
老观乡	10877	43086	10877	43086	10876	32138
郜台乡	15005	66635	15005	66635	14871	31724
曹集镇	14623	54480	14623	54480	13717	41371
合计	48480	198864	48480	198864	47015	128925

注:数据来源于安徽省卫健委,安徽省全员人口信息数据库。

表 6-2　2020 年蒙洼蓄洪区各乡镇常住人口密度情况

乡镇	户数(户)	人口数(人)	面积(km²)	人口密度(人/km²)
王家坝镇	7551	23692	32.99	718
老观乡	10876	32138	53.5	601
郜台乡	14871	31724	77.82	408
曹集镇	13717	41371	52.08	794
合计	47015	128925	216.39	596

根据 2018 年编制的《安徽省淮河行蓄洪区底数调查成果报告》,蒙洼蓄洪区内有安全庄台 131 座,面积 337.81 万 m²,居住人口 15.45 万人;保庄圩 6 处,面积 6.87 km²,居住人口 4.05 万人;低洼地无安全无保障人口。庄台和保庄圩基本情况见表 6-3。

表 6-3　蒙洼蓄洪区庄台、保庄圩人口分布情况（2018 年）

乡镇、农场	庄台			保庄圩		
	数量（座）	台顶面积（万 m^2）	人口（人）	数量（处）	保护面积（km^2）	人口（人）
王家坝镇	29	93.85	28630	1	1	5280
老观乡	33	91.47	37563	1	0.92	4589
郜台乡	45	108.68	61681	2	2.13	3510
曹集镇	20	39.25	26130	2	2.82	27169
中岗镇	1	0.91	164			
阜蒙农场	3	3.64	282			
合计	131	337.8	154450	6	6.87	40548

三、人口结构

人口增长方面，2010 年，蒙洼蓄洪区出生人数为 3145 人，出生率为 17.7‰，死亡人数为 518 人，死亡率为 2.7‰，自然增长率为 15‰；2020 年，蒙洼蓄洪区出生人数为 1224 人，出生率为 6.3‰，死亡人数为 334 人，死亡率为 1.7‰[1]，自然增长率为 4.6‰。从横向空间对比看，2010 年，蒙洼蓄洪区人口出生率和自然增长率均远高于同期全国水平和安徽省平均水平；2020 年，蒙洼蓄洪区人口出生率和自然增长率均低于同期全国水平和安徽省平均水平。从纵向时间对比来看，与 2010 年相比，蒙洼蓄洪区 2020 年出生人数下降幅度较大，下降比例达 61.1%，死亡人数明显减少，自然增长率骤降。

---

[1] 注：死亡率在人口学与统计学调查中本身就是一个难题，而在区域性研究中由于受文化习俗等影响，误差可能较大，因此本数据仅作参考之用。

表 6-4　蒙洼蓄洪区与全国、安徽省人口增长率对比表(‰)

年份	区域	出生率(‰)	死亡率(‰)	自然增长率(‰)
2010	全国	11.9	7.11	4.7
	安徽省	12.7	5.95	6.95
	蒙洼	17.7	2.7	15
2020	全国	10.48	7.14	3.34
	安徽省	12.03	6.04	5.99
	蒙洼	6.3	1.7	4.6

性别构成方面,2010年,蒙洼蓄洪区常住人口约为12.28万人,其中男性63690人、女性59079人,人口性别比为108/100。王家坝镇、老观乡、郜台乡和曹集镇的人口性别比分别为107、110和102、112。2020年,蒙洼蓄洪区常住人口约为12.89万人,其中男性66672人、女性62253人,人口性别比为107(女性为100)。王家坝镇、老观乡、郜台乡和曹集镇的人口性别比分别为108、109、99和111,较2010年呈下降趋势。从横向空间对比来看,2010年,蒙洼蓄洪区人口性别比(108)高于全国水平(105)和安徽省水平(102);2020年,蒙洼蓄洪区人口性别比(107)仍高于全国水平(104)和安徽省水平(101)。从纵向时间对比来看,蒙洼蓄洪区人口性别比呈下降态势,2020年人口性别比为107,回落到正常范围内。

表 6-5　2010年、2020年蒙洼蓄洪区与全国、安徽省常住人口性别比对比表(人)

年份	乡镇	总人口	性别		性别比（女性=100）
			男	女	
2010年	全国	1340910000	687480000	653430000	105
	安徽省	59500000	30246000	29255000	103
	蒙洼蓄洪区	122769	63690	59079	108
	王家坝镇	23068	11917	11151	107
	老观乡	29582	15514	14068	110
	郜台乡	31857	16068	15789	102
	曹集镇	38262	20191	18071	112

续表

年份	乡镇	总人口	性别		性别比（女性=100）
			男	女	
2020年	全国	1400050000	715270000	684780000	104
	安徽省	71193700	36943300	34250400	101
	蒙洼蓄洪区	128925	66672	62253	107
	王家坝镇	23692	12289	11403	108
	老观乡	32138	16792	15346	109
	郜台乡	31724	15782	15942	99
	曹集镇	41371	21809	19562	111

年龄构成方面，2010年，蒙洼蓄洪区常住人口中0~14岁人口为34362人，约占总人口的28%；15~64岁人口为76252人，约占总人62.1%；65岁及65岁以上人口为12155人，约占总人口的9.9%；85岁以上人口为2064人，约占总人口的1.7%。2020年，蒙洼蓄洪区常住人口中0~14岁人口为32329人，占总人口的25.1%；15~64岁人口为80221人，约占总人口的62.2%；65岁及65岁以上人口为16375人，占总人口的12.7%；85岁以上人口为3727人，约占总人口的2.9%。

表6-6　2010年、2020年蒙洼蓄洪区常住人口年龄状况表（人）

年龄数	2010年			2020年		
	合计	男	女	合计	男	女
0~4岁	11558	6128	5430	5630	2922	2708
5~9岁	13869	7451	6418	12929	6915	6014
10~14岁	8935	4924	4011	13770	7258	6512
15~19岁	9082	5019	4063	13629	7324	6305
20~24岁	9165	4939	4226	8368	4590	3778
25~29岁	6670	3475	3195	7973	4336	3637
30~34岁	6790	3605	3185	7969	4237	3732
35~39岁	8413	4488	3925	5884	3046	2838

续表

年龄数	2010年			2020年		
	合计	男	女	合计	男	女
40~44岁	10555	5225	5330	6003	3201	2802
45~49岁	10679	5255	5424	7410	3930	3480
50~54岁	4424	2283	2141	9319	4562	4757
55~59岁	5818	2955	2863	9605	4663	4942
60~64岁	4656	2355	2301	4061	2058	2003
65~69岁	4383	2166	2217	5263	2614	2649
70~74岁	3381	1576	1805	4020	1951	2069
75~79岁	2327	1036	1291	3365	1576	1789
80~84岁	1320	547	773	2149	920	1229
85~89岁	608	222	386	1101	417	684
90~94岁	108	36	72	364	122	242
95~99岁	19	2	17	103	28	75
100岁及100岁以上	9	3	6	10	2	8
合计	122769	63690	59079	128925	66672	62253

表6-7 2010年、2020年蒙洼蓄洪区常住人口主要年龄段人口状况表

年龄段	2010年		2020年	
	合计	占比	合计	占比
0~14岁	34362人	28.0%	32329人	25.1%
15~64岁	76252人	62.1%	80221人	62.2%
65岁及65岁以上	12155人	9.9%	16375人	12.7%
80岁以上	2064人	1.7%	3727人	2.9%
合计	122769人		128925人	

2010和2020年常住人口数据显示,蒙洼蓄洪区0~14岁人口比重下降2.9%,15~64岁人口比重基本持平,65岁及65岁以上老人比重上升2.8%,80岁以上高龄老人比重上升1.2%,年龄结构变化的特点是人口老龄化趋势

明显。蒙洼地区65岁及65岁以上人口占比超过7%,表明其已经进入老龄化社会,老龄化的加速给经济、社会发展都将带来巨大的压力。当前蒙洼地区社会养老和社区服务较为薄弱,能满足的养老需求有限,养老服务和方式均面临挑战。

综上所述,蒙洼蓄洪区人口有以下特点:从整体上看,蓄洪区人口增长过快,尤其是20世纪60年代至80年代,过快的人口增长加剧了人地矛盾,不利于人口、资源与环境协调发展;蓄洪区人口性别比较为失衡,高于全国平均水平;人口结构不平衡,老龄化加剧,但低于全国平均水平;人口空间分布不平衡,郜台乡人口最多,且地势低,受蓄洪影响最深。从时间上看,近年来由于年轻人外出打工的人数增多,常住人口中少儿人口比重总体呈下降趋势,65岁及65岁以上老年人比重上升,老龄化进程加快,老年抚养比上升明显。从时间上看,蓄洪区已进入老龄化社会。特别是随着高龄老人越来越多,社会和家庭抚养负担加重,需要更多的社会资本投资于老年群体,这对社会保障水平、社会抚养体系建设等提出更高的要求。

第七章 蒙洼进退洪闸与蓄洪圈堤

一、王家坝进洪闸

王家坝进洪闸是淮河干流蒙洼蓄洪区的控制进洪闸,位于淮河上游和中游的交接点,河南、安徽两省交界处,地理位置特殊,防汛地位十分重要,被誉为"千里淮河第一闸",王家坝水位也被称为淮河防汛的"晴雨表"、汛情的"风向标"。

图 7-1 王家坝进洪闸(2020 年,李博摄)

王家坝闸始建于 1953 年,2003 年大水后对王家坝闸工程进行了全面的除险加固。王家坝闸设计进洪流量 1626 m^3/s,为 Ⅱ 等大(2)型工程,开敞式、钢筋混凝土结构,共 13 孔,每孔净宽 8.0 m,总宽度 118.4 m,闸底坎高程 24.36 m。进洪闸采用平板钢闸门,闸门宽 8.6 m、高 5.3 m,配备手电两用卷扬式启闭机。预制板式公路桥布置在闸室上游侧,桥面总宽8.5 m(其中行车道宽7.0 m);闸门、启闭机均布置在闸室下游侧,启闭机平台顶高程39.0 m,上部设5.0 m宽框架长廊式启闭机房,闸室两侧设框架结构桥头堡。

(一)设计与建设

王家坝进洪闸于1953年元月开工建设,同年7月完工,闸址位于王家坝镇附近。王家坝闸的建成在治淮工程史上具有重要意义。

王家坝进洪闸为濛河洼地蓄洪的主要控制工程。根据1950年型洪水量,润河集闸上最高水位26.5 m,洪峰流量5160 m³/s。结合上游洼地蓄洪的最大能力,兼顾不抬高洪河口水位,淮河、洪河、白鹭河三河洪峰来量在王家坝遭遇时,由濛河洼地蓄进洪水7.5亿 m³,余水由淮河本干及分洪道下泄。演算结果显示洪河口水位为28.4 m,王家坝水位为28.0 m。淮河本干经过整理后,可通过流量2100 m³/s,分洪道通过流量2110 m³/s,王家坝闸最大进水量为1626 m³/s。

根据1950年型洪水量,分两种情况拟定王家坝进洪闸设计水位参数:情况一,拦洪时期闸上最高水位为27.94 m,相应闸下水位为24.0 m;情况二,闸门内蓄洪水位为27.5 m,闸外淮河水位假定为26.5 m。进洪闸结构为开敞式钢筋混凝土结构,共13孔,每孔净宽8.0 m,总净宽104 m,钢质桁架弧形闸门,卷扬式启闭机。

图7-2 建于1953年的王家坝进洪闸

王家坝进洪闸建成后,效益显著。一是可拦蓄进洪水量8.4亿 m^3,削减淮干洪峰 $1334\sim1626\ m^3/s$,保障淮河流域堤防安全;二是可以解除官沙湖、洪河口地区的水利纠纷;三是可以保证濛河洼地蓄洪区20多万亩农田在非常洪水年份有一次收成,一般年份可以争取有两次收成。

图7-3　2003年除险加固前的王家坝进洪闸

(二)除险加固

1983年汛期进洪闸遭遇洪水漫顶,汛后对王家坝闸进行检查维修,发现13孔闸门的26根支臂均有不同程度的弯曲变形。为此,用1.5 m长的翼型钢板对闸门支臂进行加固。

1984年将闸门原木质止水更换为钢质封水座板及大头橡皮侧止水。

1987年汛前,分别对上游铺盖及上游底板浇筑0.3 m厚的钢筋砼,将1#、12#闸墩四周加厚0.3 m、高2.4 m的钢筋砼外包墙。

1990年将原13台启闭机改用电动开启,关闭仍为人工操作。

1998年汛前,将原13扇桁架式弧形闸门全部更换为直臂式钢结构弧形闸门。新门控制尺寸同老门(宽8 m×高4.5 m),底坎高程不变,门顶高程29.0 m。闸门为主横梁实腹式板梁结构弧形钢闸门。

王家坝进洪闸1983年至2003年曾经过多次加固,但受资金限制,未进行全面加固,工程安全隐患未彻底根除。至2003年汛末,王家坝闸已在11个洪水年份共开闸泄洪14次。多次开闸进洪,致使工程破损、老化严重,同时导致闸室抗滑稳定、闸基渗流稳定及闸下消能防冲设施不满足安全要求、交通桥及启闭机平台宽度不足、启闭机锈损严重等问题存在。

2002年8月,安徽省水利厅组织专家对王家坝闸工程进行安全鉴定,鉴定结果表明王家坝闸为三类病险闸,需对其进行除险加固。

2003年8月,水利部淮河水利委员会以淮委规计〔2003〕409号文批复同意对王家坝闸进行除险加固。王家坝闸工程为二等工程,建筑物级别主要为2级、次要为3级,除险加固设计流量为1626 m^3/s,相应闸上水位为29.30 m、闸下水位为27.80 m。在设计条件下,王家坝闸最大过流量可达1799 m^3/s。闸室采用开敞式结构,筏式钢筋砼底板。闸室13孔,每孔净宽8.0 m,闸室长12.0 m,闸墩厚1.0 m,闸底板厚1.2 m,底板高程24.46 m。

2003年9月,王家坝闸除险加固工程开工。该工程是2003年淮河灾后重建的第一个开工项目。2005年4月,安徽省水利厅主持了单位工程投入使用验收工作。2006年5月,水利部淮河水利委员会主持了竣工验收工作。

王家坝闸全面除险加固后,进洪闸启用水位由29.0 m抬高到29.3 m,闸门启闭全面实现自动化控制。除险加固后的王家坝闸,以全新的面貌展现千里淮河第一闸的风采,同时也提高了进洪闸安全运用能力和自动化控制水平,对确保蒙洼蓄洪区的正常运用、保护淮河流域防洪安全发挥了重要作用。

二、曹台孜退水闸

曹台孜退水闸位于淮河蒙洼蓄洪区最下游,是淮河干流重要的防洪工程。曹台孜退洪闸始建于1972年11月,于1976年3月竣工。2003年大水后,对水闸进行除险加固,2005年5月完成加固任务。

曹台孜闸设计防洪水位设计泄洪流量2000 m^3/s,校核泄洪流量2800 m^3/s。曹台孜闸为Ⅱ等大(2)型工程,开敞式钢筋混凝土结构,共28

孔,每孔净宽5.0 m,总宽度167 m。其中深孔2孔,底板高程18.9 m;浅孔26孔,底板高程19.90 m,门顶高程28.9 m。退水闸采用平板钢闸门,闸门尺寸为深孔10 m×5.4 m,浅孔9 m×5.4 m,配备手电两用卷扬式启闭机。交通桥宽6.0 m,桥面高程30.85 m。

曹台孜闸兼有防洪、泄洪、排涝等功能。蒙洼蓄洪区的蓄洪退洪,由安徽省防汛抗旱指挥部下达命令,通知阜阳市防汛抗旱指挥部和安徽省淮河河道管理局执行,安徽省淮河河道管理局组织曹台孜闸管理处具体实施。在排涝和蓄水抗旱时期,曹台孜闸管理处根据阜南县防汛抗旱指挥部要求,结合上游来水情况做好控制运用工作。

曹台孜退水闸自建成后的6年中,开闸泄洪9次,排涝上百次,保护了蒙洼蓄洪区内19.8万亩耕地和19.5万人的生命财产安全,为蒙洼蓄洪区的防汛排涝发挥了较大作用。

图7-4 曹台孜退水闸(2020年,阜南县水利局提供)

(一)建设过程

濛河洼地蓄洪区工程在规划设计时,即考虑在郜台子建一座双孔泄水闸,用于排泄内水,同时兼顾蓄洪后退洪。1952年4月,邰台子泄水闸工程开工,设计排水流量102 m³/s,同年12月竣工。曹台孜退洪闸建设后,邰台子闸堵塞废弃。

图7-5 1952年竣工后的邰台子泄水闸

1972年11月,在邰台乡曹台村新建曹台孜退洪闸,设计泄洪流量2000 m³/s。曹台孜闸由阜阳地区水建公司(原阜阳地区水利支队)承建主体建筑物,土方工程由阜阳地区政府负责组织民工施工。从1972年11月进行闸基土方工程开挖,1973年3月20日开始第一块闸身底板的浇筑,1974年元月工作桥安装完毕,到1976年3月21日砌完块石护坡止,共历时3年4个月。施工过程中,物资采购比较困难,材料质量难以保证,加上该闸地质情况比较差,地下水位高,在基础施工中曾多次出现涌泉、喷沙的情况,对所有的沙泉均按下游堵闭、上游导滤的原则进行处理。

曹台孜闸原闸门为反向双曲薄壳门,分上、下两扇组成一整体,上扇为水泥钢丝网薄壳,下扇为钢板薄壳,总高8.5 m,配备手电两用卷扬式启闭机14台。1998年、1993年、1998年、1999年陆续更换为24孔平板钢闸门,更换后的闸门高9.0 m,上、下两扇拼装,用尼龙滑块支承,采用不锈钢滑道。

2001年1月,曹台孜闸被鉴定为三类病险闸。2002年2月,安徽省水利厅以皖水管函〔2002〕50号文报送曹台孜闸安全鉴定资料至水利部建设与管理司,请求审查并将其列入水闸除险加固计划。

2003年大水后,曹台孜闸按原规模进行除险加固改造,2005年5月加固任务完成。主要除险加固内容为地基的抗液化加固、分缝止水的修复、上下游护砌的修复整理、公路桥及排架的维修加固、工作桥及检修便桥的拆除重建、部分闸门的更换及维修、28台卷扬式启闭机的拆除更换、增设机电设备自动化装置及管理设施等。

(二) 防洪水位的改变

曹台孜退洪闸防洪时期的最高洪水位原设计闸上(蓄洪区内)20.00 m、闸下(淮河侧)27.90 m,闸上下游水位差为7.9 m,校核防洪水位闸上20.0 m、闸下28.3 m。泄洪条件:蒙洼蓄洪后,当闸下淮河水位落到与闸上蓄洪区内水位相同时,闸门全部开启退洪,设计水位闸上28.42 m、闸下28.15 m。

为避免曹台孜闸泄洪时城西湖进洪的情况出现,经安徽省水利厅皖水管字〔1998〕488号文批准,曹台孜闸闸下防洪水位抬高至28.40 m。此后,曹台孜闸更换闸门、除险加固等均以此为设计依据。

三、蒙洼蓄洪圈堤

蒙洼蓄洪圈堤是蒙洼蓄洪工程的重要组成部分。治淮初期,濛河洼地规划为控制蓄洪区,结合河道整治修建了蒙洼蓄洪圈堤。2003年大水后,蒙洼蓄洪圈堤得到了全面加固。

蒙洼圈堤总长94.3 km,以王家坝进洪闸和曹台孜退洪闸为起讫点,分为淮河左岸的淮堤和濛河分洪道右岸的蒙堤两大部分,其中淮堤长50.5 km,蒙堤长43.8 km。蒙洼圈堤工程等别为Ⅲ等,堤防级别为3级。圈堤设计洪水位为王家坝29.3 m、三河尖28.6 m,曹台孜28.4 m,设计堤顶超高为1.8 m。

加固后的蒙洼圈堤,不仅保证了蒙洼在设计水位下的防洪安全,发挥蓄洪区功能、减轻防汛压力,也大大改善了区内人们的生产、生活环境,具有显著的社会和环境效益。堤顶防汛道路的全线贯通,极大地改善了蒙洼交通状况,有利于汛期防汛抢险、调度和群众撤退转移,对促进当地经济发展发挥了巨大作用。

（一）建设过程

1949 年以前,濛河洼地湖洼较多,地形低洼,河湖相连,水情复杂,是天然的蓄洪区。濛河洼地上游钐岗至下游南照集筑有钐南小堤,但因堤身矮小不能防洪,洪水年年泛滥成灾。

治淮初期(1951—1953 年),按照"蓄泄兼筹"的治淮方针,最初规划利用润河集分水闸工程统一控制濛河洼地蓄洪。后来为解决洪河口以下至南照集段淮河泄洪能力不足问题,濛河洼地单独建成控制蓄洪区。蓄洪区北侧沿岗开辟分洪河道,筑濛堤,与整治后的淮堤构成蒙洼蓄洪圈堤。

蒙洼蓄洪区堤防是结合河道的整治修建的。蓄洪堤以王家坝进洪闸和曹台孜退洪闸为界,分为淮堤和濛堤两部分。淮堤基本循原有淮堤,随淮河河道裁弯取直布置,堤线总长 51.3 km。濛堤即濛河分洪道的右堤,全部为新筑堤防,全长 44 km。王家坝至曹台孜原设计洪水位为 28.66~27.66 m,蒙洼蓄洪圈堤堤顶高程高于设计水位 1.0~1.5 m,即为 29.66~29.16 m,以保证蓄纳的洪水不外溢。蓄洪圈堤堤顶宽 8.0 m,背水坡 1∶5,迎水坡 1∶3 或 1∶5。堤防工程于 1951 年 11 月开工,至 1953 年 6 月完工。

1954 年和 1968 年,淮河 2 次大洪水期间,蒙洼蓄洪区均漫堤进洪,汛后仍按原标准恢复加固。后经多年岁修、水毁加固,堤顶高程逐渐加高至 31.2~29.5 m,堤顶宽 4~8 m,边坡一般 1∶1.5~1∶3,险段和风浪顶冲段筑有块石护岸护坡。

1997 年开始实施蒙洼尾部退建工程,退堤自曹台孜闸至马台子,退老堤 3.9 km,筑新堤 3.3 km,退出面积 1.57 km^2,修筑加固庄台 7 座,安置人口 7060 人。新堤设计堤顶高程按蒙淮汇合口水位(28.4 m)加高 2.0 m,即 30.4 m,设计顶宽 8.0 m,外河侧边坡 1∶3,湖内侧堤顶以下 3 m 处筑 2 m 宽平台,平台以上边坡 1∶3,以下边坡 1∶5。

由于蒙洼蓄洪区在淮河干流防洪中的重要地位和作用,其调度运用不仅关系到豫、皖两省的防洪工作安排，而且关系到城西湖等其他重要蓄洪区的调度和淮北大堤的防洪安全。1992年，水利部淮河水利委员会编制了《淮河流域综合规划纲要》(1991年修订)，指出蒙洼蓄洪堤、城西湖蓄洪堤和临王段大堤皆是保护淮北大堤至关重要的工程，有必要实施除险加固。

根据国务院办公厅转发的水利部《关于加强淮河流域2001—2010年防洪建设的若干意见》和《淮河流域综合规划纲要》(1991年修订)，淮河干流设计流量为：王家坝—史河口9000 m³/s(淮河干流3750 m³/s、濛河分洪道3650 m³/s、蒙洼蓄洪区1600 m³/s)，史河口以下9400 m³/s。淮干各控制断面的设计水位为：王家坝29.3 m，三河尖28.6 m，曹台孜28.4 m。濛河分洪道流量通过3650 m³/s，付家岗处设计水位为29.08 m。

2003年9月30日，水利部淮河委员会以淮委规计〔2003〕490号文《关于安徽省淮河干流蒙洼蓄洪区堤防加固工程初步设计的批复》正式批复蒙洼蓄洪区堤防加固工程。蒙洼蓄洪堤防工程等别为Ⅲ等，堤防级别为3级，堤顶超高值统一确定为1.8 m。

2004年5月，蒙洼蓄洪区圈堤加固工程开工建设，于2007年10月通过投入使用验收。加固后蒙洼蓄洪圈堤总长94.3 km，其中淮堤长50.5 km，堤顶高程31.94~30.1 m；蒙堤长43.8 km，堤顶高程31.84~30.1 m。圈堤堤顶宽度不小于6.0 m，外坡1∶3，内坡距堤顶以下4 m处设宽2 m平台，平台上、下边坡均为1∶3。沿堤外(内)坡脚种植防浪林，堤防外(内)坡设有干砌块石护坡等综合消浪措施。堤顶新建防汛道路，打通防汛通道，满足防汛管理及群众生产、生活需求。

(二)最高蓄洪水位变化

2003年大水前，蒙洼蓄洪区设计蓄洪水位27.66 m，蓄洪容量7.5亿 m³。2003年大水后，蓄洪区陆续修建了王家坝、老观、曹集西、段台等4座保庄圩，占地面积4.9 km²。根据蒙洼蓄洪区堤防加固工程的规划设计情况，为维持原7.5亿 m³蓄洪量不变，经研究批准，蒙洼蓄洪区设计蓄洪水位调整为27.80 m。

2007年,临淮岗洪水控制工程建成。当临淮岗洪水控制工程启用拦洪蓄洪时,地处临淮岗上游的蒙洼蓄洪区,要在前期蓄洪的基础上进一步滞蓄洪水。蒙洼蓄洪区临淮岗工程100年一遇设计蓄洪水位29.26 m,蓄洪量9.74亿 m^3。

第八章 庄台与保庄圩

为保障行蓄洪区内群众生命财产安全,缓和行蓄洪与群众生产生活的矛盾,保证及时有效地运用行蓄洪区,政府开展庄台、保庄圩、撤退道路等行蓄洪区安全设施建设和人口外迁工作。庄台和保庄圩是行蓄洪区内永久安置群众的有效安全设施,庄台是指建筑在蓄滞洪区内沿堤地带或湖心,高于设计洪水位的土台,供蓄滞洪区内群众居住的场所;保庄圩是指在蓄滞洪区周围,利用蓄滞洪区围堤的一部分修建的小圩区,蓄滞洪水时不受淹,区内建设房屋和基础设施用来安置居民,并有为居民提供生产、生活条件的功能。撤退道路是行蓄洪时转移群众的安全设施,兼有平时生产之用。随着经济社会发展,依据群众意愿和经济条件,行蓄洪区群众迁至区外集镇或城区安置,以人口外迁控制行蓄洪区人口。

一、庄台

(一)庄台建设过程

蒙洼蓄洪区庄台数量多,占淮河流域行蓄洪区庄台总数的65.8%。历史上,就近打庄台是方便生产和解决蓄洪时群众居住安全问题常用的办法。蒙洼蓄洪区庄台建设从最初的简单解决群众安全居住问题,到建设配套生活设施,居住环境逐步改善,大体上经历了3个阶段。

第一阶段:20世纪50—70年代。这一阶段为实施低标准庄台建设阶段,人均庄台台顶面积15~18 m^2。

第二阶段:1982—2002年。20世纪80年代,安全庄台工程被列入治淮重点项目,蒙洼庄台进行加固扩建,人均庄台台顶面积 21 m^2,庄台台顶高程按淮河临淮岗洪水控制工程建成后 100 年一遇洪水的标准设计,相应最高蓄洪水位加 1.5 m 超高确定,配备台顶马路和庄台水井;1991 年大水后,淮河行蓄洪区安全建设规划人均庄台台顶面积 30 m^2,部分庄台建设深水井,蒙洼尾部退建工程中建设了 7 座庄台。

第三阶段:2003—2018 年。2003 年大水后,安全建设实施方案规划结合居民迁建实情,设计人均庄台台顶面积 50 m^2,完善庄台护坡和深水井建设。2018 年后,安徽省聚焦行蓄洪区脱贫、安全、环境、发展等核心问题,制定安徽省淮河行蓄洪区安全建设三年(2019—2021)分类推进方案,提出将蒙洼庄台超容人口(按照人均台顶面积 50 m^2 计算超出安置容量的人口)外迁安置,并结合行蓄洪区建设工程,新建庄台和保庄圩安置,改善庄台人居环境。

1. 20 世纪 50—70 年代

为解决好区内群众的安全问题,20 世纪 50—70 年代分别建成了部分低标准庄台,以治淮委员会撤销和国务院治淮规划小组成立为标志,分为 2 个阶段,即 1953 年至 1956 年、1968 年至 20 世纪 70 年代。这个时期,土地是蓄洪区群众赖以生存的根本,农业生产是群众主要的经济来源。在机械化生产还不发达的条件下蓄洪区的农业生产半径不宜过大,庄台是当时比较合适的安置方式,群众接受程度高。

(1)1953—1956 年

在蒙洼确定为蓄洪区前的洪泛区年代,群众就有建设庄台避洪的历史。1949 年初期,蒙洼地区 87 个村庄的 4 万多名群众散居在低小庄台和地面上。原有庄台台顶高程,安舟岗以上 27 m 左右,安舟岗以下 26 m 左右,均低于计划蓄洪水位(27.5 m)。

1951 年,政府开始建设蒙洼蓄洪区,以濛河洼地控制蓄洪。据《治淮汇刊》第二辑(1952 年),为避免蒙洼蓄洪时期洼地群众遭受生命财产损失,政府计划在洼地建筑庄台,人均台顶面积 16 m^2。为照顾当时群众的需要,庄台四周还计划预留空地,以备将来扩建之用。

1953年,蒙洼蓄洪区开始第一次迁安工作。1953年汛前安置群众0.52万户、2.39万人,其中在安舟岗以上新建庄台(台顶高程29 m)18座,安置群众0.3万户、1.29万人;利用淮堤的张湾、郎湾段堤顶安置群众0.12万户、0.6万人;利用安舟岗高地安置群众0.1万户、0.5万人。

1954年汛前建设生产庄台(台顶高程28.5 m)68座,临时安置当时仍居住在低洼地内或低矮老庄台上的群众约3万人。1954年洪水期间,蒙洼最高蓄洪水位达29.15 m。蓄洪区内修筑的庄台发挥了一定作用,但由于庄台分布零散且不易防守,群众依然进行了大量撤退转移,加之洪水期间庄台受严重冲刷,不仅威胁庄台上群众的生命财产安全,汛后庄台修补工程量也较大,当时的安全设施仍然不能从根本上解决群众安居问题。1954年11月,淮委、阜南县组织成立了阜南县蒙洼蓄洪区调查委员会,针对蒙洼蓄洪区群众安置问题展开调查,调查内容包括蓄洪区内社会经济情况、人口分布情况、群众生产生活情况、群众对安置工作方案的态度及要求等,并对蒙洼群众安置工作提出了建议。调查建议:①对于居住在蒙洼中部乡镇的群众,除利用沿淮堤部分庄台安置外,其余就近迁岗安置,不再新建庄台,以节约经费投资农业生产,变畜耕为机耕,并适当解决交通问题;②居住在东部、西部低小庄台上的群众不支持外迁方案,大部分拥护就地加高、扩建和新建庄台方案,对此应考虑群众需求,尽可能加高、加宽现有庄台。

阜阳专区治淮指挥部分别于1954年12月和1955年2月组织编制了《蒙洼蓄洪区庄台工程初步设计》和《蒙洼蓄洪区庄台恢复工程技术设计》,就1954年大水中凸显的蒙洼蓄洪区群众安居问题,提出解决方案。经过对不同方案进行比较,限于工程投资,推荐方案如下:

①上段王家坝至老观,除原住在张家湾、郎河湾大堤的6030人外,张湾大堤继续安置9688人,其余2431人通过加高帮宽管庄孜庄台,新建沈家林和陡河沿庄台进行安置;

②中段老观至童楼,人口迁往安舟岗圈堤安置;

③下段童楼至曹台孜,以顺堤新建庄台和加高延长沿堤老庄台为主,加

高帮宽湖心宁台子庄台安置人口,庄台台顶高程31 m;

④安舟岗与张家湾为人口集中的大农庄,耕种半径10 km,为方便生产及促进农业集体化和机械化,由地方使用安置费自行购置拖拉机及汽车,以便妥善安置当地群众,帮助生产。

1955年汛前安置群众0.5万户、2.31万人,其中新建庄台(台顶高程31 m)16座,安置群众0.35万户、1.56万人;建设安岗圈堤,安置群众0.15万户、0.75万人。1956年汛前新建庄台(台顶高程31 m)4座,安置群众0.16万户、0.7万人。

1953—1956年,蒙洼蓄洪区建设各类庄台共计106座。蒙洼蓄洪区内居住的1.18万户、5.4万人基本得到安置,其中台顶高程29 m以上的38座庄台安置0.8万户、3.56万人,蒙淮堤安置群众0.12万户、0.6万人,安岗圈堤内安置群众0.26万户、1.24万人。

(2) 1968年—20世纪70年代

随着人口的增长,蒙洼蓄洪区内人口已由20世纪50年代初的4万多人增加到70年代末的11万人左右,当时还有大量群众仍居住在湖洼地。1968年淮河上游发生大水,蒙洼进洪,损失严重。

1968年大水后,国务院对行蓄洪区人民群众十分关怀,于1969年成立治淮规划小组,指示要保证这些地区群众的生命财产安全,继续进行庄台建设。

1972年安徽省水电局、安徽省治淮指挥部编制《安徽省淮河正阳关以上庄台规划》,指导庄台建设。庄台规划高程按高出历史最高洪水位或规划最高行蓄洪水位1.0~1.5 m标准确定,安岗以上庄台设计高程31 m、以下设计高程30.5 m。根据实际需要和近期实施的可能,留有一定余地,庄台台顶面积平均每人(包含公共房屋在内)按20 m^{2}规划。庄台建设遵循4条原则:

①行蓄洪区庄台应避开行洪进出口和行洪主流处,并应顺水流方向修筑,以有利于行洪;

②合理利用地形以减少工程量,沿堤庄台,如庄台高程平堤顶高程时,

房屋布置离堤顶须有一定距离,以有利于堤防管理;

③在适当便利群众生产情况下,庄台应尽量集中建设以减少工程量;

④庄台的防浪冲刷手段应以植树为主。

虽然 20 世纪 70 年代蒙洼蓄洪区加固了部分庄台,但远没有解决群众的安全问题。

2.1982—2002 年

1984 年,安全庄台工程被列入治淮重点项目,安徽省水利厅于 1986 年编报了淮河行蓄洪区庄台工程总体修正设计文件,阜南县水利局从 1983 年起按总体设计先后分期编报 14 批单项设计文件,共批准建设庄台 111 座(含保庄圩),人均庄台台顶面积 21 m^2。蒙洼蓄洪区庄台工程 1983 年开工,至 1996 年 11 月,除 4 座庄台当年在建外,竣工交付验收庄台 107 座(含安岗保庄圩 1 处),总竣工面积 380 万 m^2(包括保庄圩面积 190 万 m^2),共安置人口 10.3 万人,打水井 151 眼。

1991 年大水后,国务院及时作出关于进一步治理淮河和太湖的决定,明确提出加强行蓄洪区安全建设,并将淮河流域行蓄洪区安全建设工程作为淮河流域 19 项骨干治理工程之一。

1992 年,水利部淮河水利委员会组织编报了《淮河流域行蓄洪区安全建设修订规划》,根据淮河流域行蓄洪区特点,并考虑已建的安全设施和行蓄洪区群众经济条件,规划蒙洼等低标准行蓄洪区全部就地安置,以修建庄台、保庄圩、避水平房为主,结合防汛和平时群众生产的需要,修建少量撤退道路。

图 8-1　庄台护坡

1991—2002 年蒙洼蓄洪区安全建设批复修建撤退道路 8 条,共 79.6 km

长,庄台深水井 31 眼;1997 年实施蒙洼尾部退建工程,新建加固庄台 7 座;1999 年利用国债资金修建崔寨、郎楼 2 座庄台护坡。

3.2003—2018 年

2003 年大水后,为加快淮河流域行蓄洪区安全建设步伐,相关部门编报了《淮河流域行蓄洪区安全建设实施方案修订报告》,提出安全建设实施方案规划标准:结合居民迁建工作,设计保庄圩人均占地 100 m^2,庄台人均台顶面积 50 m^2。庄台工程建设内容主要包括庄台护坡和庄台深水井工程的修建。

图 8-2 庄台深水井水塔

庄台护坡对已护砌面增加自地面以上 2.0 m 的范围及设计洪水位以上 0.5 m 至台顶部分,未护砌面自地面护至台顶。2004—2008 年度共批复实施 119 座庄台护坡工程。原来的大口浅水井井水水质指标达不到国家标准,不能作为饮用水,故配套建设深水井,每个庄台打 1 眼深水井,井深 120 m。

安徽省于 2015 年 12 月出台《中共安徽省委安徽省人民政府关于坚决打赢脱贫攻坚战的决定》,2017 年 8 月出台《安徽省人民政府关于进一步加强行蓄洪区脱贫攻坚工作的若干意见》等指导性文件,要求把行蓄洪区脱贫攻坚摆在更加突出的位置,以超常规的举措,加快补齐发展短板,加强脱贫攻坚工作,确保在实现全面小康的路上不让一名贫困群众掉队。2018 年前后,省委、省政府主要领导多次赴沿淮行蓄洪区调研,指导扶贫攻坚工作,作出了"减总量、优存量、建新村、分步走"的总体部署,提出了聚焦行蓄洪区脱贫、安全、环境、发展等核心问题的工作思路。

2018 年 9 月,安徽省人民政府印发《安徽省淮河行蓄洪区安全建设规划(2018—2025 年)》。2019 年 1 月,安徽省人民政府办公厅印发《安徽省淮河行蓄洪区安全建设三年(2019—2021年)分类推进方案》,同时成立了安徽省淮河流域行蓄洪区建设发展领导小组,指导、协调、督促推进淮河行蓄洪区安全建设工程,推动3年分类推进方案的实施。

3年分类推进方案提出的建设标准为庄台台顶人均安置面积50 m^2(含公共设施面积),保庄圩人均安置面积100 m^2(含公共设施面积),迁至行蓄洪区外防洪保护区、设计洪水位以上安全区,人均安置面积为80 m^2(含公共设施面积)。

为统筹推进淮河行蓄洪区居民迁建、基础设施、公共服务等方面的建设,安徽省先后印发了《安徽省淮河行蓄洪区基本公共服务功能建设总体方案(2018—2020年)》《淮河行蓄洪区农村环境"三大革命"实施方案》《淮河行蓄洪区主干街道展宽和路面硬化实施方案》和《淮河行蓄洪区农村危房改造实施方案》,加快推进淮河行蓄洪区农村环境"三大革命",有效处理农村生活垃圾,建设户用卫生厕所及污水处理设施,实施庄台主干街道拓宽和路面硬化工程等。

图8-3 西田坡庄台(2020年,李博摄)

2018年12月20日,蒙洼131个庄台人居环境整治主体工程完工,台顶修通了双向通行的道路,安装了路灯,建起了村民广场,污水管网连通家家户户,生活污水集中处理,蒙洼蓄洪区庄台人居环境得到很大改善。

(二) 庄台基本情况

蒙洼蓄洪区现有131座安全庄台,面积337.81万 m^2,居住人口15.45万人(2018年调查人口),庄台人均台顶面积20 m^2。

按庄台位置分,靠堤庄台54座,约占庄台总数41.2%;台顶面积242.84万 m^2,约占庄台台顶总面积71.9%;居住人口10.62万人,约占庄台居住总人口68.7%。湖心庄台77座,约占庄台总数58.8%;台顶面积94.97万 m^2,约占庄台台顶总面积28.1%;居住人口4.83万人,约占庄台居住总人口31.3%。台顶面积最大的是靠堤的张湾庄台,面积14.8万 m^2,居住人口0.47万人;台顶面积最大的湖心庄台是自由庄台,面积2.98万 m^2,居住人口950人。

按行政区划分,王家坝镇庄台29座,台顶面积93.85万 m^2,居住人口2.86万人;老观乡有庄台33座,台顶面积91.47万 m^2,居住人口3.76万人;曹集镇有庄台20座,台顶面积39.25万 m^2,居住人口2.61万人;郜台乡庄台45座,台顶面积108.69万 m^2,居住人口6.17万人;中岗镇有庄台1座,台顶面积0.91万 m^2,居住人口164人;阜蒙农场有庄台3座,台顶面积3.64万 m^2,居住人口282人。

蒙洼蓄洪区庄台基本情况详见表8-1。

表8-1 蒙洼蓄洪区庄台基本情况表

乡镇、农场	庄台名称	台顶面积(m^2)	台顶高程(m)	2018年调查人口(人)
王家坝镇	郎老庄、解放、郎楼等29座庄台	938471	30.0~31.2	28630
老观乡	上河、下河、陡河等33座庄台	914727	30.7~31.7	37563
曹集镇	前李寨、后李寨、东田坡等20座庄台	392540	30.5~31.2	26130

续表

乡镇、农场	庄台名称	台顶面积（m²）	台顶高程（m）	2018年调查人口（人）
郜台乡	毕台、联台、徐罗子等45座庄台	1086851	30.7~31.5	61681
中岗镇	回民1座庄台	9120	30.7	164
阜蒙农场	二、四、五分场3座庄台	36400	30.5~31.0	282
合计	131座	3378109		154450

2019年至2021年，蒙洼蓄洪区庄台超容人口实际有搬迁意愿的人数为5.03万人，安全建设三年分类推进方案实施完成后，蒙洼蓄洪区131座庄台实际人均台顶面积可提高到30 m²。考虑群众在台顶建设楼房居住的实际需求，大幅增加实际人均住房面积，庄台居住环境明显改善。

(三) 庄台建设标准

参考现行国家标准《镇规划标准》(GB50188)规定的用地标准，《蓄滞洪区设计规范》(GB50773)提出安全台建设按50~100 m²/人控制，保证安全台有一定公共建筑用地面积和必要的发展空间。安徽省淮河行蓄洪区安全建设规划确定的庄台安置标准为50 m²/人(含公共设施面积)。

安全台台顶高程根据安全台设计水位和台顶超高分析确定。台顶超高为设计波浪爬高、设计风壅增水高度和安全加高之和。在安全台工程设计中，考虑水文资料的局限性，河湖冲淤变化，加上台顶磨损和风雨侵蚀，在设计台顶高程时需留有一定的安全加高值。根据《蓄滞洪区设计规范》，台顶安全加高取值0.5~1.0 m，安徽省淮河行蓄洪区安全建设规划确定庄台台顶超高1.5 m。

在设计和建设永久安置居民的安全台中，一方面要考虑安全台建筑物本身的结构稳定性和防洪安全，另一方面还要考虑蓄滞洪运用期间安全台上安置的居民的基本生活条件和非蓄滞洪运用时日常生产生活的便利，坚持以人为本。

根据各地建设安全台的施工条件和经验，考虑安全台运用的条件，《蓄滞洪区设计规范》提出安全台填筑标准参照3级堤防的标准,即黏性土填筑时压实度不应低于0.9,无黏性土填筑时相对密度不应低于0.6。

安全台宜建在地势较高、地质条件较好、土源丰富的地带,有条件时应结合堤防工程、河道疏浚工程修建。安全台应避开分洪口门、急流、崩岸和深水区。安全台的布置应有利于对外交通、供电、供水及台上居民生产生活。安全台上安置居民点与主要生产场所的距离不宜超过 3 km~5 km。

蓄滞洪区永久安置居民的安全台,作为台上居民生产生活的基地,在非蓄洪期间用于生产活动和对外联系,分蓄洪时则用于接纳区内临时转移安置人口,因此应按新农村发展的要求,建设安置人口生产生活所必需的交通、供水、排水、供电、通信、卫生等基础设施。

永久安置居民的安全台是居民日常生活的场所,台上人口密度大,供水水质、水量均应符合国家现行标准《村镇供水工程技术规范》(SL 310—2004)的有关规定;饮用水困难地区相关指标应符合水利部、卫生部联合发布的《农村饮用水安全卫生评价指标体系》的有关规定;安全台供电设施建设应参照国家现行标准《农村电力网规划设计导则》(DL/T5118)的有关规定进行,符合相关的建设要求。

二、保庄圩

(一)保庄圩概况

20世纪80年代,第一个保庄圩在安家岗高地圈圩建设。2003年大水后,蒙洼蓄洪区共建成6座保庄圩,保护面积6.87 km^2,保护人口4.05万人(2018年调查人口数),圩堤总长18.31 km。蒙洼蓄洪区保庄圩堤级别为2级,设计洪水位采用临淮岗工程100年一遇洪水蒙洼超蓄水位29.16 m。考虑保庄圩依蓄洪堤而建,保庄圩堤堤顶高程与蒙洼圈堤相应堤段的堤顶高程一致。

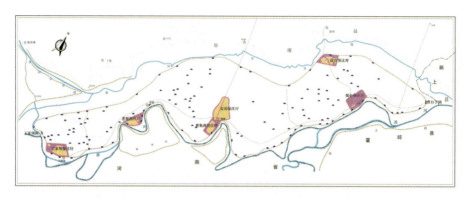

图 8-4 蒙洼蓄洪区保庄圩分布图

安岗保庄圩建设为蒙洼蓄洪区庄台工程的一部分,1985 年 5 月开工,1986 年 10 月竣工。安岗保庄圩南靠淮堤,为曹集镇政府所在地,地面高程 27.0~31.5 m,保护面积 1.9 km^2,人口 2.48 万人;保庄圩堤防长 5.4 km,堤顶高程 31.3 m,堤顶宽 6.0 m,边坡 1∶3;圩堤迎水侧地面至设计洪水位以上 0.5 m 设有护坡;堤顶道路为砼路面,宽 4.5 m,长 5.4 km。安岗保庄圩有刘郢站、西街站、后张郢站和前张郢涵 4 个排涝站涵,合计抽排规模 2.21 m^3/s、自排规模 3.04 m^3/s,排涝标准为 10 年一遇。

2003 年,蒙洼蓄洪区堤防加固工程实施了王家坝、老观、曹集西、段台 4 座保庄圩的建设,安置工程移民,2005 年 6 月通过投入使用验收。

王家坝保庄圩靠淮堤,在王家坝镇政府驻地北侧,地面高程 25.7~27.3 m,保护面积 1.0 km^2,人口 0.53 万人;保庄圩堤防长 2.39 km,设计堤顶高程 31.3 m,堤顶宽 6.0 m,边坡均为 1∶3;圩堤迎水侧地面至设计洪水位以上 0.5 m 设有护坡;堤顶道路为砼路面,宽 4.5 m,长 2.39 km。王家坝保庄圩有崔集站,抽排流量 1.73 m^3/s、自排流量 2.03 m^3/s,排涝标准为 10 年一遇。

老观保庄圩靠淮堤,在老观乡政府驻地西南侧,地面高程 24.0~25.4 m,保护面积 0.92 km^2,人口 0.46 万人;保庄圩堤防长 1.86 km,设计堤顶高程 31.0 m,堤顶宽 6.0 m,迎水侧边坡均为 1∶3,背水侧自堤顶以下 4 m 处设 2 m 宽平台,平台上、下堤边坡均为 1∶3;圩堤迎水侧地面至设计洪水位以上

图 8-5 王家坝保庄圩(阜南县水利局提供)

0.5 m 设有护坡;堤顶道路为砼路面,宽 4.5 m,长 1.86 km。老观保庄圩有和平站,抽排流量 1.56 m^3/s、自排流量 1.84 m^3/s,排涝标准为 10 年一遇。

曹集西保庄圩靠淮堤,在安岗保庄圩西南侧,地面高程 23.6~24.4 m,保护面积 0.92 km^2,人口 0.24 万人;保庄圩堤防长 2.35 km,设计堤顶高程 30.6 m,设计堤顶宽 6.0 m,迎水侧边坡均为 1∶3,背水侧自堤顶以下 4 m 处设 2 m 宽平台,平台上、下堤边坡均为 1∶3;圩堤迎水侧地面至设计洪水位以上 0.5 m 设有护坡;堤顶道路为砼路面,宽 4.5 m,长 2.35 km。曹集西保庄圩有大庄站,抽排流量 1.68 m^3/s、自排流量 1.98 m^3/s,排涝标准为 10 年一遇。

段台保庄圩靠蒙堤,在郜台乡境内段台村郜台至黄岗路两侧,地面高程 21.8~23.5 m,保护面积 0.93 km^2,人口 0.34 万人;保庄圩堤防长 2.64 km,设计堤顶高程 30.5 m,堤顶宽 6.0 m,迎水侧边坡均为 1∶3,背水侧自堤顶以下 4 m 处设 2 m 宽平台,平台上、下堤边坡均为 1∶3;圩堤迎水侧地面至设计洪水位以上 0.5 m 设有护坡;堤顶道路为砼路面,宽 4.5 m,长 2.64 km。段台保庄圩有安东站,抽排流量 1.74 m^3/s、自排流量 2.04 m^3/s,排涝标准为 10 年

图 8-6 曹集西保庄圩(阜南县水利局提供)

一遇。

郜台保庄圩 2012 年开工建设,2014 年 12 月竣工。郜台保庄圩靠淮堤,在郜台乡政府驻地北侧,地面高程 22.5~24.0 m,保护面积 1.2 km²,人口 115 人;保庄圩堤防长 3.67 km,设计堤顶高程 30.7 m,堤顶宽 6.0 m,迎水侧边坡均为 1∶3,背水侧自堤顶以下 4 m 处设 2 m 宽平台,平台上、下堤边坡均为 1∶3;圩堤迎水侧地面至设计洪水位以上 0.5 m 设有护坡;堤顶道路为砼路面,宽 4.5 m,长 3.67 km。郜台保庄圩有徐罗站,抽排流量 2.33 m³/s、自排流量 2.73 m³/s,排涝标准为 10 年一遇。

蒙洼蓄洪区保庄圩基本情况见表 8-2,保庄圩排涝设施情况见表 8-3。

表 8-2 蒙洼蓄洪区保庄圩基本情况表

序号	保庄圩	保护面积(km²)	保护人口(人)	堤防长度(km)	堤顶高程(m)
1	王家坝	1.0	5280	2.39	31.3
2	老观	0.92	4589	1.86	31.0
3	曹集西	0.92	2361	2.35	30.6
4	郜台	1.2	115	3.67	30.7
5	段台	0.93	3395	2.64	30.5

续表

序号	保庄圩	保护面积（km²）	保护人口（人）	堤防长度（km）	堤顶高程（m）
6	安岗	1.9	24808	5.4	31.3
合计		6.87	40548	18.31	

表8-3 蒙洼蓄洪区保庄圩排涝设施情况表

序号	保庄圩	建筑物名称	排涝面积（km²）	抽排流量（m³/s）	自排流量（m³/s）
1	王家坝	崔集站	1.26	1.73	2.03
2	老观	和平站	1.14	1.56	1.84
3	曹集西	大庄站	1.23	1.68	1.98
4	安岗	刘郢站	1.03	1.41	1.66
5		西街站	0.2	0.28	0.32
6		后张郢站	0.38	0.52	0.61
7		前张郢涵	0.28	—	0.45
8	邰台	徐罗站	1.7	2.33	2.73
9	段台	安东站	1.27	1.74	2.04
合计				11.25	13.66

（二）居民点布局

根据《蓄滞洪区设计规范》，考虑安全区将来村镇发展的需要，其长远发展所需的建设用地包括居住建筑用地、公共建筑用地、生产建筑用地、仓储用地、对外交通用地、道路广场用地、公用工程设施用地和绿化用地八大类。因此在确定安全区建设标准时，结合安全区建设的实际需要，参考现行国家标准《镇规划标准》（GB50188），确定安全区人均占地标准为100～150 m²/人。

从2018年安徽省行蓄洪区调查成果看，蒙洼蓄洪区6个保庄圩居住总人口4.05万人，宅基地总面积187.79万 m²，人均宅基地面积46.37 m²，每个保庄圩人均宅基地面积区间为30.7~55.4 m²。

2018年9月,安徽省人民政府印发了《安徽省淮河行蓄洪区基本公共服务功能建设总体方案(2018—2020年)》,该方案通过强化资源配置,补齐基本公共服务短板,包括提升基本公共教育水平、促进基本劳动就业创业、完善基本社会保险、加强基本医疗卫生服务、强化基本住房保障、改善基本社会服务、加强基本公共文化体育设施建设、优化残疾人基本公共服务,确保淮河行蓄洪区基本公共服务设施达到省基层基本公共服务功能配置标准,社会保障制度更加完善,公共服务能力显著提升。

目前,由于土地流转等政策的实施,蓄洪区群众不再完全依附于土地,收入来源多元化,生活水平明显提高。庄台超容人口搬迁时,一部分群众会更加关注居住地是否拥有优质教育资源和医疗设施等配置。结合居民外迁,控制蓄洪区人口数量,整治庄台人居环境,促进保庄圩内土地节约集约利用、集镇化发展是今后因地制宜建设蓄洪区安全设施的方向。

第九章　蒙洼蓄洪区居民迁建工作情况

居民迁建是行蓄洪区安全建设的重要手段,可永久性地解决行蓄洪区内群众防洪安全问题,同时可结合美好乡村建设,集中建新村,完善基础设施配套,建成生态宜居的美丽乡村。

20世纪50年代,针对蒙洼蓄洪区群众安置问题,政府提出居民迁建方案。但在当时社会经济发展情况下,群众对土地依赖程度较高,方案未能有效实施。2003年大水后,蒙洼蓄洪区开始全面推进居民迁建工作。

一、2003年居民迁建

2003年6月下旬,淮河流域发生了自1954年以来最大的洪水。面对严峻的汛情,为顾全淮河流域防汛大局和确保人民群众生命安全,遵照国家防总和淮河防总的统一部署和调度命令,安徽省启用了蒙洼等9处行蓄洪区,转移群众65万人,其中蒙洼蓄洪区转移群众1.9万人,有效缓解了淮河干流的防洪压力。

党和政府极为关心行蓄洪区转移群众的生活安置问题。为指导灾后建设,水利部经商国家发展和改革委员会,印发了《关于抓紧进行淮河流域灾后水利建设前期工作的紧急通知》,要求以确保人民生命财产安全为中心,以切实解决当年行蓄洪区因洪避灾外迁群众安居和防洪抗灾中暴露出来的突出问题为重点开展灾后重建工作。省水利厅及时召开了汛后水毁修复及治淮前期工作会议,明确将行蓄洪区受灾群众的安置问题作为整个灾后重建与治淮工作的当务之急和重中之重,并于8月6日向国家发改委和水利部报送了行蓄洪区移民安置与安全区建设实施方案。

根据国家有关部门的意见,水利厅将行蓄洪区与河滩区群众迁移安置工作作为灾后重建的重点。先后批复实施4期居民迁建共7.22万户、25.28万人,迁建范围涉及6个地市17个县区及省农垦公司下属6处沿淮农场等。

蒙洼蓄洪区居住在蓄洪范围内低洼地的19142人全部迁移,其中阜南县18578人迁至蒙洼蓄洪区堤防加固工程中修建的王家坝、老观、曹集西、段台4座保庄圩内。阜蒙农场564人迁入位于安岗保庄圩内的农场总部。

迁建实施过程中也暴露出一些问题。

一是居民迁建投资不足,难以满足建房需求。2003年灾后移民建房,中央对每户补助1.5万元,但由于建材价格逐年上涨,人工费用不断攀升,建房成本加大,而且地方配套资金难以到位,群众自筹经费困难,所以群众搬迁积极性总体不高,观望情绪浓厚,居民迁建工作开展难度较大。

二是移民安置区用地置换难度大,操作比较困难。由于沿淮地区人多地少,土地等级存在差别,安置区用地置换难度大,多采用置换加补偿的方式来解决安置用地难题。土地差价需群众自己出资补齐,且用地置换程序复杂,操作起来比较困难。

三是安置区基础设施投入偏少,难以满足群众生产生活需要。居民迁建工作中,国家对基础设施的补助标准为每户2000元,但由于地方财政无力提供更多补助,群众自筹资金困难,国家补助仅能解决移民安置区的水电及内部道路等基础设施建设问题,安置区对外交通、医疗、教育及卫生等公共设施问题基本无法解决,难以满足群众生产生活需求。

四是耕作区半径加大,群众生产生活难度加大。移民搬迁安置后,居住地相对集中,耕作半径普遍加大,增加了劳动出行成本及管理成本,给群众的生产积极性带来一定影响,加大了群众的生产生活难度。

五是安置区缺乏后期扶持措施,难以保证移民安心发展。居民迁建安置过程中,部分群众迁移距离远,收入渠道单一,仅靠土地增收比较困难,短期内也不可能脱离土地另谋出路,迫切需要政策扶持和项目资金支持,安心发展,早日脱贫致富。

二、安全建设规划(2018—2025年)

(一)背景

为深入贯彻习近平新时代中国特色社会主义思想和党的十九大精神,按照省委、省政府关于推进深度贫困地区脱贫攻坚的决策部署,聚焦淮河行蓄洪区经济社会发展短板,改善农村人居环境,保障群众居住安全,根据《国务院关于全国蓄滞洪区建设与管理规划的批复》(国函〔2009〕134号)及《中共安徽省委、安徽省人民政府关于坚决打赢脱贫攻坚战的决定》《安徽省人民政府关于进一步加强行蓄洪区脱贫攻坚工作的若干意见》(皖政〔2017〕108号)精神,安徽省编制了淮河行蓄洪区安全建设规划。

(二)建设目标和标准

1.建设目标

到2020年,优先解决进洪频繁、防洪风险较高、贫困人口集中区的低洼地居住人口安全及庄台超容量人口迁移问题,改善群众居住环境,妥善安置、建档立卡贫困人口33990人,其中未超容量庄台就地安置534人,保庄圩就地安置8593人,庄台就地安置4003人,新建保庄圩就地安置794人,迁入保庄圩5001人,外迁至区外安全区域15065人。

到2025年,结合治淮工程项目和美丽乡村建设,持续推进居民迁建等工程,全面提高行蓄洪区内居民防洪保安能力,明显改善群众生产生活条件,为区内经济社会可持续发展提供基础性保障。

通过保庄圩堤防加固、堤顶防汛道路修建、排涝站及自排涵闸建设等工程的实施,淮河干流保庄圩防洪标准达到50年一遇,支流保庄圩防洪标准达到20年一遇,保庄圩自排与抽排标准全部达到10年一遇。区内总人口由101.27万人减少至75.44万人,庄台人均居住面积由21 m^2增至50 m^2,居住在低洼地及庄台超容量的64.46万人得到妥善安置。

2.建设标准

庄台人均安置面积 50 m² (含公共设施面积),保庄圩人均安置面积 100 m² (含公共设施面积),外迁至行蓄洪区外防洪保护区、设计洪水位以上安全区的人均安置面积 80 m² (含公共设施面积)。

(三)重点任务

按照"政府主导、群众自愿、统一规划、逐步实施"的原则,综合考虑行洪概率、空间位置、贫困程度等主要因素,重点推进人口安置、庄台构筑、保庄圩修筑、保庄圩达标改造、行洪区调整,安置低洼地人口和庄台超容量人口 64.46 万人,其中低洼地人口 50.96 万人、庄台超容量人口 13.50 万人。迁移安置 40.75 万人(迁出行蓄洪区安置 17.07 万人、迁入庄台安置 4.21 万人、迁入保庄圩安置 19.47 万人),就地保护 23.71 万人。

(四)居民安置方案

蒙洼蓄洪区 2020 年总人口 19.93 万人,其中庄台居住人口 15.79 万人,保庄圩居住人口 4.14 万人。庄台超容量人口需迁出安置 9.24 万人,其中货币化外迁城镇安置 1.0 万人,现有保庄圩安置 3.36 万人,新建保庄圩安置 0.8 万人,沿蒙堤新建庄台安置 4.08 万人,详见表 9-1。对于货币化外迁城镇安置人员,政府需创新支付方式,有效保障群众理性安置,并制定相关政策,确保群众"搬得出、留得住、能致富"。

表 9-1 蒙洼蓄洪区人口安置规划表(2020 年人口)

总人口（人）	庄台安置					保庄圩安置					外迁安置（人）
	现有庄台		新建庄台		小计	现有保庄圩			新建保庄圩	小计	
	座数（座）	安置人口（人）	座数（座）	安置人口（人）	安置人口（人）	座数（座）	就地保护（人）	迁入安置（人）	座数（座）	迁入安置（人）	安置人口（人）	
199320	131	65459	6	40803	106262	6	41447	33611	1	8000	83058	10000

三、蒙洼蓄洪区居民迁建实施情况

蒙洼蓄洪区庄台空间有限而居住人口多,人均面积仅 20 m^2 左右,居住环境拥挤,生活条件差,群众迫切希望改善居住条件,提高生活水平。根据阜南县政府安置意见,现有保庄圩及规划庄台、保庄圩的安置容量,结合现有庄台环境整治及容量达标需要,按照统一规划、统筹安排和尊重群众意愿的原则,调整蒙洼蓄洪区居民迁建方案,共计划搬迁安置庄台超容量人口 5.03 万人,采用搬迁至区外安全区域及迁入现有保庄圩、新建保庄圩、新建庄台等安置方式。本次居民迁建采用搬迁至区外安全区域及现有保庄圩集中安置方式,计划 2019 年至 2020 年共搬迁安置 2.91 万人,2021 年后迁入新建庄台、保庄圩内 2.12 万人。

阜南县 2019 年安排搬迁安置 5 个乡镇庄台超容量人口 3901 户、13954 人。计划迁至现有保庄圩集中建房安置 3738 户、13419 人;计划迁至区外安全区域 163 户、535 人,其中老观乡 126 户、367 人在政府搭建的购房平台上购买商品房完成安置,中岗镇 37 户、168 人外迁至中岗集镇安置。安徽省发展改革委于 2019 年 3 月批复阜南县 2019 年淮河行蓄洪区居民迁建直接建房外迁安置实施方案。2019 年居民迁建安置计划见表 9-2。

表 9-2 蒙洼蓄洪区 2019 年居民迁建实施计划表

行蓄洪区	乡镇	2019 年直接建房外迁安置人口					
		迁至现有保庄圩		迁至区外安全区域		小计	
		户数(户)	人口(人)	户数(户)	人口(人)	户数(户)	人口(人)
蒙洼	王家坝镇	422	1859			422	1859
	老观乡	1548	5370	126	367	1674	5737
	曹集镇	376	1352			376	1352
	郜台乡	1392	4838			1392	4838
	中岗镇			37	168	37	168
	合计	3738	13419	163	535	3901	13954

阜南县 2020 年安排搬迁安置 4 个乡镇庄台超容量人口 4004 户、15128 人。计划迁至现有保庄圩集中建房安置 2345 户、9158 人；计划迁至区外安全区域 1659 户、5970 人，以及直接货币化外迁安置或在政府搭建的购房平台上购买商品房进行安置。安徽省发展改革委于 2019 年 11 月批复阜南县 2020 年淮河行蓄洪区居民迁建直接建房外迁安置实施方案。2020 年居民迁建安置计划安排见表 9-2。

表 9-3　蒙洼蓄洪区 2020 年居民迁建实施计划表

行蓄洪区	乡镇	2020 年直接建房外迁安置人口					
		迁至现有保庄圩		迁至区外安全区域		小计	
		户数（户）	人口（人）	户数（户）	人口（人）	户数（户）	人口（人）
蒙洼	王家坝镇	734	3193	150	660	884	3853
	老观乡			631	2201	631	2201
	曹集镇	541	1775	513	1754	1054	3529
	郜台乡	1070	4190	365	1355	1435	5545
	合计	2345	9158	1659	5970	4004	15128

四、对外交通

蒙洼蓄洪区北靠濛河分洪道，南临淮河，汛期四面环水，形同孤岛，对外交通不便。为确保蒙洼蓄洪时对外陆路交通的畅通，保障蒙洼防汛抢险和防洪安全，促进蒙洼与周边地区人口、商品和信息的流通，方便外迁移民生产生活，濛河分洪道上分别于 2002 年、2008 年新建了蒙洼防汛交通桥和中岗大桥两座对外连接防汛交通桥梁。

（一）蒙洼防汛交通桥

蒙洼防汛交通桥位于阜南县王家坝镇和洪河桥镇之间的濛河分洪道上，距省道（S202）约 7 km，距阜南县城约 25 km。交通桥南北走向，横跨濛河分洪道，桥头南接蒙洼蓄洪区的蒙堤，北接洪河桥镇钗岗村。

1.建设必要性

2002年以前,蒙洼地区至北岗地,自北向南有王家坝至钐岗、老观至付家岗、曹集至中岗和部台至黄岗4条道路,均为砼路,路面宽5~6 m。其中分洪道上游两条道路在分洪道主河槽上建有桥梁。当濛河分洪道水位有23~24 m时,分洪道滩地上的下游两条道路被水淹没,陆地交通几乎每年中断在1~4个月。当王家坝水位有26~26.5 m时,上游两条道路也因受淹不能通行,其时蒙洼对外陆地交通全部中断。而当滩地水深较浅时,摆渡也困难。根据1954年以来16个大中洪水年份上游王家坝(钐岗)站水位统计资料可知,一般从5月至10月,蒙洼对外陆路交通全部中断1~5次,累计8~84天。16年来平均每年中断3次41天。较大洪水年份濛河分洪道(钐岗处)陆地交通中断情况统计结果见表9-4。

表9-4 较大洪水年份濛河分洪道(钐岗处)陆路交通中断情况表

年份	时间	次数	天数
1954	7月4日—8月11日	1	39
1956	4月8日—4月14日、6月5日—6月25日、6月29日—7月25日、8月3日—8月17日、8月23日—9月6日	5	84
1960	6月27日—7月18日	1	22
1962	7月8日—7月17日	1	10
1963	5月9日—5月17日、5月31日—6月3日、7月11日—7月20日、8月8日—9月8日	4	55
1968	7月12日—7月31日	1	20
1969	4月24日—4月30日、7月12日—7月23日、10月1日—10月6日	3	25
1975	6月22日—7月16日、8月8日—8月30日	2	48
1980	5月25日—5月29日、6月24日—7月14日、7月18日—7月27日、8月3日—8月7日、8月25日—9月2日	5	50
1982	7月15日—9月7日	1	54

续表

年份	时间	次数	天数
1983	7月2日—7月8日、7月22日—8月1日、9月12日—9月15日、10月6日—10月14日、10月19日—10月29日	5	42
1989	6月8日—6月14日、7月15日—7月21日、8月7日—8月18日	3	26
1991	5月26日—7月20日、8月6日—8月15日	2	65
1996	6月29日—7月27日、11月7日—11月16日	2	39
1998	6月30日—7月12日、8月4日—8月25日	2	35
2000	6月5日—6月9日、6月27日—7月5日、7月15日—7月25日、9月26日—10月3日、10月28日~11月4日	5	40
合 计		43	654
平 均		3	41

汛期蒙洼对外交通困难,防汛、抢险、救灾物资无法保证及时运至第一线。由于汛期濛河分洪道水面宽广,浪大流急,防汛抢险和撤退转移人员的生命、财产安全得不到保障。同时,交通不畅也阻碍了蒙洼蓄洪区与周边地区人口、商品和信息的流通,严重制约当地经济的发展。

2.建设经过

2002年7月,阜南县人民政府行文上报安徽省水利厅,请示建设王家坝大桥。随后,安徽省水利厅致函淮河水利委员会,请求将濛河分洪道防汛撤退交通桥工程列入蒙洼圈堤加固项目。

2002年8月,水利部水利水电规划设计总院对《淮河干流上中游河道整治及堤防加固工程可行性研究报告》进行了审查,原则上同意将蒙洼防汛交通桥工程列入淮干整治工程。2002年12月,淮河水利委员会以淮委规计〔2002〕625号文批复淮河干流蒙洼防汛交通桥工程初步设计,批复工程总投资4270万元,其中中央投资2135万元,安徽省投资2135万元。

蒙洼防汛交通桥于2002年12月26日举行开工典礼,2003年1月22日主体工程正式开工,6月28日举行通车典礼,9月30日大桥全面完工。2006

年5月下旬,淮河水利委员会会同安徽省水利厅对交通桥工程进行了竣工验收。

3.工程等级与规模

蒙洼防汛交通桥横跨濛河分洪道,两岸分别连接蒙洼圈堤和洪洼圈堤,沟通王家坝至钐岗路,道路等级为四级一般公路。由于蒙洼防汛交通桥在蒙洼蓄洪区防汛抢险中具有重要作用,所以大桥按Ⅲ级建筑物设计。蒙洼防汛交通桥规模属特大型,共58跨,跨径30 m,总长1745.5 m,桥面总宽9.5 m。

(二)中岗大桥

中岗大桥位于阜南县蒙洼蓄洪区濛河分洪道上,居中岗渡口上游侧,距阜南县城约20 km。大桥南北走向,横跨濛河分洪道,两岸分别为蒙洼蓄洪堤和中岗保庄圩堤。大桥南接蒙洼蓄洪区内的曹集镇,北通北岗地的中岗镇。

1.建设的必要性

为解决蒙洼蓄洪区汛期四面环水、交通中断的问题,2002年至2003年年底钐岗处新建了蒙洼防汛交通桥。当王家坝水位为26~26.5 m时,蒙洼地区仅能依靠蒙洼防汛交通桥实现对外陆路交通,濛河分洪道下游3条道路受淹不能通行。蒙洼蓄洪区东西向较长,约45 km,蓄洪区下游区群众安全撤退至濛河分洪道北岗地,或已迁移到北岗地的群众回耕作区进行生产,均需绕远路。根据2008年5月水利部水规总院审查的《淮河行蓄洪区安全建设实施方案修订报告》,蒙洼蓄洪区需外迁2.45万人至濛河分洪道以北岗地进行安置。为了使移民迁得出、稳得住,方便其生产生活,缩短生产半径,在濛河分洪道中部曹集至中岗主干道路上修建中岗大桥是非常必要的。

2.建设过程

2008年8月,水利部批复《淮河流域行蓄洪区安全建设实施方案修订报告》,同意兴建中岗大桥工程。同年10月,安徽省发展和改革委员会批复《安徽省淮河干流蒙洼蓄洪区中岗大桥工程初步设计》,确定了中岗大桥工程布置方案,同意按四级公路标准设计中岗大桥。

2008年12月,中岗大桥开工建设。2009年8月,大桥基础及下部构造、上部构造预制和安装、上部构造现场浇筑、板面系和附属工程的分部工程通过验收。2009年12月,大桥单位工程通过验收。

3.工程等级与规模

中岗大桥位于濛河分洪道中岗渡口上游,南北两岸分别连接蒙洼圈堤、中岗保庄圩堤,沟通曹集至中岗,道路等级为四级一般公路。根据水利部水利水电规划设计总院审查意见,考虑到工程的重要性,中岗大桥按Ⅲ级建筑物设计。中岗大桥规模属特大型,共53跨,跨径30 m,总长1595.5 m,桥面总宽9.5 m建设。

(三)工程效益

蒙洼防汛交通桥和中岗大桥建成后,改变了蒙洼蓄洪区在濛河分洪道漫滩过水时四面环水、形同孤岛的局面,确保了蒙洼对外陆路交通畅通。交通桥连接蓄洪区内外,改善蒙洼地区交通情况,方便了蓄洪区与周边地区人口、商品和信息的流通,促进蓄洪区内社会经济发展。

对外交通桥与蒙洼蓄洪区内撤退道路、蒙洼圈堤堤顶道路共同构成了蒙洼地区的防汛抢险交通网和撤退转移网,对蒙洼蓄洪区汛期防洪救灾、防汛物资运输及蓄洪区内群众撤退转移起到了重要作用。

此外,对外交通桥的建设还缩短了移民的生产半径,方便其生产生活,有利于蓄洪区居民迁建工作的实施。

第十章　蒙洼蓄洪区人口流动与发展预测

一、流出人口基本状况

(一)常住人口变化情况

随着经济全球化的发展、交通设施的改善、地域流动性和人口形势的变化,人口流动对经济社会的影响越来越深刻。第七次全国人口普查数据显示,中国流动人口总量达到 3.76 亿,较 2010 年增长了 69.73%,流动人口规模进一步扩大。中国社会已经从依靠户籍制度建立的定居型社会转变成要素自由流动的迁居型社会,从依靠血缘、地缘的熟人社会转变成业缘化的陌生人社会,从低流动、被动流动的乡土中国转变成高流动、全方位、多元化、主动流动的迁徙中国,人口流动是当前我国社会经济发展过程中重要且需要积极面对的问题。

在此背景下,蒙洼蓄洪区流动人口规模也呈现出逐年增大趋势。第七次全国人口普查数据显示,2020 年蒙洼蓄洪区常住人口为 128925 人,同第六次人口普查时常住人口数量(161643 人)相比,10 年间常住人口共减少了 34586 人。2020 年蒙洼净流出人口 23147 人,大量人口外流造成的问题是蒙洼经济社会发展所要面对的。

(二)流出人口年龄性别比

流动人口统计数据[①]显示,在 2020 年蒙洼蓄洪区总流出人口中,男性流

---

① 数据来源于安徽省卫生健康委员会,安徽省全员人口信息数据库。

出人口占比50.11%,女性流出人口占比49.89%,男性流出人口多于女性流出人口,但与2010年相比,男性流出人口占比下降8.87%,而女性流出人口占比提高8.86%。从不同年龄阶段的人口性别比来看,2010年流出人口不同年龄段的性别比与2020年不同年龄段的性别比没有显著差异,只是10~14岁、15~19岁及60岁以上年龄段人口性别比的差异性比较明显。10~14岁、15~19岁年龄段流出人口性别比高于100,男性人口要多于女性人口。从流出人口的迁移原因来看,这一年龄段人口流出的主要原因是随迁、外出学习,大部分人口流动方向是从农村到城市,这也是这个年龄段性别比较高的原因。而在20~29岁年龄段人口性别比在100以下,流出人口中女性人口开始大幅度增加,且这个年龄段的女性大多是育龄妇女。女性在该年龄段高度集中流出,主要原因是迁移流出对性别具有一定的选择性。该年龄段的女性陆续进入婚姻阶段,成婚较为普遍,通婚范围扩大,使得女性的迁移流出活动相当活跃。这一年龄段之后的性别比又逐渐上升,男性和女性在社会参与方式上存在一定的差异。50~55岁和55~59岁年龄段人口性别比远在100以上,流出人口中男性人口大幅增加,主要原因是外出务工的男性随着年龄的增长,身体机能下降,返乡意愿强烈。

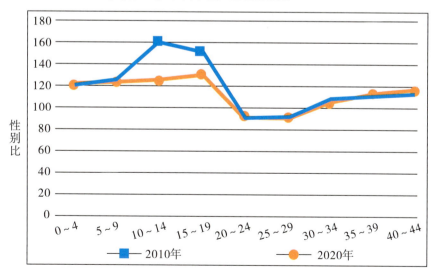

图10-1 2010年、2020年安徽人口性别比示意图

二、流出人口年龄状况

从2010年总流出人口年龄图(图10-2)可以看出,蒙洼蓄洪区流出人口构成主要为20至45岁的青壮年人口,其中"60后"有1395人、"70后"有1424人、"80后"有1388人、"90后"有430人、"00后"有471人,流出人口的主体主要是"70后"和"80"后,其中新生代流出人口(即"80后"和"90后"流出人口)占总流出人口的34.62%。数据分析结果显示,随着城镇化的快速发展、人口流出,"新生代农民工"引发一系列社会问题。从年龄图中也可以看出低年龄段的流出人口有一个迁移高峰,这与老一代农民工"单打独斗"的状况相比有了很大的变化,由此带来的农民工子女教育问题日益突出。

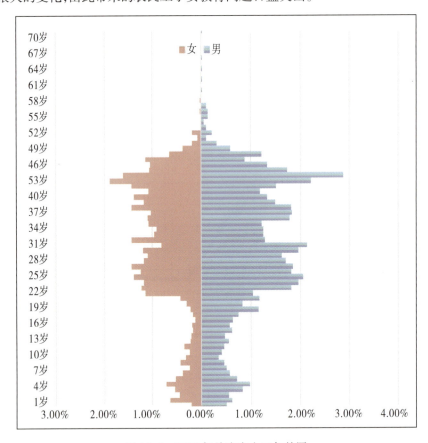

图10-2 2010年总流出人口年龄图

城镇化快速发展的过程中存在着乡村社会向城市社会的转变,在这个转变过程中只有家庭式的举家迁移而非单独一个人的迁移,才具有更稳定、长期和持久的意义。随着农村人口的流出转移和女性流出人口的逐步增加,家庭式迁移逐渐成了一种新的迁移模式。相较于2010年的流出人口数据,从2020年总流出人口图(图10-3)中可以看出,蒙洼蓄洪区流出人口主要为20~55岁的青壮年人口,该人群已经逐渐成为流出人口的主力军,约占流出人口的84.65%;其中以25~29岁、30~34岁两个年龄段所占比重最大,分别约占13.16%和17.01%。

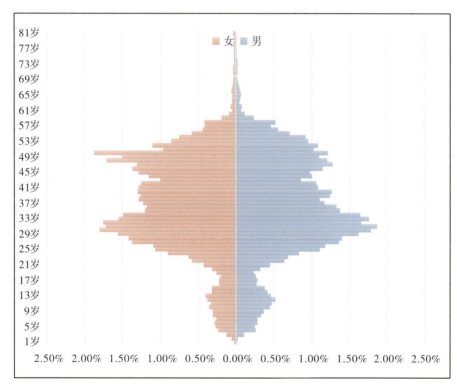

图10-3 2020年总流出人口年龄图

三、流出人口空间分布

蒙洼蓄洪区人口流出频繁。2010年流出人口为15640人,其中王家坝镇流出人口占总流出人口的9.56%,老观乡流出人口占总流出人口的

10.51%,曹集镇流出人口占总流出人口的48.48%,郜台乡流出人口占总流出人口的31.44%。

相较于2010的流出人口数据,2020年蒙洼蓄洪区无论是省内流出人口还是省外流出人口,规模都有所增大,从2010年的15640人上升到2020年的23147人,但各乡镇流出人口占总流出人口的比重有所变化。其中王家坝镇流出人口占总流出人口的比例从9.56%下降至0.48%,老观乡流出人口占总流出人口的比例从10.51%下降至0.48%,曹集镇流出人口占总流出人口的比例从48.48%下降至12.14%,郜台乡流出人口占总流出人口的比例从31.44%上升至87.37%。郜台乡是蒙洼蓄洪区4个乡镇中地势最低、最易积水的区域,位置偏远,1/3的面积为低洼地,易受水患灾害。由于第一产业所占比重较大,农村收入不稳定,故年轻人不愿意从事农业,大部分青壮劳力选择外出务工,务工的收入大大超过了务农的收入。

从蒙洼蓄洪区跨省流出人口的主要流向来看,流出人口的主要流入区域为长三角地区的其他省市。长三角地区是我国经济实力最强劲的地区之一,经济总量大,能够吸收更多的富余劳动力。2010年,长三角地区集中了蒙洼蓄洪区总流出人口的80.08%,其中流入浙江省、上海市和江苏省的人口分别约占蒙洼蓄洪区总流出人口的22.82%、27.19%和30.07%。蒙洼蓄洪区和浙江省、上海市人口来往之所以如此频繁,是因为浙江省的经济主要以民营经济为主,随着产业的梯度转移,上海市产业升级,劳动用工结构出现了变化,随着大量劳动密集型产业的转移,人口逐步流出集聚。同时由于这些省市的国民生产总值在全国靠前,再加上安徽省与之毗邻的地理之便,催动蒙洼蓄洪区的人口流动。此外,北京、广东、福建、天津和河南等区域是蒙洼流出人口的次级集中区域,江西、新疆、黑龙江等地区的蒙洼流出人口规模相对较小。总之,蒙洼蓄洪区流出人口主要流入地是长三角地区,北京、广东、福建、天津、河南等地次之。

2020年,蒙洼蓄洪区流出人口遍布全国各地,但仍集中在江浙沪广等经济发达地区。跨省流出人口流向最多的地区主要是浙江、江苏、上海三省市,长三角地区集聚总流出人口的 59.71%,其中浙江省占 15.05%、上海市占 34.95%、江苏省占 9.71%。蒙洼地区人口流入较多的省份,都是和安徽省相邻的省份或是距离较近的省份,人口流入比较便利;而蒙洼蓄洪区流入安徽其他地区的人数大幅度增加,说明近年来安徽流出人口有回流现象。湖南、广东、四川、新疆是蒙洼流出人口的次级集中区域,分别吸引了 0.97%、1.94%、1.45%、0.97%的蒙洼蓄洪区跨省流出人口。

四、流动人口影响因素的实证研究

(一)理论基础

"推拉理论"(push and pull theory)是研究流动人口和移民的重要理论之一,肇始于 19 世纪 80 年代。英国社会学家和经济学家拉文斯坦(E.Ravenstein)在其著作《人口转移规律》中提出了这一理论的基本框架,主要内容包括:①人口的迁移主要是短距离的,方向是朝工商业发达的城市的;②流动的人口首先迁居到城镇的周围地带,然后又迁居到城镇里面;③全国各地的人口流动都是相似的,即农村人口向城市集中;④每一次大的人口迁移也带来了作为补偿的反向流动;⑤长距离的流动基本上是向大城市的流动;⑥城市居民与农村居民相比,流动率要低得多;⑦女性流动率要高于男性。

到了 20 世纪五六十年代,美国学者唐纳德·博格(D.J.Bague)在此基础上提出了系统的"推拉理论",认为在同一个地方,人口流动存在人口迁入和迁出的两方面原因,而人口最终的迁移和流动方向,要看是迁入和迁出各种因素中哪种因素起主要作用的结果。如在人口迁出地,自然资源匮乏、农业生产成本增加、经济收入较低、农村劳动力过剩导致的失业和就业不足等因素成为推力,把原居民"推出"其原居住地;而在人口迁入地,较多的生活水平、较高的工资收入、较多的就业机会、较多的受教育机会、较完善的文化设施和交通条件、较好的气候环境等成为拉力,吸引外来人口迁入。该理论认为,在市场经济和人口自由流动的情况下,人口迁移和移民搬迁的原因是人们希望通过搬迁改善生活条件。于是,在流入地中那些使移民生活条件改善的因素就成为拉力,而流出地中那些不利的社会经济条件就成为推力。人口迁移就是在这两种力量的共同作用下完成的。当然,以往的研究也提出,流入地和流出地各自都有推力和拉力两种力量,即流入地和流出地同时具有吸引和排斥两方面的作用力。此外,在流入地和流出地之间还有中间障碍因素,比如流出地与流入地之间的文化差异。

国际劳工局也在一些研究报告中验证了博格的理论。在博格之后,迈德尔(G.Mydal)、索瓦尼(Sovani)、贝斯(Base)、特里瓦撒(Trewartha)对该理论都作了一些修正。李(E.S.Lee)在《移民人口学之理论》一文中,在博格的理论基础上,认为流出地和流入地实际上都既有拉力又有推力,同时又补充了第三个因素——中间障碍因素。中间障碍因素主要包括距离远近、物质障碍、语言文化的差异,以及移民本人对于以上因素的价值判断。人口流动是这三个因素综合作用的结果。

(二)影响因素的作用力分析

1.流出地推力

为深入了解蒙洼蓄洪区居民流出状况、生活状况与迁建意愿等情况,安徽大学人口研究所课题组师生对蒙洼蓄洪区进行多次实地调查。2019年4月,课题组前往蒙洼蓄洪区进行实地调查,实地走访当地居民,初步了解了区内生态环境和居民生活状况。2020年11月,课题组再赴蒙洼蓄洪区,对区内居民迁建意愿开展试调查,回收有效问卷98份;同时,通过当地卫健委、水利局、发展改革委员会、统计局和迁建补偿办公室等部门搜集相关数据,并与当地乡镇负责人深度访谈,进一步了解蒙洼蓄洪区的人口状况和居民生活状态。2021年7月,课题组于蒙洼蓄洪区开展了为期一周的实地调查与走访。调查采用定性定量相结合的方法,定量方面主要以结构式问卷调查方式进行。为了使调查具有较好的代表性和全面性,调查组分阶段实施具体抽样方案,以蒙洼蓄洪区为整体,不同的阶段采用不同的抽样方式:第一阶段对乡镇采用等距抽样法,抽取王家坝镇、老观乡、曹集镇和郜台乡;第二阶段对庄台采用 PPS 抽样法,抽取王家坝镇郎湾、曹集镇东郢村、同光村、利民村,郜台乡曹台、宋台,老观乡河口村等 7 个庄台;第三阶段采取等概率系统抽样法抽取样本家庭作为最终调查单元。调查问卷按照抽样结果,共发放 335 份,因调查过程较注重质量,最后收回有效问卷 321 份,有效回收率较高,为 95.82%。定性方面主要通过对居民进行走访、随机访谈及深度描述来进行调查,得到大量第一手访谈和深描材料。

调查结果显示,流出人口中的多数为年轻人,4.6%的受访者表示年轻人不愿意在家务农,不能熟练掌握农业生产知识或技术;10.8%的受访者表示蒙洼地区缺乏发展机会,在家就业机会少,没有经济来源,只好选择外出打工。28.3%的受访者表示蒙洼地区收入水平较低,居民不得不外出务工。对比蒙洼流出人口在城市中的收入与在家乡时的收入发现,进城后蒙洼居民的年收入平均比进城前有所增加。80%的流出人口进城后,收入比在家乡时有明显增加。其中,约 6.5%的人收入增加 10000 元及 10000 以上,而 40.3%的人收入增加 5000 元及 5000 元以上。较大的收入差异作为一种驱动力,促使越来越多的蒙洼蓄洪区居民流入城市。

表 10-1 流出人口在城市中的年收入比在家乡高出数额情况表

高出数额分组	人数各组所占百分比
24000 元及 24000 元以上	1.5%
10000~23999 元	5%
6500~9999 元	14.9%
5000~6499 元	18.9%
3000~4999 元	20.5%
1000~2999 元	25.8%
1000 元以下	13.4%

2.流入地推力

随着城镇化进程的加快,流出人口进入城镇后遇到了种种问题,也受到了来自城镇的"反推力",主要表现为四个方面。一是就业机会问题。由于一些城镇二、三产业不发达,再加上蒙洼流动人口受教育程度普遍不高等因素,流动人口在城镇不能有效就业。在所有受访者中,对从事的工作比较满意的占 32.84%,感觉一般的占 41.91%,不太满意的占 16.42%。二是住房问题。城镇高昂的房价是绝大多数蒙洼流动人口无力承担的,政府的保障性住房较为有限,多数蒙洼流出人口没有稳定的居所,从而不能够有效地融入城市社会。调查结果显示,受访者对居住条件满意的占 30.14%,感觉一般的占 44.74%,不满意的占 25.12%,对住房不满意的人数超过了对工作不满意的人数。三是医疗问题。农村合作医疗和城镇医疗存在双轨制且在短期内不能够有效并轨,医疗异地报销又存在一定的障碍,这些都会对农村流动人口产生"反推力"。受访者中,在居住地无任何社会保障的占 48.19%,其中非农业户口所享有社会保障的人数总体来说要比农业户口的人数多,两者保障的质量和覆盖面存在较大差距。四是子女的教育问题。义务教育阶段的子女教育问题基本得以解决,但是义务教育阶段外的子女教育问题在相当长时期内还困扰着许多的蒙洼地区流出人口。调查数据显示,受访者家中有子女在流入地上学的占 58.02%,在老家上学的仅占 36.21%。同时流动人口子女多在农民工子弟学校(外来务工人口子弟学校)就学,教育质量一般低于当地同层次公立学校的教育质量。

3.流出地拉力

蒙洼蓄洪区有些庄台公共设施缺乏,发展空间受限,群众生活条件和居住环境差,房屋破旧,一旦洪水来袭,出行不便,对庄台群众的生产生活造成严重影响,也严重制约了区内经济发展。在实际调查中,针对"您是否愿意迁移?"这一问题,回答愿意的人数占 39%,回答不愿意的占 38%,10%的受访者表示无所谓,13%的受访者表示听从子女安排。实际调查及深入访谈结果显示:45.2%的受访者表示已经习惯当前的居住环境,不愿意改变现状;19.5%的受访者表示不愿把土地流转给别人,也不愿流出后自己无法从事耕作工作;14.3%的受访者表示流出后自己缺乏谋生手段;13.6%的受访者担心遭受经济损失,表示离开家之后各项花费增加,工作机会还很不确定;7.4%

的受访者表示城里买房贵,担心居住问题。由此可见,深厚的农耕文化和对故土的眷恋也影响着居民的迁移意愿。

表 10-2 输出地推力/拉力分析表

不愿意迁出的原因	推力/拉力	百分比
不愿改变现状	拉力	45.2%
土地耕作问题	拉力	19.5%
缺乏谋生手段	拉力	14.3%
经济损失问题	拉力	13.6%
房屋问题	拉力	7.4%

4.流入地拉力

长三角地区的生态环境和经济社会发展状况比较优越、社会保障政策相对完善、有政府其他政策支持、有就业机会且收入比迁出前高、生活便利,这些会对蒙洼地区居民产生较强的吸引力。

5.人口流动的合力分析

每一次人口流动行为实际上都是人们的一种理性选择,人口流动最根本的目的就是追求更好、更幸福的生活。人们从农村来到城镇,在获得"市民待遇"的同时,也要放弃一些"农民待遇"。如果在城镇得到的比在农村得到的多,人们经过理性思考,就会流向城镇。前已述及,流入城镇的农村人口除受到了输出地的推力和拉力作用外,还受到了输入地的推力和拉力作用,这两组力共同影响着人口的流动。这些力对不同的人群、在不同的时期所发挥的效力也不同,如在"求生存"阶段,经济因素的效力要大,人们对收入的考虑要多一些,对其他方面的考虑要少一些;在"谋发展"阶段,则社会因素、环境因素的效力要大些,经济收入方面的考虑则有所减少。再如年轻人考虑更多的是城镇的现代化生活方式、未来子女的教育及更多的发展空间等,老年人则更多地考虑养老、医疗和社会保障等问题。

五、典型庄台的人口与社会发展

(一)西田坡

西田坡庄台隶属于阜南县曹集镇利民村,始建于1953年,1991年加高加固,海拔30.6 m,现有村民36户、93人。该庄台目前共有户籍人口93人,流动人口30多人在南方经济发达地区务工。在2020年蓄洪时,庄台上有50多人。庄台道路硬化、宽敞整洁,两旁绿树成荫,民居错落有致。庄台下是广袤肥沃的农田,鱼塘环绕四周。

图 10-4　西田坡庄台

2020年8月18日下午,在安徽考察的习近平总书记离开王家坝闸后,来到西田坡庄台,走进田间地头,了解防汛救灾和灾后恢复生产等情况,看望慰问受灾群众。2020年汛期蓄洪以来,庄台村支部、临时党支部带领庄台居民全面开展防汛救灾工作,做好政策宣传、卫生清扫、保障供需、防疫消杀、生产救灾、安抚群众工作,利用轮船运送生活必需品、庄台垃圾。庄台进驻医生负责为居民提供健康服务和慢性病药品,确保大灾之后无大疫。洪水渐退后,群众抢种改种,开展灾后重建和恢复生产工作。

从产业发展情况来看,目前庄台已发展了农庄、民宿等旅游产业,吸引了全国各地的人来游玩。

从移民迁建情况来看,庄台上老人居多,老人们一般不愿意离开从小到大生活的地方。

从人居环境来看,经过治理及迁建计划的实施,西田坡庄台目前居住人数比较少,居住环境适宜。

该庄台积极谋划发展旅游产业,开发旅游资源,但也存在一些发展困境,其中最主要的问题就是资金不足。打造旅游庄台,需要建设大量与旅游相关的硬件设施,这些都需要耗费不少资金。所以,未来庄台发展需要多渠道筹集资金,解决发展资金困境,以促进庄台可持续发展。

(二)宋台村

郜台乡宋台村位于蒙洼蓄洪区下游、郜台乡北部,东临马家湖,西至黄郜路,南靠蒙马河,北与淮河分洪道相接。宋台村1984年之前名为宋台大队,1984年10月被划分为宋台、汪堰二村,2006年12月两村合并,仍称宋台村。

2020年宋台村总人口6754人,其中常住人口5672人,流动人口1082人,总体上男多女少,男女性别比为104。常住人口以中老年为主。主要从事工作类型为土地承包、个体经营自家土地、打零工等。流动人口主要流向江浙沪广等发达地区,其中有80%的流动人口的工作以务工为主,20%的流动人口从事个体经营。由于大量青壮年外出打工,村内农业生产受到一定影响,宋台村约11000亩土地中有近3000亩进行了土地流转。

从公共设施情况来看,经过2017年农村建设,宋台村道路基本为水泥路。村里原有一所小学和一所幼儿园,但由于在教学资源、教学质量上与城里学校存在较大差距,因此近80%学生选择在县城上学,近20%学生就读于附近乡镇学校。村里的小学由于没有生源,加之教学条件较差,于是被撤,现仅剩一所幼儿园。村内基本覆盖水电网,可以满足村民的基本生活需要。在文化娱乐方面,8个庄台中有6个庄台设有文化广场,2个庄台目前尚未建设文化广场。

从人居环境来看,经过 2018 年的环境治理,村里环境总体上相对较好。但是在居住空间上,人多地少的问题仍然没有得到解决。有村干部说,由于居住比较拥挤,部分村民的房子晒不到太阳。尤其是在冬雪天,由于没有充足的光照,村民门口的雪不能及时融化,影响村民生产生活,村民的居住环境有待优化。相关人员已经关注到这个问题,希望在乡村振兴的政策下,通过居民迁建工程来优化庄台居住环境。

从产业发展情况来看,宋台村产业以种植业(种植水稻)、养殖业(养殖鱼虾等)为主,同时发展特色手工业,即"柳编"。村内有 4 家乡镇企业,主要经营柳编产品,柳编工艺品出口到欧美 100 多个国家和地区。此外,宋台村是重要的鸟类栖息地,依托湿地保育、宣教展示和管理服务发展旅游业。

总体来看,宋台村不断加快培育乡村产业,促进一、二、三产业融合发展,致力于实现农民增收富裕、农村经济繁荣。宋台村 4 家乡镇企业满足了村民就近就业的需求,使村民有稳定的收入来源。同时,宋台村不断完善基础设施建设,致力于丰富村民的业余文化生活。但是人居环境需进一步整治,需要村干部示范带动村民参与乡村环境整治,从而形成绿色的生活方式和人居空间。

(三)汪堰庄台

汪堰庄台是邵台乡宋台村 8 个庄台之一,共有 3 个村民组,目前总户数约 270 户,总人口数约 1030 人,其中,户籍人口 950 人,非户籍人口 80 人左右,未来将外迁约 200 人。经过访谈了解到,之所以存在非户籍人口,一方面是因为户籍人口中男女未达到婚龄所生子女无法上户;另一方面是因为,外省市的女性嫁到本地,由于早婚,其本人和子女均无法上户。汪堰有 20%~30%(206~309 人)的年轻人流向江浙沪等东部发达地区务工或从事个体经营,年外出时间 10 个月左右,一般在春节期间返乡。

从产业发展情况来看,庄台大力发展适应性农业,在低洼地种植柳树,进行柳编加工;在高地种植庄稼(上半年以种植小麦、油菜为主,下半年主要种植旱稻等)。另外,庄台上已有农户成立柳编工艺品制造公司,解决了庄台上部分居民的就业问题。

从移民迁建情况来看,老人安土重迁思想比较重,不愿意搬走;担心搬到保庄圩或县城里后自己成为所谓的"外地人",担心因不熟悉新环境而与他人交流困难。实际上"70后""80后"思想是比较开放的,愿意搬走,但因普遍顺从家中长辈的意见,最终选择不搬离故土。

从访谈数据中发现,该庄台流动人口较多。庄台人口流动改变了农村居民的思想观念,使其科学、法律意识不断增强。在外出务工期间,不少农民工学习积累了一定的技术经验,大多选择回乡创业。庄台人口流动拓宽了农村居民收入渠道,使其不再仅依靠土地为生,实现了收入的稳定增长和生活条件的持续改善。庄台人口的大量流动也带来了一些潜在的负面影响:一方面,人口流动可能会带来一些家庭问题,如夫妻分居、子女分离,这些都需要引起关注;另一方面,庄台地处蒙洼蓄洪区,时常面临洪水威胁,在流动人口数量较大的情况下,若遇洪水,庄台抗洪工作将缺少人力资源,庄台的灾后重建存在一定的难度。

(四)利民村

利民村位于曹集镇西部,由2个自然村合并而成,村内土地有5728亩,土地流转面积近500亩。村里有8个庄台,其中7个湖心庄台,1个堤旁庄台(2018年和2019年进行过移民迁建,迁建至县城和保庄圩)。利民村总户数1737户,总人口5736人,男女性别比例较为平衡,其中常住人口和流动人口各占50%,常住人口主要以种地为生,外流人口主要流向江浙等地,主要就业方式为在工地打工、进厂打工或做生意等。2020年2月27日,利民村被列为第二批安徽省美丽乡村示范村。

从公共设施情况来看,经过2018年庄台整治建设,利民村水、电、路设施都基本完善;村里有1所公办幼儿园,是由以前的学校改造而成,目前幼儿园就学儿童30人左右,教师2人,幼儿园基础设施较好,有食堂和娱乐设施;村里的中小学生,一小部分选择去县城上学,大部分选择在就近的保庄圩就学;文化娱乐方面,8个庄台均有文化广场。

从产业发展情况来看,目前村里没有乡镇企业,但正在规划。村里的土地承包大户主要种植莲藕和芡实;其余农户在上半年主要种植小麦、油菜,下半年主要种植旱稻、花生、西瓜、芝麻等。在红色旅游方面,正在策划发展以西田坡庄台为主的文化旅游业,建立西田坡湿地认知园。

利民村基础设施较为完善,但产业发展不充分且不均衡。一方面,农业发展有待朝集约化方向发展,村里大力发展适应性农业,但多是个体户经营的,土地承包较少,没有形成一定的农业产业链,只限于原材料的生产;另一方面,该村目前没有乡镇企业。因此,该村可以结合产业发展等实际情况,积极推动规划的乡镇企业落地,同时大力发展乡村旅游,向西田坡庄台学习,开展自然旅游、生态旅游、健康旅游及民俗旅游活动等。

(五)曹台村

曹台村在郜台乡最下游,是郜台乡的东大门,坐落在蒙、淮两堤上,淮堤长4000 m,蒙堤长1500 m。曹台村是在郜台乡区划调整时,由原曹台、刘台2个村合并而成,现有3个自然庄台,16个村民组。村里户籍人口6040人,常住人口1700多人,流动人口约4300人。庄台老人居多,大多干农活。流动人口大部分在江浙沪打工,2/3进厂打工,1/3为个体户,一年回家2次左右。村里道路户户通,有1所小学、2个文化广场、3个小超市。有土地4000多亩,流转土地1000多亩,主要种植水稻。

从保庄圩建设情况来看,保庄圩居民1期已经完成,2期年底完成,3期、4期在建。2020年蓄洪对当地的迁建工作没有影响。居民在保庄圩分得的房子不允许买卖。保庄圩建在大堤下面,空气流通不好,而且保庄圩住的多是老年人,居民楼没有电梯,对于居住在高楼层的老年人来说生活很不方便。村中老年人大多文化水平较低,有些人不识字,所以一些通信设备不会使用,与外出打工的子女联系很少;随着流出人口越来越多,曹台村保庄圩的人口老龄化问题将越来越严重,亟待解决。

从庄台未来规划来看,曹台村低洼地不适合发展农业种植业,所以未来规划发展水产养殖,以水为主题开发旅游业。相关水产养殖、旅游开发的文件已经批复,预计会很快落实。

(六)郎湾村

郎湾村位于淮堤上,全村共18个村民组,目前人均收入位居王家坝镇前列。村庄总人口4890人,外出务工约2100人,常住人口约2790人。外出务工者基本上是青壮年,主要向长三角流动,多在建筑工地、工厂打工,也有人从事个体经营。条件较好的把子女带出去读书,接受更好的教育;也有带老年人出去的,但很少。常住人口大多为老年人,以农业种植为生。村庄库区以内耕地面积1314亩,库外蓄洪区土地面积4000多亩,土地流转较少。库内土地用于个体耕种;库外土地由于在蓄洪区,容易受到自然灾害的影响。

从公共设施情况来看,村庄整体设施状况较好,水、电、路等基本设施齐全,家家户户都有污水处理等设备。村庄有一所小学,学校基础设施完善,并且发展较好;有三四个文化娱乐广场。

从人居环境来看,郎湾村有保洁员负责日常打扫工作,环境较好。

从产业发展情况来看,村庄以种植业为主,特别是大棚蔬菜种植,主要种植郎湾大葱、淮山药、反季节蔬菜等,在产业链上诞生了技术指导、运输、销售等经济能人。冬季的香葱有专人来收购,销往全国各地。适应性农业以种植小麦、水稻和蔬菜为主,同时因地制宜发展"鸡—鱼—菜"循环经济。

从移民迁建情况来看,中老年人乡土意识比较强,多不愿搬迁;年轻人常年在外打工,大多愿意迁建。居住条件好的不愿意迁建,条件差的如宅基地少的家庭更愿意迁建。

从庄台的未来发展来看,因为郎湾的耕地面积较少,所以要大力发展经济作物。在发展庄台的背景下,首先要做好群众思想工作,结合乡村振兴的战略思想来落实迁建工作和村庄建设工作;其次以产业发展为主抓手,加大基础设施建设投资力度,按照乡村振兴的二十四字方针,走产业兴旺、生态宜居的发展道路,把产业做大做强,让群众更加富裕。

郎湾村的经济发展状况较好,基础设施完善,有自己的产业供销链。郎湾村要想进一步扩大生产规模,需利用好乡村振兴这个发展契机,发挥产业的优势,造福当地居民。转换发展思维,发展电商产业,同时辅以网络宣传和传播,让更多的人了解郎湾和郎湾的产业,进一步发展经济。

(七)李郢村

李郢村主要有郑台、刘郢、淮堤 3 个庄台。2020 年 2 月,李郢村被列为 2019 年度第二批安徽省美丽乡村示范村;2021 年 3 月,李郢村被列为第八批安徽省民主法治示范村(社区)。村庄总人口 6332 人,流动人口 2430 人,常住人口 3902 人,人口流向全国各地,从事各行各业,常住人口以农业种植为生。李郢村迁建情况:1 期已经入住,2 期已经封顶,3 期还在建设。李郢村共有耕地面积 3706.9 亩,流转土地面积近 1000 亩,农业生产条件良好,适应性农业以小麦、水稻种植为主。

从公共设施情况来看,李郢村整体建设情况良好,水、电、路基本设施完善。有 1 所中心小学,学校建设和发展状况较好;目前有 2 个公共文化广场,也有体育馆;环境卫生状况较好。

从产业发展情况来看,村庄主要以旅游业和种植业为主,以养殖业为辅。李郢村附近有阜南枫柏岗景区、阜南王家坝国家湿地公园、淮河公园、台家寺遗址、运河桥等旅游景点,吸引了大量游客。特色产品有王家坝毛豆、黄岗柳编、阜南杞柳、会龙辣椒,产业有艾草种植、小龙虾养殖等。

从移民迁建情况来看,因地处蓄洪区,灾害多发,居住环境不安全,李郢村居民基本都愿意搬迁,政府也在指导拆建工作。

从庄台未来发展来看,在乡村振兴的背景下,庄台未来发展需首先借助于政府的扶持,建立党建培训基地、党训教育基地,传达党的精神和发扬王家坝精神。其次依托旅游资源,发展当地经济。

六、人口预测

(一)人口预测思路

本节采用中国人口与发展研究中心和联合国人口司共同研发的国际人口预测软件 PADIS-INT 作为预测工具。该软件引入了迭代算法、非线性预测模型和多区域动态平衡预测等技术,以联合国人口预测结果为参照,主要结果误差率小于1%,预测准确率较高。对蒙洼蓄洪区人口变动影响的相关因素进行分析筛选,设定了关联度较高的7个方面重要因素:初始人口、生育水平、生育模式、死亡模式、期望寿命、迁移水平和出生性别比。预测的起始年份为2010年,终止年份为2050年,使用的基础数据源自2010年11月1日0时蒙洼蓄洪区第六次人口普查数据。

1.初始人口

确定2010年分年龄、分男女初始人口数。

2.生育水平

本次预测以总和生育率作为生育水平的指标,总和生育率指15~49岁年龄段妇女生育率的总和,它反映的是一名妇女在每年都按照该年龄当年生育率生育的假设下,在育龄期间生育的子女总数。一般来讲,总和生育率至少要达到2.10才能完成世代更替。国际上认为,总和生育率的警戒水平为1.5,假如低于这个指标,要想提高生育水平就比较困难,陷入低生育陷阱。我国国情特殊,国家人口发展"十二五"规划中指出妇女总和生育率应稳定在1.8以下。据安徽省全员人口信息数据库统计,阜阳市近年的总和生育率基本在1.6左右。第六次人口普查长表数据显示,安徽省、阜阳市和阜南县育龄妇女总和生育率分别为1.48、1.79和2.02。本预测结合经济社会发展对生育行为的影响、国家对生育可能采取的政策调节、人们的生育意愿等方面,作出3种在未来可能条件下生育水平的方案假设。(1)第一种方案假设:总和生育率为1.48至1.79,称为低方案。从国际经验看,经济社会发展到一定水平,随着抚养孩子的经济成本、精神成本、机会成本增加,总和生育率可能下降到1.5,甚至更低。结合阜南县第六次人口普查数据和安徽省全员人口信息数据库近年总和生育率可知,随着国家经济、社会政策对生育的引导,总和生育率可能会逐年有所提高,故可以把此方案的总和生育率区间视为未来生育水平的下限。(2)第二种方案假设:总和生育率为2.02,称为中方案。设初始年份的总和生育率是1.79,逐渐上升至2.02。这是地区有效分担家庭抚养孩子成本的假设方案。为了应对未来家庭抚育孩子成本过高的问题,安徽省在孕产期保健、义务教育、生育补偿等方面制定出台了鼓励优生优育的政策。随着"三孩政策"的放开,未来将有越来越多的夫妇被鼓励生育更多子女。(3)第三种方案假设:总和生育率为2.1,称为高方案,这是参照当前人们生育意愿而做的方案假设。假设初始年份的总和生育率为2.02,逐步上升至2.1并维持在这个水平。2002年北京零点公司在部分省市组织的一次社会调查显示:人们希望终生能够生育的孩子数平均为2.04个。2013年浙江工商大学针对杭州市"80后"的生育观的调查显示:在没有计划生育政策要求的情况下,95.8%的人希望终生能够生育1或2个小孩。我们有理由认为,中远期人们的总和生育率不大可能高于2.1,故高方案是未来人口生育水平的上限。

3.生育模式

生育水平的高低,不仅与育龄妇女生育子女数的多少有关,还与生育方式有关。生育模式是指由早育、晚育和不同生育间隔等生育行为特征所形成的生育方式,是一组反映育龄妇女在各个年龄阶段生育的相对水平的指标。3种方案均以蒙洼蓄洪区2010年15~49岁育龄妇女生育率为基数,对应总和生育率得到低、中、高3种生育模式。

4.死亡模式

软件中有5个选项可供选择,分别为智利模式、远东模式、一般模式、拉美模式、南亚模式,不同模式代表了各个地方国情和地域死亡特点。本文选用一般模式。

5.期望寿命

安徽省2010年期望寿命是74.83岁,其中男性为72.38岁,女性为77.37岁。预期寿命的变化有一定的规律。根据联合国平均预期寿命增长模型(中速),当预期寿命为80.0~82.5岁时,男性每隔5年增加0.4岁,女性每隔5年增加0.5岁,据此得出今后蒙洼蓄洪区的预期寿命。假定低、中、高3种方案采用同一套期望寿命值来设定。

6.迁移水平

迁移水平表现为人口净迁移率及迁移模式。2000—2010年蒙洼蓄洪区外流入常住人口年均增长达0.62万人,到2010年第六次人口普查时蒙洼蓄洪区常住人口达到12.28万人。据测算,2010年蒙洼蓄洪区净迁移率为4.8‰。本文对未来人口净迁移率作如下假设:未来净迁移率与2010年保持一致,为4.8‰。

7.出生性别比

近年来,随着生育观念的逐步转变,出生人口性别比受到社会各界的广泛关注,出生婴儿性别比呈总体下降趋势。2010年阜南县总人口的性别比为94.5%,比2000年下降12.78%。随着计划生育政策的调整,未来出生婴儿性别比偏高的情况有望得到进一步的改善,因此可假定出生婴儿性别比到2050年继续保持在103的范围内。低、中、高3种方案采用同一套出生人口性别比来设定。

(二)未来蒙洼蓄洪区人口发展主要指标测算

基于蒙洼蓄洪区人口发展的现状、政策和经济社会环境,不考虑今后国家层面人口政策的重大改变,按上述参数及方案预测蒙洼洪区未来人口发展状况。

1.人口总量

人口总量是反映蒙洼蓄洪区基本情况的重要指标。结果显示:低、中、高3种方案预测的蒙洼蓄洪区总人口均呈现出先增加后减少的趋势。人口高峰期将出现在2045—2050年。

低方案的人口峰值出现在2045年,达到135072人,以后人口增长转入负增长阶段,人口增量逐渐下降。在中方案中,符合三孩政策的育龄妇女人群增加,妇女的三孩生育意愿较强,导致生育能量释放,总人口将于2046年达到峰值137874人,人口峰值出现时间比低方案中的推迟1年。高方案人口峰值于2047年达到140692人,比低方案人口峰值出现时间推迟2年,总人口压力仍可控。

表 10-3　2010—2050 年蒙洼蓄洪区常住人口预测详表

年份	高方案(人)	中方案(人)	低方案(人)
2010	125869	125869	125869
2011	126235	126120	126001
2012	126597	126373	126144
2013	126952	126623	126289
2014	127295	126866	126430
2015	127631	127103	126570
2016	127960	127337	126709
2017	128283	127568	126849
2018	128610	127805	126996
2019	128934	128042	127146
2020	129256	128278	127297
2021	129582	128521	127457
2022	129920	128779	127633
2023	130269	129048	127822
2024	130641	129343	128039
2025	131047	129673	128292
2026	131491	130042	128585
2027	131973	130451	128920
2028	132494	130900	129296
2029	133052	131387	129711
2030	133645	131909	130162
2031	134265	132459	130641
2032	134903	133029	131140
2033	135533	133591	131632
2034	136149	134139	132110
2035	136749	134671	132572
2036	137327	135181	133012
2037	137881	135667	133426

续表

年份	高方案(人)	中方案(人)	低方案(人)
2038	138396	136113	133800
2039	138877	136524	134139
2040	139325	136901	134444
2041	139725	137231	134700
2042	140062	137497	134894
2043	140340	137703	135027
2044	140546	137837	135088
2045	140676	137894	135072
2046	140728	137874	134981
2047	140692	137767	134805
2048	140572	137579	134550
2049	140368	137308	134216
2050	140082	136958	133805

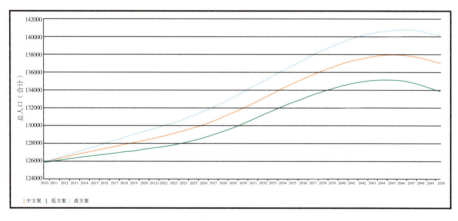

图 10-5　2010—2050 年蒙洼蓄洪区常住人口高中低方案预测

2. 对人口总量的思考

未来蒙洼蓄洪区人口总量以多少为宜,资源环境的承载能力决定了其上限,而经济发展规模决定了其下限。如果人口总量超过资源环境承载力,则社会难以可持续发展;如果人口总量过小,则经济规模将会削减。适度的人口总量应该在上下限之间。虽然蒙洼蓄洪区持续增加公共服务供给,但仍存在"上学难""看病难""行路停车难"等人口和资源供给不协调的问题。所以从近中期来看,适度调整生育政策后的中方案人口总量比较理想。这一方案既能有效延缓低方案下人口缩减趋势,又能实现人口总量规模可控,峰值总量在13~14万人。

(三)对蒙洼蓄洪区存在的人口问题的思考

从表象上看,人口问题是人口规模或人口比例增加、减少的问题;从实质来看,人口问题不仅仅涉及人口数量、规模、总体,而且包含着多层的社会属性。我们从人口与政策、人口与经济发展层面出发,针对蒙洼蓄洪区存在的人口问题,提出相应的对策。

从人口与政策层面看,需要加强人口的预警性、战略性研究。各级各部门要充分认识政策调整对未来人口发展的具体影响,统筹协调各部门力量,共同应对人口出生高峰带来的各类问题,提前采取有效措施,以适应未来人口发展的需要。加强对人口发展的综合研究、动态监测和预警及预测分析,引导人口实现有序均衡增长。针对新增出生人口的就学、就医、社会保障等民生问题提前做预案,未雨绸缪。教育、卫生、就业与社会保障等部门应整合各方资源,提前做好规划,采取有效措施,迎接人口出生高峰带来的学龄前儿童入托、适龄儿童入学、医疗、就业、养老等相关难题,充分利用人口政策给蒙洼蓄洪区人口发展带来的有利条件,促进人口与资源、环境协调发展。

从人口与经济发展角度看,一要继续挖掘人口红利潜力。随着招工难、用工贵问题愈发的严重,蒙洼蓄洪区的人口红利窗口期相对缩短,经济潜在增长速度也将下降。虽然生育政策已在调整,但其对劳动力的影响将出现在15年后,而现阶段增加劳动力供给显得尤为迫切。从现阶段来看,蒙洼蓄洪区可以通过深度城镇化增加潜在劳动力供给,进一步推动农村劳动力向城市非农产业转移,稳定其劳动力供给。二要从人口红利转变为人才红利。通过投入人力资本,提高人口素质,做好包括农民工在内各类人才的教育培训,增加劳动的知识含量和产品附加值。

第十一章　蒙洼蓄洪区居民迁建意愿研究

一、蓄洪区的居民迁建现状

(一)移民迁建背景

蒙洼蓄洪区进洪频繁，人口居住分散。2003年以前，由于蒙洼蓄洪区庄台面积小，群众居住拥挤，部分群众在库区不安全庄台及平地上建房居住。每当蓄洪时，这部分居住在不安全地带的群众须提前进行搬迁撤离，投亲靠友，搭建临时帐篷或到乡镇政府提供的临时安置场所(学校、村部等)居住，洪水退后再返回原居住地居住。这种临时搬迁安置方式，不仅耗费了各级政府大量的精力、人力、物力、财力，而且容易留下安全隐患。

蒙洼蓄洪区内庄台居住环境差，按照"减存量、控增量，不搞大折腾，确保蓄洪区人口不再增多"的要求，实施居民迁建是改善庄台居住环境极其重要的措施之一，能够从根本上改善蒙洼地区人民群众生活条件和发展环境。近年来，国家进一步加大蓄洪区安全建设，通过新建加固庄台、新筑保庄圩等措施，从根本上解决了蒙洼蓄洪运用时需大规模转移安置区内群众的问题。

蒙洼蓄洪区居民搬迁安置涉及范围较大的有两次，分别为蒙洼蓄洪区平地及不安全庄台居住的居民搬迁安置。一是2003年淮河大汛，蒙洼蓄洪区2次启用，区内居住在不安全庄台及平地上的群众搬迁转移。灾后，国家实施了蒙洼蓄洪区移民迁建工程。蒙洼蓄洪区移民建房工程主要包括新筑王家坝、老观、曹集西、段台4座保庄圩，圩内实施移民建房，配套基础设施。

二是蒙洼堤防加固工程打通堤顶防汛通道。2003年大水之后，国家投资3.872亿元的蒙洼堤防加固工程开工建设，蒙洼堤防加固工程打通堤顶95 km防汛通道，拆迁房屋18.71万 m^2，涉及移民拆迁安置人口9796人，分别被安置到新建的王家坝、老观、曹集西、段台4个保庄圩内。

（二）蒙洼蓄洪运用补偿情况

目前，阜南县共实施了2003年、2007年2个年度的蓄洪区运用补偿工作。2003年蒙洼蓄洪区运用后，区内群众得到了7933万元的补偿，为恢复区内的生产生活提供了保障。2007年蒙洼蓄洪区蓄洪运用后，阜南县于2007年8月15日全面启动蓄洪运用补偿工作，完成符合蓄洪补偿政策的3.2万余户居民的财产损失核查登记和资料的汇总上报工作，经上级核准批复补偿资金8838.5万元。到2007年12月底，蒙洼蓄洪区运用补偿金发放工作全部结束，收到了群众满意、上级满意，促进社会稳定的效果。

2020年8月底，阜南县启动了蒙洼蓄洪区运用补偿工作。补偿对象为因蓄洪遭受损失的区内常住户口的居民，以及蒙洼蓄洪区内承包土地、从事专业养殖和有经济林的区外居民。按照方案，该项工作计划于12月底结束。调研时，该项工作正在进行。

二、蓄洪区的人地关系特征

人地关系理论由来已久，界定范畴虽广泛不一，但核心要素始终离不开人口、资源、环境与经济发展的关系。而其中涉及的资源承载力是指某一区域资源的数量和质量，在一定生产力水平和消费水平的发展阶段，对该区域人口的生存、发展的支撑能力，它是表述一个区域人地关系的重要指标。随着社会经济发展与科技进步，学者研究资源承载力的范围逐渐地由自然资源扩展到经济资源，从而产生相对资源承载力概念。相对资源承载力是以较之研究区域更大的参照区域作为对比标准，根据参照区域人均资源拥有量和经济产出量，计算出研究区域相较于参照区域的各类资源的相对承载力。该研究方法以1993年朱宝树先生提出的"$P\text{-}E\text{-}R$"区域匹配模式最为典型。与传统的单一资源承载力研究模式相比较,"P-E-R"区域匹配模式突出了自然资源与经济资源的互补性,更能准确地说明一个地区的人地关系特征。

因此,在研究蒙洼蓄洪区人地关系特征时,应将其人口、经济和相关土地资源承载力三方面既加以分解又加以综合,采用"P-E-R"模型来具体考察蒙洼蓄洪区人口与经济、土地资源承载力三者之间的相互关系。

(一)概念及指标界定

P——人口数量;E——经济人口容量(这里特指相应于一定经济发展水平的人口容量,具体是指地区经济发展指标总量除以一定标准的人均经济指标后所得的人口数量),R——资源人口容量(即相应于一定资源开发利用水平的人口容量,具体是指地区资源总量除以一定标准的人均资源占有量后所得的人口数量)。

若以 P、E、R 分别除以地区土地面积 S,则得到人口密度(d)、经济人口容量密度(E')和资源人口容量密度(R')。

$$d = P/S \qquad (公式1)$$

$$E' = E/S \qquad (公式2)$$

$$R' = R/S \qquad (公式3)$$

E' 和 R' 也可分别称为经济、资源人口承载力。

根据 P、R、E 或者 d、E'、R' 等量值可分别求得人口经济压力指数(e),和人口资源压力指数(r):

$$e = P/E = d/E' \qquad (公式4)$$

$$r = P/R = d/R' \qquad (公式5)$$

人口压力指数小于1,表示承载力相对富余;大于1则表示承载力相对不足。

(二)建模前提与约束基础

1.人口数量采用蒙洼蓄洪区常住人口数据。笔者认为,常住人口数据对于蒙洼地区移民迁建是具有参考意义的。

2.一定的人均经济指标及资源利用水平采用安徽省数据,并假设安徽省人口总量与经济—资源总承载量基本平衡,即对安徽省总体而言,e、r 都等于1。

3.计算经济人口容量或承载力时采用安徽省人均 GDP 指标,计算资源人口容量或承载力时采用安徽省耕地面积指标。研究认为,在计算蒙洼蓄洪区经济、资源承载力时,这两项指标是最基本和最具代表性的。

4.计算蒙洼地区人口压力指数时,假设其经济—资源人口容量或承载力都用于承载本地区的人口。

基于上述前提,蒙洼蓄洪区的 E、R 值计算公式可简化为:

$$E=\frac{地区总 GDP}{安徽省人均 GDP}; R=\frac{地区总耕地面积}{安徽省人均耕地面积} \qquad (公式6)$$

e、r 值分别称为人口经济比较压力指数和人口耕地资源比较压力指数。显然,这两个比较压力指数实际上也分别等于安徽省人均指标除以蒙洼地区相应人均指标后所得的比值。在具体计算时,取多年数据平均数计算,则结果更加准确。但由于数据有限,在此仅采用 2020 年相关统计数据进行计算,因此结果可能有误差。

(三)"P-E-R"区域匹配模式类型

按"P-E-R"(或者 d、E'、R')3 个量值的对比组合关系,可将"P-E-R"区域匹配模式类型分为 4 个大类、13 个亚类。

1.A 类:$e<1,r<1$。经济承载力和资源承载力都相对富裕。其中有 3 个亚类型:A-1 型,$e<r<1$;A-2 型,$e=r<1$;A-3 型,$r<e<1$。

2.B 类:$e<1,r>1$。经济承载力相对富裕,而资源承载力相对不足。

3.C 类:$e>1,r<1$。经济承载力相对不足,而资源承载力相对富裕。

4.D 类:$e>1,r>1$。经济承载力和资源承载力都相对不足。其中也有 3 个亚类,即 D-1 型,$e>r>1$ 型;D-2 型,$e=r>1$;D-3 型,$r>e>1$ 型。

另有几个特殊类型:

E-1 型:$e=1,r<1$。经济承载力处于临界状态,资源承载力相对富裕。

E-2 型:$e=1,r>1$。经济承载力处于临界状态,资源承载力相对不足。

E-3 型:$r=1,e>1$。资源承载力处于临界状态,经济承载力相对富裕。

E-4 型:$r=1,e>1$。资源承载力处于临界状态,经济承载力相对不足。

E-5 型:$r=e=1$。经济和资源承载力都处于临界状态。

特殊类型并不常见,因此在 e、r 值都趋向于 1 的情况下,可根据具体情况将其分别归入 A、B、C、D 类。

(四)蒙洼地区"P-E-R"区域匹配模式特点

第七次人口普查数据显示,2020 年安徽省常住人口为 6102.7 万人,全年生产总值为 38680.6 亿元,常住居民人均可支配收入 28103 元,安徽省耕地面积 8828.9 万亩。蒙洼蓄洪地区总人口为 194467 人,居民人均可支配收入 10307 元,GDP 为 234194 万元[①](见表 11-1)

表 11-1 安徽省及蒙洼各地区数据一览表

区域	人口 P(人)	耕地面积(亩)	安徽省人均耕地面积(亩)	GDP(万元)	人均 GDP(万元)	面积 S(km^2)
安徽省	61027171	88289000	1.45	386806000	6.34	140100
蒙洼蓄洪区	194467	197475	1.45	234194	1.20	180.4
王家坝镇	33910	22369	1.45	38640	1.14	20.5
老观乡	41785	44683	1.45	42570	1.02	35.8
郜台乡	65191	65989	1.45	76582	1.17	64.68
曹集镇	51385	49591	1.45	60224	1.17	45.56
阜蒙农场	2196	11478	1.45	14539	6.62	10.2

上文述及,蒙洼蓄洪区内辖王家坝镇、老观乡、曹集镇、郜台乡,1 个阜蒙农场,34 个村(居)委会,4 个分厂,周边涉及张寨、黄岗、中岗 3 镇。根据表中数据,通过上述公式不难计算出蒙洼及各下辖地区的量值及对应的"P-R-E"匹配模式类型(见表 11-2)。

---

① 本数据采用安徽省水利厅 2020 年 11 月 15 日填报的附表 2:《蓄滞洪区社会经济、生态环境及文化调查表数字》。

表 11-2 蒙洼各地区"P-R-E"匹配关系量值表

区域	d	E	R	e	r	类型
蒙洼蓄洪区	1078.15	36949.23	136498.52	5.263926	1.42	D-1
王家坝镇	1654.15	6096.31	15461.91	5.562380	2.19	D-1
老观乡	1167.18	6716.36	30815.86	6.221380	1.36	D-1
郜台乡	1007.90	12082.50	45509.90	5.395490	1.43	D-1
曹集镇	1127.85	9501.66	34200.69	5.408001	1.50	D-1
阜蒙农场	215.29	2293.92	7915.63	0.957312	0.28	A-3

由图 11-1 可以看出,蒙洼下辖各地区仅阜蒙农场为 A-3 型,经济与耕地资源承载力都相对富裕,这主要是因为其作为农场的特殊背景:耕地面积相对较广而人员较少。除阜蒙农场外,其余均为 D-1 类型,表明王家坝镇、老观乡、郜台乡、曹集镇经济承载力严重不足,耕地资源承载力也相对不足。一般而言,这种情况下应首先考虑对经济与资源的进一步开发。但是鉴于蒙洼作为蓄洪区的特殊情况,以及总体经济中农业经济占比较大,而耕地面积难以有大幅度增加,因此,人口外迁是完全必要的,这与蒙洼移民迁建工程的规划不谋而合。

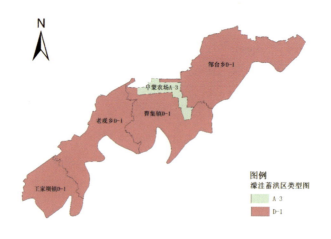

图 11-1 蒙洼各地区"P-E-R"区域匹配类型

(五)基于蒙洼地区人地关系现状的思考

在蒙洼各地区人口数量均已超过资源承载极限的情况下,过去长期积累的隐形问题很有可能发展为显性问题,人地关系紧张的矛盾将持续加剧。一般而言,这种情况下首先应考虑对经济与资源的进一步开发,但是经济因素对提高资源承载能力的正效应将在相当程度上为超载人口压力的负效应所抵消;超载人口压力既在客观上要求充分开发资源潜力,同时又将成为阻遏资源潜力充分发挥的重要因素。最关键的是,蒙洼作为特殊蓄滞洪区,能保证正常使用耕地面积资源已是不易,耕地资源很难大幅度增加。因此,就蒙洼蓄洪区而言,移民迁建是完全必要的,合理的人口迁移有利于缓解人口压力,同时提高资源环境的人口承载力。

一是努力提高人口素质,创建良好的人口环境。蒙洼蓄洪区目前人口增长速度依然较快,在一定程度上对经济发展是不利的。但鉴于我国当前整体生育率逐渐降低这一态势,对于这种区域的人口增长我们不能持否定态度,还是应该对其进行鼓励。在此基础上蒙洼蓄洪区必须转变发展思路,在提升人口素质上发力,如在其初等教育中适当安排适应未来开发性移民需要的预备性教育和培训内容,移民迁建观念教育从小抓起。在这方面蓄洪区学校需担当重任,教育主管部门也应协同发力,给予实质性支持,以提高蓄洪区居民的人口素质,为整体迁移建设创建良好的人口环境。

二是拓宽转移途径,妥善解决富余劳动力出路问题。在蒙洼蓄洪区移民迁建过程中,应充分重视富余劳动力出路问题,拓宽转移途径。移民主要难在农村移民,而农村移民主要难在农村富余劳动力转移问题。解决农村富余劳动力出路问题必须大力发展乡镇企业和二、三产业,这是毫无疑问的。但在我国现有生产力水平下,指望通过发展二、三产业吸收全部农村富余劳动力是不切实际的。近些年来,不少地区已在促使农村富余劳动力向"绿色企业"转移方面迈出了新的步子,即把农村富余劳动力转移与环境保护、生态建设密切结合起来。在蒙洼蓄洪区移民的劳动力安置问题上,有必要鲜明地提出发展"绿色企业"的目标。针对蒙洼蓄洪区农村富余劳动力向

"绿色企业"转移的前景、方案和途径等问题组织深入专题研究,探讨未来可能发展的路径。

三是开辟具有蒙洼蓄洪区特色的城镇化发展道路。将淹没过的区域的迁建工作与整个蓄洪区未来城镇体系的发展布局规划相结合,努力开辟具有蓄洪区特色的城镇化发展道路。关于蓄洪区城镇迁建及发展规划已经过了详细的科学论证,试点工作也已取得可喜的成绩,但由于蓄洪区城镇原就比较分散,布局不合理,虽然单个迁建以后各自的城镇环境将有较大改善,但总体布局难有明显改观。可见在今后发展中应妥善处理迁建后城镇分散与集中的关系,注意总体上的合理布局,形成蒙洼蓄洪区所独有的城镇化面貌。

四是建立长期有效的跟踪监测机制,及时反馈迁建信息。在看到蒙洼蓄洪区移民迁建取得巨大效益的同时,也要充分认识到蒙洼蓄洪区环境问题的严峻性及大规模移民安置工作的复杂性和艰巨性。虽利大于弊,但不能忽视弊。因此,对迁建过后的生态环境及居民整体生活环境,必须建立长期有效的监测机制,以便能够发现可能存在的不利后果,研究制定相应的对策。可以采用实地访谈与问卷调查等定性定量相结合的方法,对迁移前和迁移后的生态环境、社会经济,居民心理、思想观念等状况进行追踪调查研究。这些调查无论是从科学理论方面还是从实际应用方面来看,都将具有十分重要的价值。

三、环境正义分析框架下的移民迁建分析

(一)理论溯源

自20世纪60—70年代以来,环境正义运动经历了3次主要的浪潮。第一次浪潮始于20世纪70年代,当时美国拉夫运河事件唤起了世界对环境的重视,促使各国政府和居民都开始关注社区环境问题,推动了全球环境正义运动的兴起。1982年美国少数族裔发起的历史上著名的沃伦抗议事件引发了第二次浪潮,它也经常被视为环境正义运动的开端。最后一次浪潮始于

1991年举行的首届美国有色人种环境领导人峰会。此次会议对环境正义问题进行了深刻的讨论,确立了环境正义的17项原则。此后,美国环境正义运动所形成的"环境正义"主张在世界各国得到广泛传播和运用,成为反对环境不平等现象的利器。

1999年美国国家环保局(EPA)将环境正义定义为:在环境法律、法规、政策的制定、遵守和执行等方面,全体人民不论其种族、民族、收入、原始国籍和教育程度,都应得到公平对待并卓有成效的参与。虽然EPA给出了环境正义官方的定义,但在学术界有关环境正义的内涵与范围的争论仍在继续。在过去30年里,环境正义术语在空间中传播,在时间上发展,在不同的语境中获得了新的政治含义、愿望和维度。例如彼得·温茨从自然资源稀缺性角度解释环境正义,他认为环境正义的本质就是分配正义;艾瑞斯·扬主张实现环境正义并非仅仅基于公正的分配,部分非正义存在的原因在于缺乏对群体身份差异的承认。在一些理论研究中,有些学者更加倾向于将环境正义划分为不同的类型来界定环境正义,如将环境正义划分为国际环境正义、国内环境正义、种际环境正义等。

综上所述,可以将环境正义分为以下3个理论维度:一是各主体间公平分享环境权益,共担环境风险的分配正义;二是在环境政策的制定、遵守和执行中,各主体得到平等对待与实质性参与的程序正义;三是尊重各类主体尤其是弱者的尊严和价值,维护弱者的生命权、生存权及环境权的承认正义。环境正义将环境问题与社会正义结合起来,它所处理的不仅是人与自然的关系,更多的是强调对弱势群体的关注,因而对解决环境问题、实现社会正义具有更大的解释力。

就居民迁建问题而言,已有很多学者对其展开深入的研究,这些研究主要可以分为三个类别。

第一类是从社会学的视角进行的研究。该类研究认为,研究居民迁建过程涉及社会系统的变迁。从广义的社会系统来看,它包括经济、社会(狭义)和文化3个方面。从社会学的角度来看,研究居民迁建过程需要研究经济、社会和文化的变迁与发展。此类研究有很多学者参与,比如施国庆、陈阿江(1999)等人分别从生产的恢复、重建与发展,初级社会关系网络的破坏与社会关系网络的重建,文化冲突与安置区移民文化重建等方面探讨解决移民问题策略。余文学(2000)等人在分析1985年前水库移民失败原因的基础上,从社会、经济角度对当前存在的移民问题进行分析论证,并提出解决问题的理论依据和基本方法。

第二类研究是从可持续生计角度进行论证。该类研究认为居民迁建存在的最根本问题就是可持续性生计能力的短缺,在可持续性生计分析框架下对居民迁建问题展开分析,为当下解决移民困境提供新的思路。此类研究的代表学者是周现富(2012),他在对阿坝州水利工程可持续性生计能力的实地调查和分析中,对移民所拥有的经济资本、人力资本、社会资本予以阐述,强调移民在维持生计方面的能力,为解决移民困境和制定移民政策提供一个新的研究角度。

第三类是对移民的社会冲突与整合进行研究。此类研究认为居民迁建过程中会出现很多社会冲突,这些冲突的根源是多元化的,促进居民迁建过程中的社会整合需要根据社会冲突出现的基础性因素采取社会整合策略。廖蔚(2004)是此类研究的支持者,他认为利益冲突、文化冲突是居民迁建过程中出现社会冲突的两大根源。基于社会整合策略,可从政策性社会整合、制度性社会整合、管理性社会整合和教育性社会整合四个方面解决社会组织内在冲突,实现社会组织内在团结。就论证逻辑而言,上述三类研究都有其独特的解释力。然而,从当前我国社会生态环境及移民真实情况来看,它们都存有各自的局限性。

从既往研究来看,虽然很多学者对居民迁建问题展开了深入研究,并为后续研究提供了很多借鉴,但这些研究大多是从经济、社会、文化角度出发进行的,并没有系统全面地分析迁建工程对蓄洪区及其移民的影响。本文依据环境正义理论,试图以环境正义三个维度为分析切入点,探讨在庄台环境改善和补偿标准中公平地向蓄洪区提供投入、公正地对待农民生存发展权益,在迁建决策程序中引导居民积极参与,以实现分配正义、承认正义、程序正义的目标。

(二)居民迁建过程中存在的问题分析

环境正义问题本质上是社会问题,必然与各种政治、经济等问题联系在一起。环境问题是社会发展过程中凸显出来的公共领域矛盾之一。政府、居民彼此关联,在推进环境正义的决策过程中,居民既是环境保护的推动者,也是环境保护的受益者,但在具体的执行过程中会存在许多问题。居民迁建环境正义问题的表现形式多样,通过实地调研发展,蒙洼地区环境正义问题主要表现为以下几个方面。

1.环境治理下的承认不足

承认是对群体身份及其差异的一种肯定,它象征着主体之间一种理想的相互关系,在社会正义中占有重要地位。边沁的"最大多数人的最大幸福"原则及罗尔斯坚持的"最少受惠者的最大利益"原则,都强调以"人"为中心。黑格尔在其承认正义的思想中也指出,个体在环境不正义情况下会感到自身的尊严和价值没有得到应有的承认,这种承认的缺乏会激起个体对环境正义的渴望。因此承认是实现环境正义一个很重要的前提条件,蒙洼蓄洪区居民迁建的案例说明了这一点。蒙洼蓄洪区环境治理下的承认不足具体反映在两个方面:

其一,居民的生活环境和谋生手段需改进。2003年之前,蒙洼蓄洪区广泛流传这样一句顺口溜:"出门一线天,垃圾靠风刮,污水靠蒸发。"这句顺口溜道出了区内庄台居民的生活窘境。在此后尤其是在2018年,国家对蒙洼蓄洪区投入大量资金用于公共设施及防洪设施建设,在很大程度上提升了当地居民的生活质量,例如2018年国家投资2.15亿元建成的蒙洼蓄洪区中心水厂,解决了近20万名农村群众的饮水问题。但是国家对于农作物补偿力度还有待提高。区内农户L提道:"今年蓄洪,我们种的芡实被淹掉了,养的鱼也全溜走了,国家给了我们补偿,种的芡实是按照以前3年平均产值的70%给我们补偿,养的鱼是50%,在这之后也会给我们一些蔬菜种子,但蔬菜收获后却卖不出去啊,我们的销路不太好,很愁。"

国家对于蓄洪区群众的农作物、经济林、专业养殖及住房因蓄洪遭受损失的会按照某种比例进行补偿,在此之后也会提供蔬菜种子帮助居民创收,但是蔬菜销路存在问题,居民收入来源渠道依旧狭窄。此外目前留在区内的居民大多为中老年人,文化程度普遍较低。虽然国家在保庄圩上新建了一些箱包公司、加工厂等帮助居民就业,然而在简单的就业培训下,居民难以胜任技术要求较高的工作,企业也不招收这些居民。

其二,蓄洪区的生态价值没有得到充分体现。环境正义视角下的承认不仅指对个人的自我承认,还指对集体身份及其与自然和环境的特殊关切、需求和生计承认。蓄洪区是调蓄洪水的场所。近年来,水资源短缺已成为制约我国经济社会发展的重要因素,而蓄洪区在保障防洪安全的同时,在改善生态环境、拦蓄洪水资源、增加水资源可利用量、提供生存和发展的空间方面也具有重要作用。合理运用蓄洪区,在发挥其防洪减灾作用的同时,可有效改善当地水资源供需关系,为其周边地区提供重要的抗旱水源。然而随着区内人口不断增加,人水争地矛盾日趋激烈,大量湖泊、洼地被围垦开发,缩小了洪水宣泄通道,洪水调蓄能力急剧降低,洪水发生时往往造成严重的损失。居民迁建工程对解决区内人水争地矛盾,维持区内生态平衡具有非常积极的作用。近年来国家通过居民迁建工程鼓励区内居民向外搬迁以支持区内发展适应性农业、庄台文化及湿地旅游业等,建设生态基地。但是2020年蓄洪区的使用影响了迁建项目落地的进程,另外蒙洼湿地旅游业建设资金也存在短缺问题,蓄洪区的未来规划落地进展缓慢,蓄洪区的生态价值还未得到充分体现。

2.公民参与下的程序正义

程序性环境正义在概念上被视为决策过程中的公平性,它建立在承认和参与的基础之上。程序正义强调决策过程应体现包容性、尊重性和平等性。承认正义是环境正义的追求,参与是这些追求得到验证的方式。为了使程序公正,应尊重公民的环境权,保证意见表达渠道畅通,充分实现公民的知情权、参与权和诉讼权等环境程序性权利。程序正义是实现分配正义的前提条件,但是在一些环境决策中,程序正义往往容易被忽略。由于农村居民没有掌握整个环境管理体制的话语权,因此他们在环境事务中的表达权常被忽视,无法感知环境程序正义的存在。

蒙洼蓄洪区居民迁建工程作为一项重要的移民工作,在实施过程中涉及决策者、实施者、参与者、受益者等多方利益群体,不同的利益群体都有其特定需求。决策过程中的包容是理解不同群体弹性需求的一种重要手段。居民迁建往往采取自上而下的模式,以"政策引导,群众自愿"为原则。乡镇政府是居民迁建工作的责任主体,进村入户进行广泛宣传,争取群众理解支持相关工作,引导庄台居民搬迁;各级政府及相关部门按照规定,向补偿对象和社会公开补偿信息,主动接受群众和社会监督。但是在居民迁建方式、补助标准政策制定方面政府缺乏与居民互动交流,出现当地政府和居民对迁建政策的意见不一致的情况。另外,当地虽然有社会组织对居民反馈和意见进行收集,但区内人口数量多,组织人员数量有限,难以对多数居民的利益诉求进行整合并反映相关问题。以上情形的出现是由于在迁建政策制定中,政府忽视了居民的环境知情权和参与权,没有充分发挥居民的自主性,居民成为了政策的被动执行者。

3.环境利益下的分配问题

分配正义是环境正义的核心,是其最重要的组成部分,承认正义和程序正义为其提供基础和保障。分配正义关心的是当至少有一部分人必须舍弃他们更想获得的利益时,人们需要用思考哪些人应该承担哪些责任或义务、哪些人应该享有哪些利益。它强调利益与负担的分配原则,是实现环境正义最主要、最直接的方式。

蒙洼蓄洪区因其特殊功能,其地区社会经济发展受到很多制约,再加上蒙洼蓄洪区属于农村地区,现存的城乡二元社会结构加剧了人地矛盾,居民迁建工程可以有效化解这种矛盾。然而在项目实际推进过程中,当地居民的某些利益诉求未得到充分满足。蒙洼蓄洪区居民迁建过程中的分配问题主要表现在三个方面。

一是庄台公共设施有待改善。2003年之前,蒙洼蓄洪区每到准备蓄洪时,庄台居民必须提前搬迁撤离,搬迁居民投亲靠友、搭建临时帐篷或到乡镇政府提供的临时安置场所居住。近年来,国家不断加强蓄洪区安全设施建设,可以说已从根本上解决了蓄洪运用时区内群众大规模转移安置问题。不过蓄洪区庄台面积小,且分布零散,有些庄台无法配备相对完善的基础设施,庄台上只有零散的小卖部可满足居民的日常生活需求。尤其是一些湖心庄台如西田坡,蓄洪之后成为孤岛,外出只能依靠船只,居民出行很不便利。

二是居民迁建补助标准问题。居民迁建方式包括以下几种:货币化外迁、新建庄台、新建保庄圩和县城购房。虽然近几年居民迁建补助标准有所提高,蓄洪区居民迁建工作进展缓慢情况逐渐好转,但长期以来蓄洪实际工作给当地经济社会发展带来很大负面影响,群众自筹资金困难,国家所提供的补助在总体上难以满足大部分居民的实际需求。

当地居民一方面肯定了国家近几年所作的努力,另一方面表示国家补助存在不足。如果利益分配方面存在不公平的问题,那么它很有可能会破坏当地的和谐,进而对整个社会的和谐稳定产生影响。

图11-2 迁居之前的庄台人居环境

三是补偿资金来源问题。蒙洼人民"舍小家,顾大家",通过牺牲自己的利益来保卫家园,确保两淮能源基地、京沪铁路、淮北大堤及沿淮大中城市的安全。然而目前区内居民生产生活的补偿经费大多来自中央,市、县财政投资有限。仅依靠中央政府补偿并不能满足区内居民的实际需求,再加上蓄洪区功能的特殊性,当地经济社会发展水平落后,居民承担的环境责任与享受到的环境权益并不匹配。

(三)下一步移民迁建工作

蒙洼蓄洪区移民迁建工作是一项惠及沿淮广大群众的民生工程,受到人民群众的拥护。同时,移民迁建工作涉及范围广,情况复杂,面临宅基地征用难、投入标准低等诸多问题。为保证移民迁建工作顺利进行,需要根据以往移民迁建工作的经验,进一步转变工作思路,把这项惠民工程做好。

首先,要加强政府组织领导,统筹安排移民迁建工作。要进一步落实移民迁建投入;做好安置区规划、土地征用和基础设施建设等工作;加强对移民迁建工作的发动和组织、宣传;做好检查、监督和管理工作,协调解决移民迁建工作中的有关问题。其次,移民迁建工作要坚持"群众自愿"。2003年、2007年迁建移民多为倒房或危房户移民,迁建工作相对容易;与2003年、2007年情况不同,后续移民迁建,是对在淮河蓄洪区及淮干滩区内的群众实施常态下的搬迁,必须尊重群众的意愿,在政府组织和完善安置区基础设施的条件下,实行集中搬迁和渐进式搬迁相结合,逐步将蓄洪区及淮干滩区内生产生活不安全的群众迁至安全区。最后,要加强对移民迁建工作的后续管理。政府部门加强移民迁建工作的后续管理,对已搬迁移民的老房子要及时组织拆除,确保移民后不返迁;在完善安置区基础设施建设的基础上,逐步建立健全安置区的医疗、教育等社会公共服务体系,增强吸引力,形成渐进式居民迁建的长效机制,使群众自愿搬迁,切实做到"搬得出、稳得住、能发展"。

四、蒙洼蓄洪区居民迁建意愿研究

(一)基本情况

1.年龄结构

根据问卷调查的321名研究对象可知①,蒙洼蓄洪区常住人口的平均年龄为62.73岁,年龄最大值、最小值分别为91岁、21岁。由表11-3可知,年轻人及高龄老人占比较少,不足10%,低龄老人偏多。可见,如何更好地为蒙洼蓄洪区老年人提供医疗、住房、照料等方面的服务,是迁建政策制定时值得考虑的问题。

表11-3 不同年龄段人口占比情况表

年龄段(岁)	人数(人)	百分比(%)
20~30	12	3.74
31~40	13	4.04
41~50	26	8.10
51~60	100	31.15
61~70	69	21.50
71~80	78	24.30
81+	23	7.17

2.性别结构

问卷调查对象中,男性人数为144,约占比44.86%;女性人数为177,约占比55.14%。总人口性别比为(以女性为100,男性对女性的比例)为81,与全国第七次人口普查总人口性别比(105.07)相比偏低。其中,男性占比大于女性的主要有曹集镇东郢村程大郢庄台、曹集镇利民村后李寨庄台、曹集镇利民村西田坡庄台、郜台乡宋台村西浅子庄台、王家坝镇郎湾村郎湾庄台。

3.人口构成

问卷调查共涉及户籍人口2299人,其中常住人口965人,流出人口

---

① 课题组团队多次对蒙洼蓄洪区进行实地调研,此数据为2021年7月实地调查的问卷数据。

1334人。通过分析流出人口的具体流向,发现蒙洼蓄洪区流出人口占县内流动人口的8.09%、占省内(不包括县内)流动人口的0.93%,占跨省流出人口占比71.65%,流向江浙沪人口占比59.5%。可见,江浙沪对于安徽省人口流动来说仍有很强的虹吸效应。

4.受教育程度

从受教育程度来看,问卷调查结果显示:样本中具有小学及小学以下文化水平的有279人,约占86.92%,且绝大多数人为文盲;具有初中文化水平的有24人,约占比7.48%;具有高中文化水平的有10人,约占比3.11%;具有大学及大学以上文化水平的有8人,约占比2.49%。由此可见,蒙洼蓄洪区内居民中具有初中及小学文化水平的人占比达94.39%,总体文化程度偏低。

5.身份、职业结构

从调查对象的身份来看,蒙洼居民以群众为主,占比94.7%,3.1%是普通党员,2.2%是非党员的村集体管理人员。按职业类别分,农民有226人,约占比71.29%;赋闲在家的有57人,约占比17.98%;务工的有16人,约占比5.05%;经商、村集体管理人员共计18人,占比约5.68%。综上可知,蒙洼蓄洪区以农业生产为主,推进适应性农业发展是提高蒙洼地区整体收入、实现乡村振兴的关键。

6.家庭结构

调查结果显示,蒙洼蓄洪区家庭平均人口为7.16人,平均代际数为2.88。家庭为一代(家庭户口分离出去的独居老人及五保户)的共有17个,占比5.3%,且独居较多,缺乏生活照料与精神支持。家庭为二代的有39个,占比12.1%。三代人家庭有230个,占比71.7%。四代人家庭有35个,占比10.9%。由此可知,蒙洼蓄洪区家庭结构以三代人家庭为主。

7.收入、支出结构

调查结果显示,蒙洼地区居民主要收入来源为外出务工收入和种植性收入,占比均高于50%,而养殖业收入占比3.1%、工资性收入占比5%、经商收入占比为1.6%、加工业收入占比0.9%、其他收入(政府养老金、子女补助、土地流转费)占比不足1%。根据问卷数据可知,家庭年收入最高为30万元,最低为300元,平均值为2.4万元。农业收入最高为7万元、最低为100元,平均值为4300元。日常家庭生活支出主要用于购买日常生活用品、食物,占比均在70%以上,衣着支出占比14.3%、教育花费支出占比25.2%,医疗费用支出占比约为39.6%,养老支出占比2.2%、其他费用支出(人情开支、种地花费)占比2.5%。

(二)蒙洼地区居民生存状况

1.住房情况

调查发现,蒙洼蓄洪区居民住房结构以钢筋混凝土结构为主,占比超九成,砖木结构的房屋占比不到一成。曹集镇西田坡庄台、后李寨庄台、曹集庄台和程大郢庄台房屋绝大部分为一层和二层楼房,且数量占比相近,在50%左右,三层的房屋最少;郜台乡西浅子庄台、余台庄台和刘台庄台房屋以二层的楼房为主,占比78%以上;老观乡大马台庄台和王家坝镇郎湾庄台房屋仍以二层的楼房为主,占比超过54%,但三层的楼房占比提高,达到10%和15.6%。9个庄台中平均房屋建筑面积最大的是曹集镇西田坡庄台,为83.5 m^2,最小的是曹集镇的后李寨庄台,为67.5 m^2;7个村庄中平均房屋建筑面积最大的是老观乡河口村,为81.8 m^2,平均房屋建筑面积最小的是郜台乡宋台村,为75.4 m^2。4个乡镇每户平均住房面积大小相差不大。

表11-4 蒙洼蓄洪区住房情况表

乡镇	村庄	庄台	不同楼层数的房屋数量所占比例(%)			房屋建筑面积(m^2)				
			1层	2层	3层	最大值	最小值	庄台平均值	村庄平均值	乡镇平均值
曹集镇	利民村	西田坡	50	45.8	4.2	240	40	83.5	75.5	76.6
		后李寨	50	50	0	120	30	67.5		
	同光村	曹台	40	48.6	11.4	150	30	78.3	78.3	
	东郢村	程大郢	38.8	55.5	5.7	200	40	77	77	

续表

乡镇	村庄	庄台	不同楼层数的房屋数量所占比例(%)			房屋建筑面积(m²)				
			1层	2层	3层	最大值	最小值	庄台平均值	村庄平均值	乡镇平均值
郜台乡	宋台村	西浅子	15	85	0	160	40	78	75.4	77.1
		余台	14.3	85.7	0	150	40	72.9		
	曹台村	刘台	20	78.3	1.7	140	35	80.4	80.4	
老观乡	河口村	大马台	36	54	10	200	30	81.8	81.8	81.8
王家坝镇	郎湾村	郎湾	20.5	63.9	15.6	200	20	78.8	78.8	78.8

2. 生活设施

实地走访发现所有住户都通了自来水,清洁生活用水覆盖率达到100%;每个庄台都铺了水泥路,每户门前都与水泥路相连,从"村村通"实现了"户户通"。有些条件较好的庄台还铺上了柏油路,在庄台下围处划出专门区域用作停车场,交通便捷,生活设施较完备。

3. 耕地情况

调查结果显示,庄台平均耕地面积最大的是曹集镇曹台庄台,为9.5亩,其次是郜台乡刘台庄台,为8.8亩;最小的是老观乡大马台庄台,为4.5亩。村庄平均耕地面积与庄台平均耕地面积大小较为一致,最大的是曹集镇同光村,为9.5亩;最小的是老观乡河口村,为4.5亩。乡镇平均耕地面积最大的是曹集镇,为6.8亩;最小的是老观乡,为4.5亩。

表11-5 蒙洼蓄洪区耕地情况表

乡镇	村庄	庄台	耕地面积(亩)				
			最大	最小	庄台平均值	村庄平均值	乡镇平均值
曹集镇	利民村	西田坡	30	1	5.6	5.4	6.8
		后李寨	10	1	5.1		
	同光村	曹台	100	1	9.5	9.5	
	东郢村	程大郢	14	1	7.1	7.1	

续表

乡镇	村庄	庄台	耕地面积(亩)				
			最大	最小	庄台平均值	村庄平均值	乡镇平均值
郜台乡	宋台村	西浅子	12	1	5.8	5.6	6.6
		余台	8	4	5.3		
	曹台村	刘台	80	1	8.8	8.8	
老观乡	河口村	大马台	16	1	4.5	4.5	4.5
王家坝镇	郎湾村	郎湾	10	1	5.3	5.3	5.3

各庄台中,平均耕作半径最大的是王家坝镇郎湾庄台,为 1333 m;其次是郜台乡刘台庄台,为 1125 m,最小的是郜台乡余台庄台,为 390 m。各村庄中,平均耕作半径最大的是王家坝镇郎湾村,为 1333 m;最小的是曹集镇东郢村,为 688 m。乡镇耕种距离半径最大的是王家坝镇,为 1333 m;最小的是曹集镇,为 810 m。王家坝镇郎湾村和郎湾庄台耕作半径较大的原因是该庄台大部分耕地在一河之隔的对岸,居民需要过河才能到耕地里耕作。

表 11-6 蒙洼蓄洪区居民耕作半径情况表

乡镇	村庄	庄台	耕地半径(m)				
			最远	最近	庄台平均值	村庄平均值	乡镇平均值
曹集镇	利民村	西田坡	3000	10	1009	891	810
		后李寨	2500	100	773		
	同光村	曹台	2800	50	769	769	
	东郢村	程大郢	2000	50	688	688	
郜台乡	宋台村	西浅子	2000	200	1085	738	867
		余台	500	200	390		
	曹台村	刘台	5000	100	1125	1125	
老观乡	河口村	大马台	5000	100	1094	1094	1094
王家坝镇	郎湾村	郎湾	5000	100	1333	1333	1333

4.居住满意度

调查结果显示,蒙洼蓄洪区内居民对居住地总体较满意,近八成受访者对居住地满意,仅6.5%的受访者对居住地不满意。七成不满意者反映居住地生活不便和住房面积小,其他不满意者认为居住地交通不便和基础设施差。

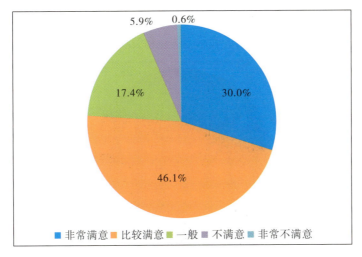

图11-3 蒙洼蓄洪区居住满意度情况

(三) 蒙洼蓄洪区居民对政策认知分析

1. 政策知晓度

在政策知晓度方面,不到四成受访者表示了解蒙洼蓄洪区迁建相关政策;38.6%的受访者对迁建政策一知半解,了解并不多;近1/4受访者完全不了解迁建相关政策,对蓄洪区迁建政策毫不知情。

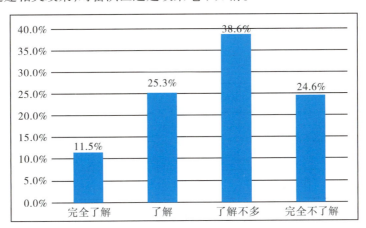

图11-4 蒙洼蓄洪区居民政策知晓度情况

2.政策知晓途径

蒙洼蓄洪区内居民获取相关政策的途径以村干部上门宣传和亲友告知为主,占比75%以上。通过新闻广播、宣传栏和邻居告知渠道得知相关政策的居民数量占比较低。有15%的受访者表示不关注相关政策,对相关政策不知情。

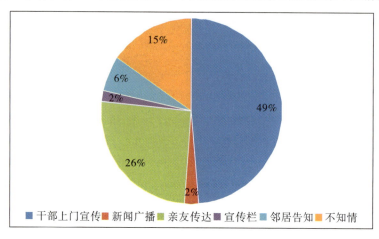

图11-5 蒙洼蓄洪区居民政策知晓途径

3.住房安置方式

在住房安置方式方面,有172位受访者接受政府集中建房,占比53.6%。该群体中的绝大部分是老年人,年老体弱,且不再从事农业活动,不想给家

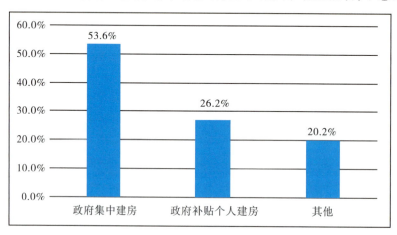

图11-6 蒙洼蓄洪区居民对住房安置方式的选择

里增添负担,愿意接受政府集中建房。而 84 名受访者表示希望政府补贴个人建房,这部分人数占比 26.2%。他们中的多数人处于壮年,身体健康,家里有大量农田需要耕作,农具齐全,需要较大场地存放农具,对政府集中所建的安置房不太满意,自己建房意愿更加强烈。另有 65 位受访者表示对当前居住地很满意,未考虑过或不想迁建,这部分人数占比 20.2%。

4. 前期动员

如图 11-7 显示,超七成受访者认为政府在动员迁移前最需要解决的问题是确定赔偿标准;3.5%受访者认为应解决好个人纠纷再考虑迁建;18.7%的受访者认为政府前期应做好政策宣传,让民众知晓迁建政策,以更好地配合政府迁建工作。另有 7.2%的受访者拒绝回答这一问题或回答无效。

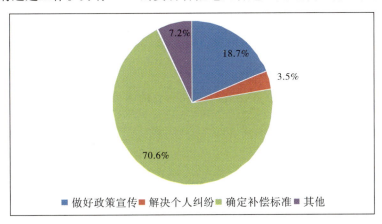

图 11-7 蒙洼蓄洪区居民关于前期动员的建议

(四)迁建意愿分析

1. 迁建意愿现状

通过对居民迁建意愿数据的分析可以看出,有近 39%的居民愿意迁移,38%的居民不愿意迁移,两组数据基本持平。同时,有 10%的居民群体表示无所谓,愿意听政府安排或等新的迁建政策确定下来再作打算,主要原因在于这部分居民均为农民,认为自己没有文化,现在考虑这些没有用处,因而倾向于顺从集体意愿。另外,居民中有近 13%的群体表示自己全听子女的安排,该群体基本为 55 岁以上的老年人。他们表示自己说的不算,是否迁建完全取决于子女的想法。

对于蒙洼居民愿意与不愿意迁建的原因,下文将进行详细分析。超两成的居民表示听从政府安排或者听子女的安排,表明政府政策强大的影响力及居民自身家庭关系是影响迁建意愿的重要因素。

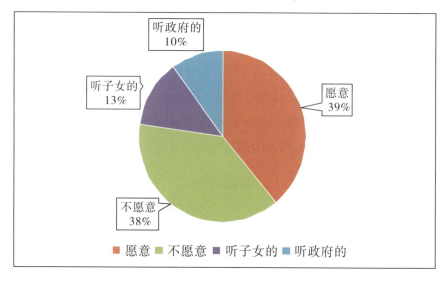

图11-8　居民迁建意愿

2.单因素分析

通过对愿意迁建或者未来有可能接受迁建的居民进行调查,共得到119份回答了愿意迁出原因的有效问卷,具体情况如图11-9。其中愿意迁建的最主要因素是迁移安置地即已经建成的保庄圩的公共设施较为完善,居住环境较好。这一项因素占比39.2%,从侧面反映了未迁移居民目前的居住环境较差。通过实际走访调查发现,庄台上的多数房屋由于年久失修,容易漏水;庄台在夏季洪涝灾害来临时大水漫路,交通完全"瘫痪",而在迁建过后则不用担心交通居住安全问题。居民愿意迁建的另一个重要原因在于迁建地资源更为丰富,这一因素占比达到31.8%。居民认为保庄圩临近乡镇,生活生产便利,比现居住地的资源更为丰富。"安置地上学就医方便"因素占比29.0%,可见迁建地的教育医疗环境也是影响迁建意愿的一大重要因素。迁建保庄圩后,小孩可以就近就读保庄圩旁边的学校,多数老年人表示迁建后看病就医更加方便。

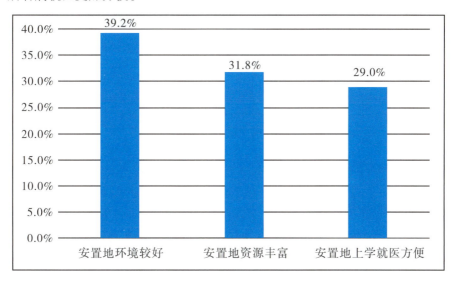

图 11-9　居民愿意迁出的主要影响因素

通过对上述 38% 不愿意迁移的群体进行调查发现,其不愿迁建的主要原因如图 11-10 所示。从图中可以看出,居民不愿迁建的首要因素是不愿改变现状。究其原因,主要是居民的乡土情怀,即"生于斯,长于斯,死于斯",多数老年人安土重迁的思想观念深厚。16.8% 的居民不愿迁建的根本原因在于土地。保庄圩距离现居住地较远,迁移后离自家耕地太远,基本无法去耕种土地。耕作是农民的生活依托,在没有别的谋生手段的条件下,他们既不愿进行土地流转,也不愿迁建后自己无法从事耕作,因而选择不迁建。而 12.5% 的居民认为迁建后自己缺乏谋生手段,11.7% 的居民认为迁建会给自己带来经济损失,故不愿迁出。这基本可归结为迁建及迁建后的经济问题,即居民担心迁建入住安置房时需要再补交费用,或担心迁建后没有耕地,无经济来源。最后值得关注的是保庄圩的安置房问题,该问题并非预设的而是在实地走访中由居民反馈的。保庄圩的安置房楼层共 5 层,且没有安装的电梯,对于年龄较大的居民来说,上下楼完全不方便。他们宁愿住在独门独院的旧庄台上的房子里,也不愿迁移。可见,安置房的建筑设计的合理性也是迁建政策制定者需要考虑一个重要的因素。

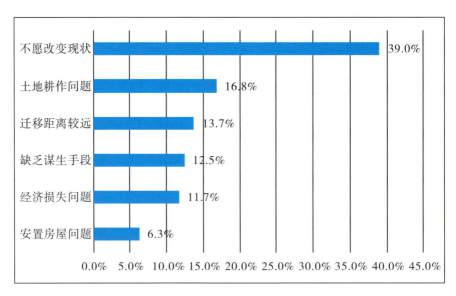

图 11-10　居民不愿迁出的主要影响因素

3.交叉分析

（1）地理位置对迁建意愿有所影响

调查发现,蒙洼蓄洪区 4 个主要乡镇居民的迁移意愿不一致。如表 11-7,在王家坝镇,愿意迁建的约占比 31%,不愿意迁建的约占比 69%。在老观乡,愿意迁建的约占比 26%,不愿意迁建的约占比 74%。在曹集镇,愿意迁建的约占比 48.5%,不愿意迁建的约占比 51.5%。在郜台乡,愿意迁建的约占比 41.4%,不愿意迁建的约占比 58.6%。总之,与王家坝镇和老观乡相比,郜台乡和曹集镇的居民更愿意迁建。这可能与地理位置有关。曹集镇和郜台乡位于蒙洼蓄洪区的中下游,地势较低,一旦洪水来袭,损失相对较大,持续时间较长。因此,未来蒙洼的发展既需要考虑减少泄洪带来的影响,又要考虑重新规划利用当地的地形地貌、自然生态。

表 11-7 蒙洼蓄洪区乡镇居民的迁建意愿情况表

乡镇	频率	迁移意愿	
		不愿意	愿意
王家坝镇	计数(人)	60	27
	百分比	69.00%	31.00%
曹集镇	计数(人)	50	47
	百分比	51.50%	48.50%
郜台乡	计数(人)	51	36
	百分比	58.62%	41.38%
老观乡	计数(人)	37	13
	百分比	74.00%	26.00%

(2)性别对迁建意愿几乎没有影响

对居民性别与迁建意愿进行交叉分析,女性中愿意迁建的有67人,约占比37.9%,不愿意迁建的有110人,约占比62.1%;男性中愿意迁建的有56人,约占比38.9%,不愿意迁建的有88人,约占比61.1%。可以看出,不同性别群体是否愿意迁建并没有较大区别,因此可以初步判断性别对蒙洼地区的迁建意愿没有什么影响。

(3)不同年龄段的居民的迁建意愿不同

统计数据表明,本次调查中的蒙洼蓄洪区居民年龄在20~91岁。由于年轻人在家者较少,迁建意愿占比较低,为进一步调查年龄对迁建意愿的影响,我们划分出以下年龄段(见表11-8)。可以看出:20~45岁群中不愿意迁建的人数约是愿意迁建的2倍;46~65岁群体中愿意迁建的有61人,约占比44.5%,不愿意迁建的有76人,约占比55.5%,二者相差不大;66~80岁群中不愿意迁建的人数是愿意迁建的1.74倍;81岁及81岁以上不愿意迁建的人数是愿意迁建的3倍多。由此可知,高龄群体(80岁及80岁以上)和青年群体(15~45岁)的迁建意愿不高。究其原因,可能是上文中提到的老一辈的人有故土情结,对于他们而言,在农村生产生活更方便;而年轻人更倾向于迁到城市(县城)，但认为迁建补偿标准不足以满足他们的需求，自己还需要投入更多资金，因此迁建意愿较弱。

表 11-8　不同年龄段居民迁建意愿情况表

年龄段	频率	迁移意愿	
		不愿意	愿意
20~45	计数(人)	22	10
	百分比	68.80%	31.30%
46~65	计数(人)	76	61
	百分比	55.50%	44.50%
66~80	计数(人)	82	47
	百分比	63.60%	36.40%
81+	计数(人)	18	5
	百分比	78.30%	21.70%

(4)家庭流动人口比对迁建意愿影响不明显

家庭流动人口比指一年之内在外流动人口占常住人口的比值，可以反映蒙洼蓄洪区流动人口状况。从表 11-9 可以看出，家庭流动人口比在 0~0.2 和 0.61~0.8 时，不愿意迁建的人数约是愿意迁建的 2 倍；家庭流动人口比在 0.21~0.4 时，人们的迁建意愿不明显；当家庭流动人口比在 0.41~0.6 和 0.81~1 时，不愿意迁建的人数是愿意迁建人数的 1.58 倍。由此可见，家庭中流动人口越多并不意味着人们的迁建意愿越强。

表 11-9　不同流动人口比下的迁建意愿情况表

家庭流动人口比	频率	迁移意愿	
		不愿意	愿意
0.00~0.20	计数(人)	53	29
	百分比	64.63%	35.37%
0.21~0.40	计数(人)	26	24
	百分比	52.00%	48.00%

续表

家庭流动人口比	频率	迁移意愿	
		不愿意	愿意
0.41~0.60	计数(人)	27	17
	百分比	61.36%	38.64%
0.61~0.80	计数(人)	58	29
	百分比	66.67%	33.33%
0.81~1.00	计数(人)	34	24
	百分比	58.62%	41.38%

(5)受教育程度对迁建意愿影响不明显

调查结果显示:此次调查对象80%是受教育程度为小学及小学以下的群体。如表11-10显示,受教育程度在小学及小学以下,愿意迁建的人数为107,约占比38.3%,不愿意迁建的人数为172,约占比61.6%;受教育程度为初中的有37.5%的人愿意迁建,62.5%的人不愿意迁建;受教育程度为高中的有30%的人愿意迁建,70%的人不愿意迁建;受教育程度为大专及大专以上的居民的意愿迁建与不愿意迁建的人数各占50%。

表11-10 受教育程度对迁建意愿的影响

受教育程度	频率	迁移意愿	
		不愿意	愿意
小学及小学以下	计数(人)	172	107
	百分比	61.65%	38.35%
初中	计数(人)	15	9
	百分比	62.50%	37.50%
高中(含中专等)	计数(人)	7	3
	百分比	70.00%	30.00%
大专及大专以上	计数(人)	4	4
	百分比	50.00%	50.00%

(6)有学龄儿童的家庭迁建意愿更强

此次调查发现,家中没有学龄儿童(符合义务教育阶段入学年龄的儿童)愿意迁建的家庭数是不愿意迁建的家庭数的2.65倍,而家里有学龄儿童愿意迁建的家庭数是不愿意迁建的家庭数的1.26倍。可以看出,蓄洪区居民对孩子的教育比较重视,为了让孩子接受良好的教育更愿意迁出。可见,家庭中是否有学龄儿童对居民迁建意愿有一定影响。

(7)不同身份对迁建意愿影响不显著

从对居民身份与迁移意愿的调查可知,不同的身份对居民迁移意愿的影响不大。其中,普通群众人数占比较多,愿意迁建的有116人,约占比38.2%;不愿意迁建的有188人,占比61.8%(见表11-11)。党员中愿意迁建与不愿意迁建的人数各占一半;村干部(非党员)中不愿意迁建的相比愿意迁建的人数占比更高。

表11-11 不同身份对迁建意愿的影响

身份	频率	迁移意愿	
		不愿意	愿意
村干部(非党员)	计数(人)	5	2
	百分比	71.43%	28.57%
党员	计数(人)	5	5
	百分比	50.00%	50.00%
普通群众	计数(人)	188	116
	百分比	61.84%	38.16%

(8)外出经历增强居民的迁建意愿

通过对不同职业与居民迁移意愿的交叉分析中发现,在经商和务工的人中,愿意迁建的人数分别约是不愿意迁建的2倍、1.67倍;在家照顾孩子的人中不愿意迁建的人数约是愿意迁建的3倍;在村集体管理人员和赋闲在家的人中,不愿意迁建的人数约是愿意迁建的2倍;务农的人中,不愿意迁建的人数是愿意迁建的1.66倍(具体见表11-12)。究其原因,可能是务工和经商的经历开阔了蒙洼居民的眼界,使其转变了观念,从而使得这部分居民的迁建意愿更强。

表11-12 不同职业对迁建意愿的影响

职业	频率	迁移意愿	
		不愿意	愿意
村集体管理人员	计数(人)	6	3
	百分比	66.67%	33.33%
务农	计数(人)	141	85
	百分比	62.39%	37.61%
经商	计数(人)	3	6
	百分比	33.33%	66.67%
务工	计数(人)	6	10
	百分比	37.50%	62.50%
赋闲在家	计数(人)	39	18
	百分比	68.42%	31.58%
照顾孩子	计数(人)	3	1
	百分比	75.00%	25.00%

(9)家庭代数越多,迁建意愿越强

据调查可知,不同代数家庭的迁建意愿不同。其中,一代人家庭中,不愿意迁建的家庭数约是愿意迁建的3倍;二代人家庭中,不愿意迁建的家庭数是愿意迁建的2倍;三代人、四代人及四代人以上的家庭数中,不愿意迁建的家庭数分别约是愿意迁建的1.5倍、1.3倍(具体见表11-13)。家庭代数越多,居民的迁建意愿越强。

表11-13 不同代数家庭的迁建意愿

家庭代数	频率	迁移意愿	
		不愿意	愿意
一代人	计数(人)	13	4
	百分比	76.47%	23.53%

续表

家庭代数	频率	迁移意愿	
		不愿意	愿意
二代人	计数（人）	26	13
	百分比	66.67%	33.33%
三代人	计数（人）	139	91
	百分比	60.43%	39.57%
四代人及四代人以上	计数（人）	20	15
	百分比	57.14%	42.86%

（10）居民收入来源影响迁建意愿

收入来源影响居民的迁建意愿。外出务工和从事种植业是蒙洼蓄洪区居民主要的收入来源，其在很大程度上影响居民的迁建意愿。以外出务工和种植为主要收入来源的居民中，不愿意迁建的人数分别约是愿意迁建的1.38倍、1.6倍；在以养殖业为主要收入来源的居民中，不愿意迁建的人数约是愿意迁建的2.3倍；在经商的居民中，不愿意迁建的人数是愿意迁建的1.5倍；以工资为主要收入来源的居民中，不愿意迁建的人数约是愿意迁建的1.28倍；以加工收入为主要收入来源的居民中，不愿意迁建的人数是愿意迁建的2倍（见表）。

表11-14　不同收入来源对迁建意愿的影响

主要收入来源	频率	迁移意愿	
		不愿意	愿意
外出务工	计数（人）	105	76
	百分比	58.01%	41.99%
种植	计数（人）	133	83
	百分比	61.57%	38.43%
养殖	计数（人）	7	3
	百分比	70.00%	30.00%

续表

主要收入来源	频率	迁移意愿	
		不愿意	愿意
经商	计数(人)	3	2
	百分比	60.00%	40.00%
其他	计数(人)	33	18
	百分比	64.71%	35.29%
工资	计数(人)	9	7
	百分比	56.25%	43.75%
加工	计数(人)	2	1
	百分比	66.67%	33.33%

(11)生活开支不同对居民迁建意愿影响明显

生活开支影响居民的迁建意愿。在生活开支主要用于日常吃穿的居民中,不愿意迁建的人数约是愿意迁建的1.55倍;在生活开支主要用于教育的居民中,不愿意迁建的人数约是愿意迁建的1.38倍;在生活开支主要用于医疗的居民中,不愿意迁建的人数约是愿意迁建的1.88倍;生活开支用于养老、其他(人情往来、农业生产)的居民,全部不愿意迁建(具体见表11-15)。

表11-15 不同生活开支对居民迁建意愿的影响

主要生活开支	频率	迁移意愿	
		不愿意	愿意
日常吃穿	计数(人)	173	112
	百分比	60.70%	39.30%
教育	计数(人)	47	34
	百分比	58.02%	41.98%
医疗	计数(人)	83	44
	百分比	65.35%	34.65%
养老	计数(人)	7	0
	百分比	100.00%	0.00%

续表

主要生活开支	频率	迁移意愿	
		不愿意	愿意
其他	计数(人)	8	0
	百分比	100.00%	0.00%

(12) 居住房屋状况影响迁移意愿

由表 11-16 可知，房屋楼层数为一层的居民不愿意迁建的占比近七成，愿意迁建的仅约占三成；楼层数为二层和三层的居民不愿意迁建的占比近六成，愿意迁建的约占四成。由此可知房屋楼层数对居民迁移意愿有影响，具体表现为房屋楼层数为一层的居民迁建意愿较弱，房屋楼层数为二层或三层的居民更愿意迁建。可能对老年人(受样本影响，此次调查对象多为老年人)来说，房屋楼层数为一层，生活较为方便，故其迁建意愿较弱；房屋数层数为二层或三层居民的居民外迁不太方便，故其迁建意愿较强。

表 11-16　房屋楼层数对迁移意愿的影响

房屋楼层数	迁移意愿	
	不愿意	愿意
1	67.7%	32.3%
2	59.2%	40.8%
3	58.3%	41.7%
总体	61.7%	38.3%

房屋结构为钢筋结构的居民不愿意迁建的占比超六成，愿意迁建的占比不到四成；房屋结构为砖木结构的居民不愿意迁建和愿意迁建的人数占比相差无几。由此可知房屋结构对居民迁移意愿有影响，具体表现为住房结构为钢筋结构的居民迁移意愿较弱，可能原因是钢筋结构的房屋多为新建房屋，居民不舍得搬离；砖木结构的房屋修建时间较久，生活设施不完善，有些年久失修，安全性能下降，故居民迁建意愿较强。

由表 11-17 可知，房屋面积在 50 m² 以下和 200 m² 以上的居民不愿意迁建的占比超七成,房屋面积在 50 m² ~ 200 m² 的居民愿意迁建的占一半左右。由此可知,房屋面积对居民迁移意愿有影响。具体表现为房屋面积在 50 m² 以下和 200 m² 以上的居民不愿意迁建,房屋面积在 50 m² ~ 200 m² 的居民迁建意愿随房屋面积的增大而增强。

表 11-17 房屋面积对迁移意愿的影响

房屋面积(m²)	迁移意愿	
	不愿意	愿意
0~50	72.1%	27.9%
51~100	59.2%	40.8%
101~150	56.8%	43.2%
151~200	44.4%	55.6%
201 及 201 以上	83.3%	16.7%
总体	61.7%	38.3%

(13)居住地交通情况对迁移意愿没有太大影响

由表 11-18 可知,认为居住地交通便利的居民愿意迁建的占比近四成,而认为居住地交通不便的居民愿意迁建的仅占三成,认为居住地交通一般的居民不愿意迁建和愿意迁建的人数差不多。由此可知,居住地交通是否便利对居民迁移意愿没有太大影响。

表 11-18 居住地交通情况对迁移意愿的影响

居住地交通是否便利	迁移意愿	
	不愿意	愿意
方便	61.9%	38.1%
一般	56.1%	43.9%
不太方便	69.6%	30.4%
总体	61.7%	38.3%

(14)居住地环境满意程度显著影响迁移意愿

由表 11-19 可知,对居住地环境满意的居民,愿意迁建的占比约三成,对居住地不满意的愿意迁建的居民占比五成。由此可知,对居住地是否满意对居民的迁移意愿有影响,具体表现为对居住地满意的居民迁移意愿较弱,对居住地不满意的居民迁移意愿较强。这可能是因为对居住地不满意的居民希望在迁建后,在新的安置点能获得更好的生活环境,故其愿意迁建。

表 11-19　居住地满意程度对迁移意愿的影响

对居住地是否满意	迁移意愿	
	不愿意	愿意
满意	64.1%	35.9%
一般	57.1%	42.9%
不满意	50.0%	50.0%
总体	61.7%	38.3%

(15)越了解迁建政策,越愿意迁建

由表 11-20 可知,了解迁建政策的居民愿意迁建的比例高于不愿意迁建的,对迁建政策了解不多或不了解的居民不愿意迁建的比例远高于愿意迁建的。由此可知,居民对迁建政策了解的程度对居民迁移意愿有影响。具体表现为不了解迁建政策的居民更不愿意迁建,了解迁建政策的居民更愿意迁建。这可能是因为了解迁建政策的居民对政府的迁建工作有较为清晰的认识,对迁建后的生活有更多的了解和期盼,增强了迁移意愿;对政策了解不多或不了解迁建政策的居民不了解迁建政策,也就无法判断迁建政策对自身的影响,故其迁移意愿不强。

表 11-20　迁建政策了解程度对迁移意愿的影响

对迁建政策了解的程度	迁移意愿	
	不愿意	愿意
了解	45.4%	54.6%
了解不多	71.2%	28.8%
不了解	71.4%	28.6%
总体	61.7%	38.3%

知道居民住房安置方式的居民愿意迁建的占比54.8%,不知道居民住房安置方式的居民愿意迁建的占比不到三成。由此可知,是否知道居民住房安置方式对居民的迁移意愿有影响,具体表现为不知道居民住房安置方式的居民迁移意愿较弱,知道居民住房安置方式的居民更愿意迁建。这可能是因为在知道居民住房安置方式的情况下,居民对迁建后的生活充满信心,其迁建意愿较强;不知道居民住房安置方式的居民对迁建后的生活不清楚,对未来缺乏信心,迁移意愿受影响。

(16)宣传方式对迁移意愿有显著影响

由表11-21可知,通过政府(干部)宣传和新闻广播获取政策信息的居民愿意迁建的人数接近一半,迁移意愿明显强于通过亲友邻里等其他途径获取政策信息的居民。由此可见,获取政策信息的途径对居民迁移意愿有影响,具体表现为政府(干部)宣传和新闻广播等官方的宣传会提高居民的迁移意愿。这可能是因为政府(干部)宣传和新闻广播等宣传途径能让居民可以获得更多的政策信息,使其对迁建政策有更深入的了解,增强了部分居民的迁移意愿;亲友邻里或宣传栏等途径的宣传效果不佳。

表11-21 政策信息获取途径对迁移意愿的影响

获取政策信息的途径	迁移意愿	
	不愿意	愿意
政府(干部)宣传	52.3%	47.7%
新闻广播	50.0%	50.0%
亲友邻里	62.4%	37.6%
宣传栏或明白纸	83.3%	16.7%
其他	86.4%	13.6%
总体	59.2%	40.8%

(17)耕地距离影响迁移意愿

由表11-22可知,耕地距离在400 m以内的居民不愿意迁建的占比超七成,耕地距离在400 m以外的居民不愿意迁建的占比在六成左右。由此可知耕地距离对居民的迁移意愿有影响。具体表现为距离耕地较近的居民迁移意愿较弱，距离耕地远的居民的迁移意愿较强。这可能是耕地距离近方便居民耕作，故其迁移意愿较弱；耕地距离远不便于居民往返，故其迁移意愿较强。

表 11-22　耕地距离对迁移意愿的影响

耕地距离(m)	迁移意愿	
	不愿意	愿意
0~400	73.4%	26.6%
401~800	55.3%	44.7%
801~1200	57.5%	42.5%
1201 及 1021 以上	61.0%	39.0%
总体	61.7%	38.3%

(18) 迁建意愿与耕地面积关系不大

由表 11-23 可知，耕地面积不同的居民不愿意迁建的超 60%，约 40% 的居民愿意迁建。由此可见，耕地面积对居民迁移意愿没有太大影响。

表 11-23　耕地面积对迁移意愿的影响

耕地面积(亩)	迁移意愿	
	不愿意	愿意
0~5	60.8%	39.2%
6~10	62.8%	37.2%
11~15	62.5%	37.5%
16 及 16 以上	60.0%	40.0%
总体	61.5%	38.5%

(19) 安置地环境对迁建意愿影响显著

关于安置地环境与迁移意愿的调查共得到 119 份有效问卷，其中 69 份问卷填写表明，在安置地居住环境较好的情况下，有 87% 的居民愿意迁建，而在安置地公共服务较好的情况下，有 84.70% 的居民愿意迁建。而安置地子女上学、老人就医的方便程度也影响了居民的迁建意愿，77.80% 的居民会因教育、医疗政策好而愿意迁建。

表 11-24　安置地环境对迁移意愿的影响

安置地环境	迁移意愿	
	不愿意	愿意
居住环境较好	13.00%	87.00%
公共服务较好	15.30%	84.70%
上学就医方便	22.20%	77.80%

(20) 居民迁建顾虑影响其迁建意愿

在对迁建意愿的研究中,预设了一些居民可能有的想法。如不愿改变现状,担心安置房建设不合理(没有电梯,高层不便居住,低层迁建费用较高)等(见表 11-25)。其中,迁移(安置)距离较远、迁移后无法耕种土地成为居民最担心的问题;其次是居民担心迁移会给自己造成经济损失,迁移后若不能种地自己将无法谋生,丧失维持生存的经济来源。诸如此类顾虑,成为影响迁建意愿的又一因素。

表 11-25　居民顾虑对迁移意愿的影响

居民顾虑	迁移意愿	
	不愿意	愿意
不愿改变现状	95.90%	4.10%
迁移会造成经济损失	97.30%	2.70%
迁移距离较远	100.00%	0.00%
迁移后缺乏谋生手段	97.40%	2.60%
安置房建设不合理	90.00%	10.00%
迁移后无法耕种土地	100.00%	0.00%

(四)回归分析

1.理论假设

因变量。将居民迁建意愿作为因变量,研究其影响因素。迁建意愿有愿意和不愿意两种情况,根据问卷的设计,将因变量中的愿意迁建取值为 1,

不愿意迁建取值为 0。

自变量。结合人口迁移理论、待迁居民的实际状况及相关文献的研究成果,把影响居民迁建意愿的因素设定为以下 6 个自变量:个体特征、家庭特征、空间特征、居住环境、安置环境、迁建政策。每个自变量又可进行细分成 20 个具体解释变量。(具体见表 11-26)

表 11-26　Logistic 模型变量定义及其赋值

自变量	指标变量	代码	变量定义	变量赋值
个体特征	性别	X_1	性别	0=女,1=男
	年龄	X_2	年龄(岁)	根据实际年龄度量(岁)
	学历	X_3	受教育程度	0=小学及小学以下,1=初中,2=高中或中专,3=大专及以上
	身份	X_4	是否为党员	0=否,1=是
家庭特征	家庭规模	X_5	家庭一共多少人口(人)	连续变量
	家庭流动人口比	X_6	外出人口占总人口比	连续变量
	家庭经济状况	X_7	能否承担迁建费用	0=不能,1=可以
	有无学龄儿童	X_8	家庭是否有学龄儿童	0=有,1=没有
空间特征	地理位置	X_9	所属乡镇位置	0=曹集镇,1=郏台乡,2=老观乡,3=王家坝镇
	耕地面积	X_{10}	拥有多少耕地(亩)	连续变量
	耕地半径	X_{11}	现居住地到耕地的最远距离(m)	连续变量
	安置距离	X_{12}	安置房与现居住地的远近	0=不远,1=远
居住环境	居住面积	X_{13}	现居住地的房屋面积多大(m²)	连续变量
	交通状况	X_{14}	现居住地交通是否方便	0=不方便,1=方便
	基础设施	X_{15}	现居住地基础设施是否较差	0=否,1=是

续表

自变量	指标变量	代码	变量定义	变量赋值
安置环境	安置地居住环境	X_{16}	安置地生活条件如何	0=不好,1=较好
	安置地公共服务	X_{17}	安置地基础设施如何	0=不好,1=较好
	安置地教育医疗	X_{18}	安置地上学看病是否方便	0=不方便,1=方便
迁建政策	迁建政策了解程度	X_{19}	对迁建政策是否了解	0=不了解,1=了解
	迁建政策满意度	X_{20}	感觉迁建配套政策是否合理	0=不合理,1=合理

注:表格数据根据调查问卷整理所得。

因素选取与研究假设。参考移民迁建意愿、生态移民迁移意愿、人口迁移的动力机制等方面的理论设定变量,采用 Logistic 回归模型,对蒙洼蓄洪区居民迁建意愿及其影响因素进行实证分析,提出如下假设。

假设1:个体特征对迁建意愿有影响。个体特征主要设置性别、年龄、学历、身份4个变量。①居民性别:由于蒙洼蓄洪区属于皖北经济发展水平较低地区,绝大多数家庭户主是已婚男性,因此考虑男性是否在迁建意愿中占据主导地位。②居民年龄:一般而言,年龄越大,迁移意愿越弱,而年轻人的适应性强,故而迁建意愿较强,居民年龄与迁建意愿呈负相关。③居民学历:居民受教育程度与迁建意愿呈正相关。④居民身份:居民是否为党员对迁移意愿有影响,是党员的居民的政治觉悟普遍较高,积极响应政府迁建政策,迁建意愿较强。

假设2:家庭特征对迁建意愿有影响。家庭特征主要设置家庭规模、家庭流动人口比、家庭经济状况及有无学龄儿童4个变量。①家庭规模:规模越大,人口越多的家庭,受蓄洪区生活不便及安置地生活便利因素的影响,越愿意迁移,与迁建意愿呈正相关。②家庭流动人口比:家庭中流动人口占比越高,表明常住家庭人数较少,对现居住地依赖较少,迁建意愿可能更强。③家庭经济状况:家庭经济状况越好,越能承担迁建前后所有费用的,迁建意愿越强。④有无学龄儿童:有学龄儿童的家庭,易被安置地良好的教学质量、教学环境及上学的便利性所吸引,越愿意迁建。

假设3:空间特征对迁建意愿有影响。空间特征主要包括居民所处乡镇的地理位置、拥有的耕地面积、耕地半径及安置距离。①地理位置:蒙洼下辖4个乡镇中,王家坝镇经济发展较好,距离县城最近,与其他乡镇居民相比,王家坝镇居民的迁建意愿可能相对较弱。②耕地面积:居民拥有的耕地面积越多,越不愿意迁建,二者呈负相关。③耕地半径:居民耕地半径越小,表明耕地位置与居住地越近,迁建意愿可能较弱;相反若耕地半径越大,迁移与否对耕种便利性没有较大影响,则迁建意愿越强。④安置距离:同耕种半径下,若迁建安置地距离较远,考虑到居民多为农民,对土地、"老家"依恋程度较大,可知安置距离与迁建意愿呈负相关。

假设4:居住环境对迁建意愿有影响。①居住面积:居民现有住房面积越大,迁建意愿越弱。②交通状况:一般而言,居住地交通不便,居民迁建意愿较强;交通条件越好,迁建意愿越弱,二者呈负相关。③基础设施:基础设施一般与迁建意愿呈负相关。

假设5:安置环境对迁建意愿有影响。①安置地生活环境:居民希望迁建到资源较为丰富的地区,便于生活生产,资源越丰富,生活环境越好,迁建意愿越强,安置地生活环境与迁建意愿呈正相关。②安置地公共服务:包括交通、用水用电、无障碍等与居民生活息息相关的公共服务,其与迁建意愿呈正相关。③安置地教育医疗:在安置地子女入学、老人看病就医是否方便在很大程度上影响居民的迁建意愿,二者呈正相关。

假设6:迁建政策对居民迁建意愿有影响。①居民对迁建政策的了解程度:居民对政策了解得越清楚,对政策理解得越透彻,迁建意愿越强。②居民对迁建政策的满意度:一般而言,居民对迁建政策感到满意才愿意迁建,政策满意度与迁建意愿呈正相关。

2.模型构建

根据以上研究假设,蒙洼蓄洪区居民迁建意愿受到个体特征、家庭特征、空间特征、居住环境、安置环境和迁建政策等6类因素的影响。设居民迁建意愿为Y，那么本研究的计量经济模型可构建为：

$$Y=f(个体特征、家庭特征、空间特征、居住环境、安置环境、迁建政策)+\alpha \quad (1)$$

又因各类影响因素对应20个自变量，根据各自变量的定义，居民迁建意愿的回归方程可以表示为：

$$Y=\alpha+\beta_1 x_1+\beta_2 x_2+\cdots+\beta_{20} x_{20} \quad (2)$$

在因变量是迁建意愿这种既是连续又是二分类的变量时，可考虑选择Logistic回归模型进行分析。因其不要求样本呈正态分布，所以Logistic回归模型对于分析意愿这种个体决策行为来说是最理想的模型。由于选取Logistic模型进行回归，因变量（Y）的取值为迁建意愿变量，它是离散变量，只能选取0和1两个值。在实际调查受访的居民中，被问及"您是否愿意迁建"时，回答愿意的有39%，而回答不愿意的有38%，另有23%的人没有给出明确答复，表示无所谓或者是自己不考虑这一问题，听子女或政府安排。为方便进行分析，将这23%没有明确是否愿意迁建的人归入不愿意迁建的人中，故不愿意迁建人数占61%（注：百分比均取整）。设$Y=1$的概率为P，则P的取值范围是$(0,1)$，本研究相应的Logistic回归方程可以表示如下：

$$\ln\left(\frac{P}{1-P}\right)=\alpha+\beta_1 x_1+\beta_2 x_2+\cdots+\beta_n x_n \quad (3)$$

其中，P表示愿意迁建的概率，$1-P$即不愿意迁建的概率。α是常数项，表示回归截距，β_n表示第n个影响因素的回归系数，x_n是第n个自变量，表示第n个影响因素。

3.研究结果

通过利用SPSS25.0对321份问卷数据进行二元Logistic回归分析，得到回归模型结果（见表11-27）。在模型中可以看到，Cox&Snell R^2值为0.619、Nagelkerke R^2值为0.827，二者在0~1的范围内均靠近于1，表明本次模型的拟合效果较好。

总体来看，模型回归结果与研究假设基本一致。在假设的6类因素中均有具体变量不同程度地影响蒙洼居民的迁建意愿，表明居民迁建意愿是受多种因素共同影响的。其中居民的个体特征对迁建意愿影响较小，仅年龄因素与迁建意愿有所关联；在家庭特征中，家庭经济状况对迁移意愿影响较大，家庭流动人口比次之；而在空间特征中，耕地面积、耕地半径及安置距离与居民迁建意愿并无较大关系，但不同地理位置即居民所属乡镇的不同对迁建意愿有较大影响；居民居住环境的基础设施情况及安置环境对迁建意愿影响非常大，几乎决定着居民是否愿意迁建；居民对迁建政策的满意度对迁建意愿也有很大影响。

表 11-27 Logistic 回归模型结果

自变量	解释变量	回归系数（B）	统计量（Wald）	显著性（Sig.）	发生比[Exp(B)]
个体特征	X_1 性别	−0.779	2.315	0.128	0.459
	X_2 年龄	−0.057	3.109	0.078*	0.944
	X_3 学历	−0.543	1.514	0.219	0.581
	X_4 身份	0.208	0.049	0.826	1.231
家庭特征	X_5 家庭规模	0.083	0.988	0.320	1.087
	X_6 家庭流动人口比	2.184	2.887	0.089*	0.113
	X_7 家庭经济状况	0.642	5.806	0.016**	1.901
	X_8 有无学龄儿童	0.063	0.012	0.912	1.065
空间特征	X_9 地理位置（0 曹集镇）				
	地理位置（1 郜台乡）	−0.286	0.925	0.336	0.751
	地理位置（2 老观乡）	−0.984	6.668	0.010**	0.374
	地理位置（3 王家坝镇）	−0.737	5.713	0.017**	0.479
	X_{10} 耕地面积（亩）	0.005	0.030	0.863	0.995
	X_{11} 耕地半径（m）	0	0.520	0.471	1.000
	X_{12} 安置距离	−21.863	0.000	0.997	0.000

续表

自变量	解释变量	回归系数（B）	统计量（Wald）	显著性（Sig.）	发生比[Exp(B)]
居住环境	X_{13}居住面积（m²）	0	0.004	0.947	1.000
	X_{14}交通状况	0.717	0.646	0.421	2.048
	X_{15}基础设施	−3.065	20.249	0.000***	21.430
安置环境	X_{16}安置地居住环境	1.765	7.690	0.006***	5.844
	X_{17}安置地公共服务	2.101	12.878	0.000***	8.173
	X_{18}安置地教育医疗	1.161	4.022	0.045**	3.192
迁建政策	X_{19}迁建政策了解程度	−1.255	2.773	0.096*	0.285
	X_{20}迁建政策满意度	3.108	15.978	0.001***	0.045
常量		0.995	0.235	0.628	2.705
−2LogLikelihood		96.885			
Cox&Snell R^2		0.619			
Nagelkerke R^2		0.827			

注：表格数据根据回归结果整理；参照变量均以表 1 中赋值的 0 变量进行；***、**和*分别表示在 1%、5%和 10%的统计水平上显著。

4.结果分析

（1）个体特征变量

居民个体特征变量中，仅年龄因素通过了 10%的显著性水平检验，与假设一致，即居民年龄越大，"生于斯、长于斯、死于斯"的乡土情怀越强，不愿离开老房子迁到别处；而年龄较小的居民，则更愿意迁到条件更好的地区。反观个体特征的其他变量，居民的性别、受教育程度及是否为党员均未通过检验，与假设不符，表明这些因素对居民迁建意愿影响均不明显。目前蒙洼蓄洪区经济发展水平不高，居民家庭中男性多外出务工，各乡镇、村常住人口普遍多为女性，调查样本中女性占比较高，因此并不能直接得出对于是否愿意迁建，具体是由男性决定还是由女性决定的结论；在实际走访中发现迁建意愿与个体性别并无太大关系，而是受制于大环境及整个家庭的集体意愿。与学者们以往关于学历越高，迁建意愿越强的研究结论不同，蒙洼地区居民的受教育程度对其迁建意愿影响不明显,主要原因是蒙洼地区居民多为老年人。高学历对迁建意愿的影响在很大程度上被因年龄较大而不愿迁建的反向影响所抵消。而居民身份这一因素的影响与学历的影响类似,对学历与身份进行交叉对比同样验证这一结论。

(2)家庭特征变量

家庭特征变量中家庭规模变量未通过检验,与假设情况不同。通过实际走访发现,在家庭规模较大、人口较多的情况下,安置房屋或货币补偿并没有较大程度的增加,居民认为安置房无法容纳较多人口居住,而货币补偿也无法减少他们买房、盖房的成本,导致居民即使家庭人口较多,迁移意愿也并不会增强。家庭流动人口比通过了10%的显著性水平检验,且回归系数为正,可见家庭流动人口比对居民迁建意愿影响明显。这可能是因为家庭中外出务工的人数多,家庭收入相对较高,家庭经济条件较好,居民迁建意愿更强。显然,经济状况对迁建意愿影响明显。但可能受问卷题目设置的局限(仅询问居民是否能承担迁建费用,没有设置具体经济收入指标),家庭经济状况仅通过5%的显著性水平检验。有无学龄儿童未通过检验,其原因主要是调查到的居民家庭都有学龄儿童,导致该因素成为了控制变量,无法反映出二者之间的关系。

(3)空间特征变量

在空间特征变量中可以看出,居民所处地理位置,即乡镇对于居民迁建意愿影响较为显著。以曹集镇作为参照乡镇(数据显示曹集镇中,愿意迁建与不愿意迁建的居民数基本持平,且曹集镇处于蒙洼蓄洪区中心,因此将其作为参照乡镇最为合适),老观乡和王家坝镇通过了5%的水平检验,且回归系数均为负数,而郜台乡未通过检验。这表明:相较于曹集镇,老观乡和王家坝镇的居民迁建意愿整体较低,而郜台乡并没有这一特征。通过对这4个乡镇的调查及查阅相关资料发现,王家坝镇相较于其他乡镇,地理位置较好、受洪水威胁最小且最靠近县城,经济发展水平相对较高,居民整体生活的幸福度、满意度最高。其次是老观乡,因此王家坝镇与老观乡的居民的迁建意愿相对于曹集镇较弱;但部台乡情况相反,其辖内人口最多、人口密度较大、人均生存空间较小,居民迁建意愿整体可能持平或者愿意迁建者占多数。

而空间特征中的耕地面积变量没有通过检验,表明该因素对蒙洼居民迁建意愿影响并不显著。主要原因是蒙洼蓄洪区居民多耕种土地,虽以种植为主要收入来源,但目前土地流转较为常见。居民耕地面积的大小并不能代表其实际耕种土地面积的多少,出现居民仅拥有几亩耕地却承包几十甚至上百亩耕地或土地完全流转,没有耕种的现象。前者几乎不愿意迁建而后者在很大程度上是愿意迁建的,因此模型中二者并没有较大关系。安置距离变量的回归系数为0,发生比为1,表明其无法判断其对迁建意愿的影响,与我们的假设不一致。蒙洼蓄洪区各村庄、庄台日益受到国家和政府的重视,目前交通状况相对较好,"基本实现村村通",居民耕地距离的远近对于居民耕种便利程度的影响较小,耕地距离对居民的迁建意愿影响不显著。安置距离变量的回归系数为负,可见其与迁建意愿可能存在负相关,但其未通过检验,表明安置距离对迁建意愿的影响并不那么显著。这一方面是因为整个蒙洼地区的保庄圩(安置房)建设普遍选址在乡镇中心的附近,因此从整体而言与居民现居住地的距离没有远到一定程度;另一方面是因为与耕地半径类似,在蒙洼地区交通状况较好的条件下,距离因素已经不足以对居民迁建意愿上产生较大影响。

(4)居住环境变量

在居住环境变量中,居民居住面积变量与耕地半径变量一样,回归系数为0,发生比为1,可见其对迁建意愿的影响并不像所假设的那样呈负相关,而是无规律可循的。通过实际调查发现,蒙洼地区居民居住的庄台,初始建设的样式、建筑面积的大小、建筑的楼层数基本一致,并无较大区别。除因居民家庭经济条件不同,居住房屋的装修及维修有所不同外,房屋从本质上来说区别不大,因此无法判断居住环境对迁建意愿的影响。上文中提到,目前蒙洼蓄洪区整体交通状况较好,严格意义上的交通状况变量也是控制变量,因此其未通过检验,这一变量对居民迁建意愿影响不大是符合实际情况的。而居住地的基础设施变量通过了1%的显著性水平检验,回归系数同样为负,与假设一致,即居民认为蒙洼地区基础设施较差,基本都愿意迁建,可见蒙洼地区现居民居住地的基础设施对其迁建意愿有着明显的影响。

(5)安置环境变量

安置环境变量中,安置地居住环境、公共服务变量及教育医疗变量分别通过了1%与5%的显著性水平检验,可见安置地居住环境在很大程度上决定了蒙洼地区居民是否愿意迁建。通过对居民的走访与访谈得知,除去部分乡土情怀相对较深,不愿意迁建的居民及迁建取决于子女意愿的一些老年人居民群体外,其余多数居民对迁建的想法在整体上和政府制定迁建政策的初衷是一致的,即居民愿意一劳永逸地摆脱洪水的威胁,迁移到环境更好、服务更好、子女上学与老人看病都更加方便的安置地区。仅从安置地环境这一因素来看,其对居民的迁建意愿影响相当显著。

(6)迁建政策变量

针对迁建政策变量对居民迁建意愿的影响,研究中仅就居民对迁建政策的了解程度与满意度这2个因素进行分析。其中,居民对迁建政策的了解程度通过了10%的显著性水平检验,但回归系数为负,与前面的假设不一致,这一点出乎意料。以往观点普遍认为居民对迁建政策了解程度越高,迁建意愿应该更强,但调查结果却完全相反。通过对居民的走访与访谈得知,了解到迁建政策不是尽善尽美的,而对政策了解得越清楚的居民,对政策利弊知晓得越深刻,往往习惯"放大"政策中某些"不足"之处,并不断强化这一认知,最终导致迁建意愿降低。最后,居民对迁建政策的满意度这一因素通过了1%的显著性水平检验,与前面假设一致,回归系数同样为正,即迁建政策满意度对居民迁建意愿具有显著正向影响。实际上该结论即使不通过问卷调查,在很大程度上也能通过观察整体居民的迁建情况得出。居民只有在对迁建政策满意的情况下才会愿意迁建,不满意则不愿迁建。这体现了我党以人民为中心的理念,我党应持续不断完善政策,提升居民对政策的满意度,增强居民整体迁建意愿。

五、安置意愿

(一)安置情况

通过对居民迁移后期望的收入来源、安置点位置及倾向的补偿方式三方面来了解居民的安置意愿,经过数据分析分别得到图 11-11、图 11-12、图 11-13。如图 11-11 所示,蒙洼地区居民迁建后最期望的收入来源仍然是农业性收入,占 53%。这与上文迁建意愿分析中提到的部分居民舍不得土地的观点不谋而合,这部分居民仍以年龄较大的老年人群体为主。在这些朴实的农民心中,他们对其他的收入来源方式没有多少认知。在他们看来,认为无论如何也一定要耕作自家的土地。20% 的居民表示迁建后更愿意获得工资性收入,其中主要是"打工"收入。这部分居民多是年轻人,普遍在外务工,现代化的思维方式使得他们对于迁建工作较为支持,也更希望迁移后的收入来源固定的工资。

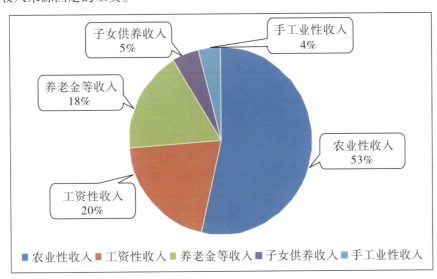

图 11-11 居民迁建后期望的收入来源

另有部分老年人群体希望迁移后政府能提供养老金,或者将养老保险等作为自己的主要生活来源。值得关注的是调研中发现,有相当一部分平均年龄在50岁的妇女表示,如果迁移,希望能有"手工活"干,在闲暇时干"手工活"能为家庭带来一些经济收入,比如从事阜南县特有的柳编或其他产品的加工等。但目前保庄圩的安置点附近缺乏相关的加工制造业、手工业工厂,因此在后续的居民迁建工作中,配套完善第二、三产业值得引起重视。

图11-12显示的是居民希望迁建的地点。可以看出,居民最希望迁建的地点仍然是保庄圩,占比43.7%;其次是就地安置,占比38.7%;而愿意迁至县城、乡镇附近,其他庄台或者获得货币补偿的居民整体占比较少。分析表明,前期迁移建设安置点定于保庄圩,这一举措已在居民心中形成了刻板印象,居民认为安置点只有保庄圩,没有考虑过其他的地点。一部分居民愿意就地安置,主要是因为其对生活了多年的地方感情深厚,不愿远离,就地安置既能满足迁建意愿,又能继续种地,一举两得,但现实情况是居民这一需求难以满足。愿意迁移到县城、乡镇附近的主要是中青年居民,其更愿意接受城镇化、现代化的生活。

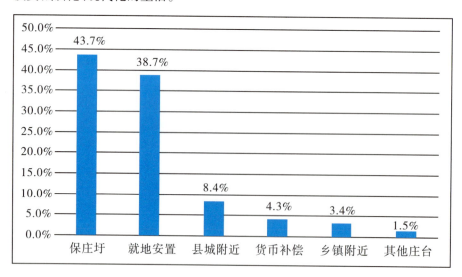

图11-12 居民期望的安置点位置

蒙洼居民倾向的补偿方式的调查结果一目了然(见图11-13)。与目前全国普遍意义上的迁建工作相似,蒙洼地区迁建工作中的补偿方式基本有2

种:房屋补偿或者货币补偿。随着房价的上涨,对于蒙洼多数(76.6%)居民而言,无论如何至少要保证迁移后自己有地方居住,因此更愿意接受房屋补偿;而19.2%的群体更愿意接受货币补偿,主要是因为该群体对于集体安置点的条件不够满意(如上文提到的上下楼不方便、没有独门独院等),更加希望能够自建或者重新买房。仅有4.2%的群体表示最好的补偿是提供就业,这些居民考虑得更加长远。至于迁建工作是否能考虑到这点有待进一步研究。

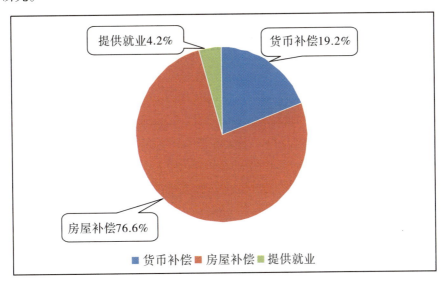

图 11-13 居民倾向的补偿方式

(二) 迁移成本

通过对居民迁建成本的调查得到图 11-14,其中 48% 的居民表示完全负担不起迁建成本,46% 的居民表示可以负担部分迁建成本,仅 6% 的居民表示可以完全负担迁建的费用。在实际走访中发现,迁建补贴远不能满足迁建安置房的相关费用需求,需要补交较多费用才能同等迁建保庄圩安置房的第一层、第二层;第三层、第四层同等迁建需居民补交较少费用;而居民第五层不需要居民补贴费用,但现实情况是居民不愿选择较高楼层居住。选择楼层越低的住房需要居民补贴更多迁建费用,迁建成本超出居民预想。而可以完全负担及可以负担部分迁建成本的居民比例与目前迁建完成整体比例及迁建意愿比例较为符合。

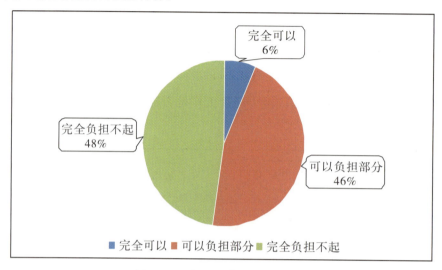

图 11-14　居民迁建费用承担情况

(三)迁建期望

对迁建后居民需要的政策进行统计分析得到图 11-15。从图中可以看

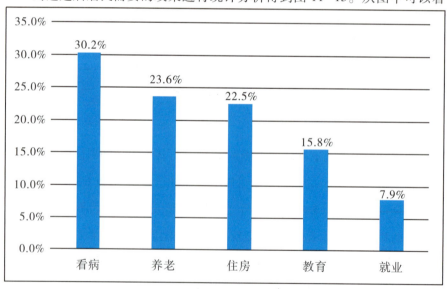

图 11-15　迁移后居民的政策期望

出居民迁建后的政策需求分别是医疗政策(看病)、养老政策、住房政策、教育政策(小孩上学)及就业政策。蒙洼地区居民以老年人群体为主,对于这些老年人而言,看病永远是第一位的,养老次之。住房政策主要针对的是迁建后的住房保障问题。居民对教育政策的需求基本上来源于有学龄儿童的家庭,占比15.7%。这一比例并不算高,主要原因在于调查样本中的王家坝镇整体环境较好,学校分布在居住地附近,小孩上学较为方便,因此对于教育政策没有过多迫切的需要。至于就业政策,情况跟上文提及的少数居民倾向于提供就业的补偿方式类似。

第十二章　蓄洪区洪水风险分析

经过多年的建设,蒙洼蓄洪区的防洪基础设施体系和管理运行体系,对促进蓄洪区的防洪安全功能的实现和蓄洪区居民生产生活条件的改善发挥了积极作用。基于蒙洼蓄洪区的水情、工程情况及社会经济发展等状况,我们运用洪水风险分析、洪水影响分析等方法,综合分析蒙洼蓄洪区洪水风险。

一、洪水风险分析

(一)洪水风险来源分析

蒙洼蓄洪区内暴雨涝水,在淮河水位低时,可自排入淮河;在淮河水位高时可通过泵站抽排,因此区域内暴雨造成的洪水风险不大。

蒙洼蓄洪区分泄淮河干流的洪水,主动分洪、蓄洪,运用后区内洪水淹没范围大,淹没水深,历时长,风险大。可见蓄洪区洪水风险主要源自分蓄淮河洪水。

(二)洪水风险分析案例

蒙洼蓄洪区属于淮干蓄洪区,已建有王家坝进洪闸和曹台孜退洪闸,设计流量分别为 1626 m^3/s、2000 m^3/s。考虑蒙洼蓄洪区为封闭区域,无支流来水,根据工程情况、洪水风险来源分析,我们分别对 1991 年、2003 年、2007 年、2020 年典型年洪水和淮河干流设计洪水风险进行分析。

(三)模型构建

1.软件选取

选取 MIKE 21 HD 模型,利用 MIKE 21 软件,基于二维浅水波方程,采用单元中心的显式有限体积法求解。21 FM 采用非结构有限体积法离散控制方程,具有 2 套空间离散系统,分别是矩形结构和三角形非结构网格。无结构网格具有复杂区域适应性好、局部加密灵活和便于自适应的优点,能很好地模拟自然边界及复杂的水下地形,提高边界模拟精度,因此本次数值模拟采用无结构三角形网格对区域进行剖分。

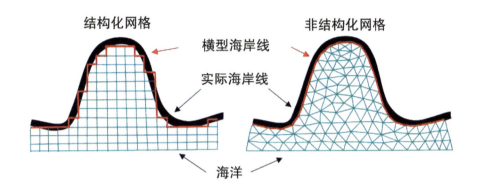

图 12-1　矩形网格与非结构网格边界拟合对比图

2.模型构建

基于 MIKE 21 建立蒙洼蓄洪区二维水动力学模型的步骤具体如下。

①模型范围确定。以蒙堤和淮堤组成的蒙洼圈堤内 180.4 km² 的地形为模型范围。计算时扣除王家坝、老观、曹集西、安岗、段台和郜台 6 个保庄圩的保护面积,计保庄圩总面积 8.5 km²。

②网格剖分。基于 1∶10000 的地形数据建立区域整体地形变化的不规则三角形网格,最大网格面积不大于 0.01 km²。区内庄台以实际地形概化模拟,对主要沟渠、重要地区、地形和平面形态变化较大地区的计算网格适当进行加密。蒙洼蓄洪区计算网格剖分示意图如图 12-2 所示,蒙洼蓄洪区二维模型范围及地形示意图如图 12-3 所示。

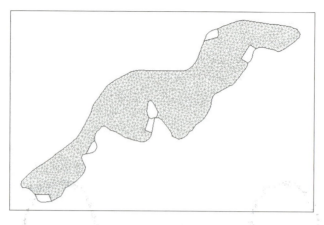

图 12-2　蒙洼蓄洪区计算网格剖分示意图

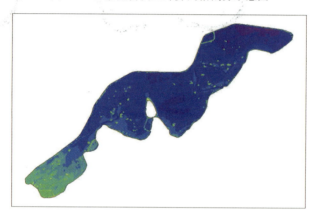

图 12-3　蒙洼蓄洪区二维模型范围及地形示意图

③下垫面糙率设置。对区域内不同的地表类型给定不同阻力情况,不同下垫面糙率系数采用我院编制的《城东湖、花园湖、蒙洼、寿西湖、汤渔湖5个蓄滞洪区洪水风险图编制总报告》糙率取值,不同下垫面糙率系数取值在 0.0250~0.070。

④边界条件设置。1991年、2003年、2007年典型年洪水和淮河干流设计洪水风险分析中需设置湖区进洪前降雨影响,并加载王家坝闸分泄淮干洪水的进洪过程、蓄洪区内的面降雨、蒸发量;1991年洪水风险分析中还需考虑曹台孜闸退洪过程。考虑洪水向下游演进过程,在王家坝闸进洪结束后,再适当延长模型计算时间。

(四)洪水风险案例分析

1.1991 年洪水

基于蒙洼蓄洪区工程情况现状,分析发生 1991 年洪水的风险。根据 1991 年蒙洼蓄洪区实际 2 次分洪过程,时段内蒙洼蓄洪区降雨量为 711.6 mm、蒸发量为 247.5 mm,王家坝闸最大进洪流量为 1600 m³/s、进洪量为 8.08 亿 m³,曹台孜闸最大退洪流量为 645 m³/s、退洪量为 3.73 亿 m³,进退洪流量变化过程见图 12-4。

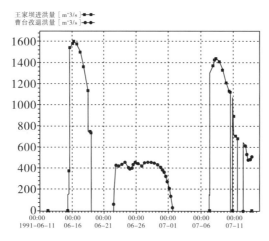

图 12-4 典型年 1991 年洪水蒙洼蓄洪区进退洪流量变化过程图

经计算分析得知,蓄洪区内洪水淹没面积为 170.6 km²,蓄洪水位为 27.63 m。除地形较高的王家坝镇区域外,其余区域最大淹没水深值在 3 m 以上,靠近下游曹台孜闸附近区域最大淹没水深值较大,淹没水深达 5.5 m。

分洪 3.0 h 后王家坝镇区域被淹没,淹没面积为 4.2 km²,分洪 3.0 h 内闸西等 9 座庄台被淹没;分洪 6.0 h 后王家坝镇区域被淹没,淹没面积为 8.4 km²,分洪 3.0~6.0 h 自由等 13 座庄台被淹没;分洪 24.0 h 后王家坝镇、老观乡、曹集镇、阜蒙农场区域被淹没,淹没面积为 84.2 km²;分洪 6.0~24.0 h 郎老庄等 52 座庄台淹没;分洪 48.0 h 后王家坝镇、老观乡、曹集镇、阜蒙农场区域、邰台乡、中岗镇区域被淹没,淹没面积为 159.9 km²;分洪 24.0~48.0 h 黑龙潭等 57 座庄台被淹没。洪水前锋到达曹集站、曹台孜站时间分别约为 24 h、48 h。

靠近进洪闸和退洪闸附近区域流速较大,超过 3.1 m/s;行洪通道上,不包括进退洪闸附近,自上游至下游最大洪水流速在 0.90~0.17 m/s,大部分区域洪水流速在 0.50 m/s 以下。

蒙洼蓄洪区 1991 年洪水前锋到达时间详见表 12-5,洪水淹没情况详见图 12-5。

表 12-5 典型年 1991 年洪水前锋到达时间表

位置	洪水前锋到达时间			
	<3 h	3~6 h	6~24 h	24~2d
乡镇	王家坝镇		老观乡、曹集镇、阜蒙农场	郜台乡、中岗镇
庄台	闸西、闸东、王寨、老丁郢、龙井、丁郢、前进、分洪蒙堤、分洪等9座庄台	自由、崔寨、马堰、东庄孜、合作、沈林蒙堤、崔楼、陈郢、互助、沈林小、李郢、张湾、郑台等13座庄台	郎老庄、解放、郎楼、唐梢、邢郢、刘郢、郎湾、上河、下河、陡河、花门楼、前楼、后楼、张大台、张大台蒙堤、罗庄子、卢大园、和平台、老观乡政府、老观、小马台、大马台、黄泥湖、王郢、三里庄、黄郢、徐寨、王庄、王岗、谢台、康楼、湖套后台、前台、腰台、湖套、陈棚子、陈大湾、河口、蒙堤台、陈台子、前李寨、前李寨东、后李寨、东田坡、西田坡、大庄、程大台、姜园、姑嫂庙、大小杨台、二分场、回民等52座庄台	黑龙潭、王垱、程大郢、腰庄、任郢子、宗郢、乔寨、曹台、牛台、唐岭子、四分场、五分场、毕台、联台、徐罗郢、木郢、曹台1、曹台2、刘台、宋台、西浅孜、东浅孜、后刘台、汪堰、余台、后马台、孙台、余刘马、郜台、马台1、马台2、段台、殷台、连台孜、朱台、安台子、童楼、关口、童家庙、童庙、后刘店、前刘店、李营、斜台、北梗老台湖、潘大台、北梗老台、桂庙北埂、张伯台、大台、薛台、腰台、沙洲子、西滩、伯仲、宁台北埂、宁台孜等57座庄台
保庄圩	王家坝保庄圩		老观、安岗、曹集西保庄圩	段台、郜台保庄圩

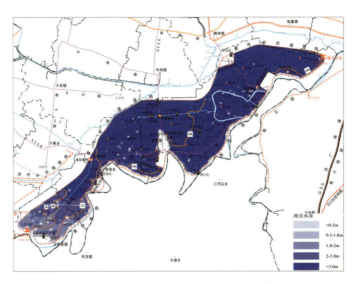

图12-5 典型年1991年蒙洼蓄洪区洪水淹没情况示意图

2. 2003年洪水

基于蒙洼蓄洪区工程情况现状,分析发生2003年洪水的风险。根据2003年蒙洼蓄洪区实际2次分洪过程,时段内蒙洼蓄洪区降雨量为257.5 mm、蒸发量为106.6 mm,王家坝闸最大进洪流量为1670 m³/s、进洪量为5.45亿m³。王家坝闸进洪流量变化过程见图12-6。

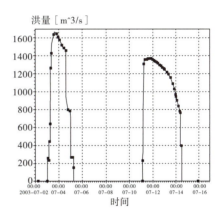

图12-6 典型年2003年洪水王家坝闸进洪流量变化过程图

经计算分析可知,蓄洪区内洪水淹没面积为169.4 km²,蓄洪水位为26.95 m。除王家坝镇、老观乡等地形较高区域外,其余区域最大淹没水深值在3 m以上,靠近下游曹台孜闸附近区域最大淹没水深值较大,淹没水深达5.0 m。

分洪3.0 h后王家坝镇区域被淹没,淹没面积为5.6 km²,分洪3.0 h内闸西等8座庄台被淹没;分洪6.0 h后王家坝镇区域被淹没,淹没面积为12.4 km²,分洪3.0~6.0 自由等16座庄台被淹没;分洪24.0 h后王家坝镇、老观乡、曹集镇、阜蒙农场区域被淹没,淹没面积为 97.3 km²；分洪 6.0~24.0 h郎老庄等 55 座庄台被淹没；分洪 48.0 h 后王家坝镇、老观乡、曹集镇、阜蒙农场区域、郜台乡、中岗镇区域被淹没,淹没面积为 160.9 km²；分洪 24.0~48.0 h黑龙潭等 52 座庄台被淹没。洪水前锋到达曹集站、曹台孜站时间分别约为 23 h、46 h。

靠近进洪闸附近区域流速较大,超过 3.1 m/s；行洪通道上,不包括进退洪闸附近,自上游至下游最大洪水流速在 0.90~0.15 m/s 范围内渐变,大部分区域洪水流速在 0.50 m/s 以下。

蒙洼蓄洪区 2003 年洪水前锋到达时间详见表 12-6,洪水淹没情况详见图 12-7。

表 12-6　典型年 2003 年洪水前锋到达时间情况表

位置	洪水前锋到达时间			
	<3 h	3~6 h	6~24 h	24~2d
乡镇	王家坝镇		老观乡、曹集镇、阜蒙农场	郜台乡、中岗镇
庄台	闸西、闸东、王寨、龙井、丁郢、前进、分洪、分洪老等 8 座庄台	自由、崔寨、马堰、东庄孜、合作、沈林蒙堤、崔楼、陈郢、互助、沈林小、李郢、郑台、张湾、老丁郢、张大台、张大台蒙堤等 16 座庄台	郎老庄、解放、郎楼、唐梢、邢郢、刘郢、郎湾、上河、下河、陡河、花门楼、前楼、后楼、罗庄子、卢大园、和平台、老观乡政府、老观、小马台、大马台、黄泥湖、王郢、三里庄、黄郢、徐寨、王庄、王岗、谢台、康楼、湖套后台、前台、腰台、湖套、陈棚子、陈大湾、河口、蒙堤台、陈台子、前李寨、前李寨东、后李寨、东田坡、西田坡、大庄、程大台、姜园、姑嫂庙、大小杨台、二分场、回民、木郢、四分场、五分场、关口、童家庙等 55 座庄台	黑龙潭、王垞、程大郢、腰庄、任郢子、宗郢、乔寨、曹台、牛台、唐岭子、毕台、联台、徐罗子、曹台 1、曹台 2、刘台、宋台、西浅孜、东浅孜、后刘台、汪堰、余台、后马台、孙台、余刘马、郜台马台 1、马台 2、段台、殷台、连台孜、朱台、安子、童楼、童庙、后刘店、前刘店、李营、斜台、北梗老台湖、潘大台、北梗老台、桂庙北埂、张伯台、大台、薛台、腰台、沙洲子、西滩、伯仲、宁台北埂、宁台孜等 52 座庄台
保庄圩		王家坝保庄圩	老观、安岗曹集西、保庄圩	郜台乡、中岗镇

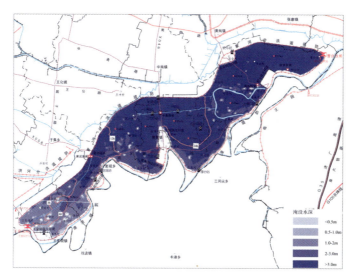

图 12-7　典型年 2003 蒙洼蓄洪区洪水淹没情况示意图

3. 2007 年洪水

基于蒙洼蓄洪区工程情况现状，分析发生 2007 年洪水的风险。根据 2007 年蒙洼蓄洪区实际分洪过程，时段内蒙洼蓄洪区降雨量为 181.3 mm、蒸发量为 79.4 mm，王家坝闸最大进洪流量为 1660 m³/s、进洪量为 2.44 亿 m³。王家坝闸进洪流量变化过程见图 12-8。

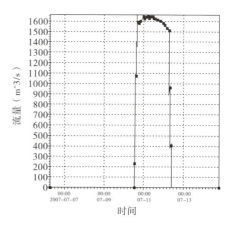

图 12-8　典型年 2007 年洪水王家坝闸进洪流量变化过程图

经计算分析，蓄洪区内洪水淹没面积为 164.3 km²，蓄洪水位为 25.28 m。大部分区域最大淹没水深值在 1~2.5 m，靠近下游曹台孜闸附近区域最大淹没水深值较大，淹没水深达 3.0 m。

分洪 3.0 h 后王家坝镇区域被淹没，淹没面积为 11.6 km²，分洪 3.0 h 内自由等 21 座庄台被淹没；分洪 6.0 h 后王家坝镇、老观乡区域被淹没，淹没面积为 27.7 km²;分洪 3.0~6.0 h 郎老庄等 41 座庄台被淹没;分洪 24.0 h 后王家坝镇、老观乡、曹集镇、阜蒙农场区域被淹没,淹没面积为 109.4 km²;分洪 6.0~24.0 h 蒙堤台等 28 座庄台被淹没;分洪 48.0 h 后王家坝镇、老观乡、曹集镇、阜蒙农场区域、郜台乡、中岗镇区域被淹没,淹没面积为 160.9 km²;分洪 24.0~48.0 h 毕台等 41 座庄台被淹没。洪水前锋到达曹集站、曹台孜站时间分别约为 18 h、44 h。

靠近进洪闸附近区域流速较大,超过 2.7 m/s;行洪通道上,不包括进退洪闸附近,自上游至下游最大洪水流速在 0.90~0.20 m/s 范围内渐变,大部分区域洪水流速在 0.50 m/s 以下。

蒙洼蓄洪区 2007 年洪水前锋到达时间详见表 12-7,洪水淹没情况详见图 12-9。

表 12-7 典型年 2003 年洪水前锋到达时间情况表

位置		洪水前锋到达时间			
		<3 h	3~6 h	6~24 h	24~2d
乡镇		王家坝镇	老观乡	曹集镇、阜蒙农场	郜台乡、中岗镇
庄台		自由、崔寨、马堰、东庄孜、合作、沈林蒙堤、崔楼、陈郢、互助、沈林小、郑台、张湾、闸西、闸东、王寨、老丁郢、龙井、丁郢、前进、分洪、分洪老等 21 座庄台	郎老庄、解放、郎楼、唐梢、邢郢、李郢、刘郢、郎湾、上河、下河、陡河、花门楼、前楼、后楼、张大台、张大台蒙堤、罗庄子、卢大园、和平台、老观乡政府、老观、小马台、大马台、黄泥湖、王郢、三里庄、黄郢、徐寨、王庄、王岗、谢台、康楼、湖套后台、前台、腰台、湖套、陈棚台、陈大湾、河口、陈台、前李寨等 41 座庄台	蒙堤台、前李寨东、后李寨、东田坡、西田坡、大庄、黑龙潭、王堌、程大郢、腰庄、任郢子、程大台、宗郢、乔寨、曹台、牛台、姜园、姑嫂庙、大小杨台、唐岭子、二分场、四分场、五分场、回民、木郢、关口、童家庙、童庙等 28 座庄台	毕台、联台、徐罗子、曹台1、曹台2、刘台、宋台、西浅孜、东浅孜、后刘台、汪堰、余台、后马台、孙台、余刘马、郜台、马台1、马台2、段台、殷台、连台孜、朱台、安台子、童楼、后刘店、前刘店、李营、斜台、北梗老台湖、潘大台、北梗老台、桂庙北坝、张伯台、大台、薛台、腰台、沙洲子、西滩、伯仲、宁台北坝、宁台孜等 41 座庄台
保庄圩		王家坝保庄圩	老观保庄圩	安岗、曹集西保庄圩	段台、郜台保庄圩

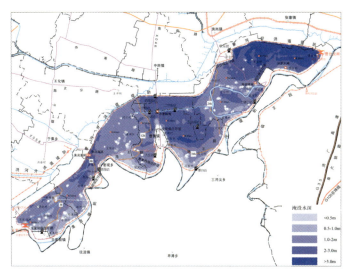

图 12-9　典型年 2007 洪水蒙洼蓄洪区淹没情况示意图

4. 2020 年洪水

基于蒙洼蓄洪区工程情况现状,分析发生 2020 年洪水的风险。根据 2020 年蒙洼蓄洪区实际分洪过程,时段内蒙洼蓄洪区降雨量为 133.7 mm、蒸发量为 23.8 mm,王家坝闸最大进洪流量为 1820 m³/s、进洪量为 3.75 亿 m³。进洪流量变化过程见图 12-10。

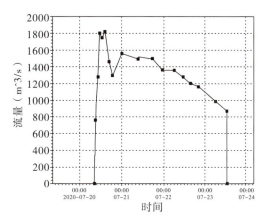

图 12-10　典型年 2020 年洪水蒙洼蓄洪区进退洪流量变化过程图

经计算分析,蓄洪区内洪水淹没面积为 166.2 km²,蓄洪水位为 25.91 m。大部分区域最大淹没水深值在 1~3 m,靠近下游曹台孜闸附近区域淹没水深值较大,淹没水深达 3.5 m。

分洪 3.0 h 后王家坝镇区域被淹没,淹没面积为 10.3 km²,分洪 3.0 h 内解放等 25 座庄台被淹没;分洪 6.0 h 后王家坝镇、老观乡区域被淹没,淹没面积为 25.8 km²;分洪 3.0~6.0 h 和平等 17 座庄台被淹没;分洪 24.0 h 后王家坝镇、老观乡、曹集镇、阜蒙农场区域被淹没,淹没面积为 107.2 km²;分洪 6.0~24.0 h 童家庙等 51 座庄台被淹没;分洪 48.0 h 后王家坝镇、老观乡、曹集镇、阜蒙农场区域郜台乡、中岗镇区域被淹没,淹没面积为 161.7 km²;分洪 24.0~48.0 h 宁台子等 38 座庄台淹没。洪水前锋到达曹集站、曹台孜站时间分别约为 15 h、40 h。

靠近进洪闸和退洪闸附近区域流速较大,超过 3.1 m/s;行洪通道上,不包括进退洪闸附近,自上游至下游最大洪水流速在 0.90~0.20 m/s 大部分区域洪水流速在 0.50 m/s 以下。

蒙洼蓄洪区 2020 年洪水前锋到达时间详见表 12-8,洪水淹没情况详见图 12-11。

表 12-8　典型年 2020 年洪水前锋到达时间表

位置	洪水前锋到达时间			
	<3 h	3~6 h	6~24 h	24~2d
乡镇	王家坝镇	老观乡	曹集镇、阜蒙农场	郜台乡、中岗镇
庄台	自由、崔寨、马塝、东庄孜、合作、沈林蒙堤、崔楼、陈郢、互助、沈林小、郑台、张湾、闸西、闸东、王寨、老丁郢、龙井、丁郢、前进、分洪、分洪老、李郢、刘郢、解放、郎楼等 25 座庄台	郎老庄、唐梢、邢郢、郎湾、上河、下河、陡河、花门楼、前楼、后楼、张大台、张大台蒙堤、罗庄子、卢大园、和平、老观乡政府、黄泥湖等 17 座庄台	蒙堤台、前李寨东、后李寨、东田坡、西田坡、大庄、黑龙潭、王埚、程大台、腰庄、任郢子、程大台、宗郢、乔寨、曹台、牛台、姜园、姑嫂庙、大小杨台、唐岭子、二分场、四分场、五分场、回民、木郢、关口、童家庙、童庙、段台、童楼、西滩、老观、小马台、大马台、王郢、三里庄、黄郢、徐寨、王庄、王岗、谢台、康楼、湖套后台、前台、腰台、湖套、陈棚子、陈大湾、河口、陈台子、前李寨等 51 座庄台	毕台、联台、徐罗子、曹台 1、曹台 2、刘台、宋台、西浅孜、东浅孜、后刘台、汪堰、余台、后马台、孙台、余刘马、郜台马台 1、马台 2、殷台、连台孜、朱台、安台子、后刘店、前刘店、李营、斜台、北埂老台湖、潘大、北埂老台、桂庙北埂、张伯台、大台、薛台、腰台、沙洲子、伯仲、宁台北埂、宁台孜等 38 座庄台
保庄圩	王家坝保庄圩	老观保庄圩	安岗、曹集西保庄圩	段台、郜台保庄圩

5.淮干 1954 年型 100 年一遇洪水

基于蒙洼蓄洪区工程情况现状,淮河干流发生 100 年一遇设计洪水时,蒙洼蓄洪区相应地设计分洪过程中。时段内蒙洼蓄洪区降雨量为 1282.0 mm、蒸发量为 202.5 mm,王家坝闸最大进洪流量为 1626 m³/s、进洪量为 7.48 亿 m³。王家坝闸进洪流量变化过程见图 12-12。

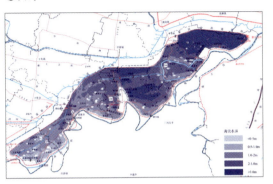

图 12-11 典型年 2020 年蒙洼蓄洪区洪水淹没情况示意图

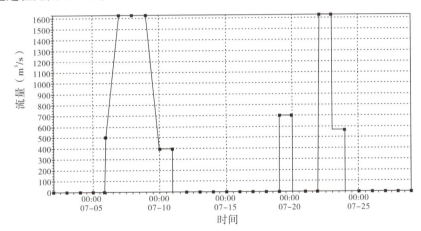

图 12-12 1954 年型 100 年一遇洪水王家坝闸进洪流量变化过程图

经计算分析,蓄洪区内洪水淹没面积为 171.6 km²,蓄洪水位为 28.95 m。大部分区域最大淹没水深值在 3 m 以上,靠近下游曹台孜闸附近区域最大淹没水深值较大,淹没水深达 7.0 m。

分洪 3.0 h 后王家坝镇区域被淹没,淹没面积为 5.6 km²,分洪 3.0 h 内闸西等 9 座庄台被淹没;分洪 6.0 h 后王家坝镇区域被淹没,淹没面积为 15.0 km²;分洪 3.0~6.0 h 自由等 18 座庄台被淹没;分洪 24.0 h 后王家坝镇、老观乡、曹集镇、阜蒙农场区域被淹没,淹没面积为 81.7 km^2,分洪 6.0~24.0 h蒙堤台等 47 座庄台被淹没;分洪 48.0 h 后王家坝镇、老观乡、曹集镇、阜蒙农场区域、郜台乡、中岗镇区域被淹没,淹没面积为 155.5 km^2;分洪24.0~48.0 h 毕台等 57 座庄台淹没。洪水前锋到达曹集站、曹台孜站时间分别约为 24 h、48 h。

靠近进洪闸附近区域的洪水流速较大,超过 3.1 m/s;行洪通道上,不包括进退洪闸附近,自上游至下游最大洪水流速在 2.00~0.20 m/s 范围内渐变,大部分区域洪水流速在 0.50 m/s 以下。

蒙洼蓄洪区 1954 年型 100 年一遇洪水前锋到达时间详见表 12-5,洪水淹没情况详见图 12-13。

表 12-5　1954 年型 100 年一遇洪水前锋到达时间表

位置	洪水前锋到达时间			
	<3 h	3~6 h	6~24 h	24~2d
乡镇	王家坝镇		老观乡、曹集镇、阜蒙农场	郜台乡、中岗镇
庄台	闸西、闸东、王寨、老丁郢、龙井、丁郢、前进、分洪蒙堤、分洪等 9 座庄台	自由、崔寨、马堰、东庄孜、合作、沈林蒙堤、崔楼、陈郢、互助、沈林小、李郢、张湾、郑台、解放、郎楼、刘郢、张大台、张大台蒙堤等 18 座庄台	郎老庄、唐梢、邢郢、郎湾、上河、下河、陡河、花门楼、前楼、后楼、罗庄子、卢大园、和平台、老观乡政府、老观、小马台、大马台、黄泥湖、王郢、三里庄、黄郢、徐寨、王庄、王岗、谢台、康楼、湖套后台、前台、腰台、湖套、陈棚子、陈大湾、河口、蒙堤台、陈台子、前李寨、前李寨东、后李寨、东田坡、西田坡、大庄、程大台、姜园、姑嫂庙、大小杨台、二分场、回民等 47 座庄台	黑龙潭、王坳、程大郢、腰庄、任郢子、宗郢、乔寨、曹台、牛台、唐岭子、四分场、五分场、毕台、联台、徐罗子、木郢、曹台 1、曹台 2、刘台、宋台、西浅孜、东浅孜、后刘台、汪堰、余台、后马台、孙台、余刘马、郜台、马台 1、马台 2、段台、殷台、连台孜、朱台、安台子、童楼、关口、童家庙、童庙、后刘店、前刘店、李营、斜台、北梗老台湖、潘大台、北梗老台、桂庙北堰、张伯台、大台、薛台、腰台、沙洲子、西滩、伯仲、宁台北堰、宁台孜等 57 座庄台
保庄圩	王家坝保庄圩		老观、安岗、曹集西保庄圩	段台、郜台保庄圩

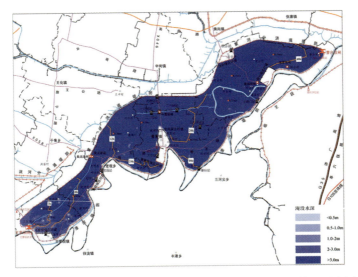

图 12-13　淮干 1954 年型 100 年一遇洪水蒙洼蓄洪区淹没情况示意图

二、洪水影响分析与损失评估

根据蒙洼蓄洪区各方案洪水风险分析得到的淹没范围、淹没水深等数据，结合洪水淹没历时及淹没区社会经济情况，综合分析评估洪水影响程度，包括洪水影响分析、洪水损失评估。

(一) 洪水影响分析

洪水影响分析主要包括淹没范围和各级淹没水深区域内社会经济指标的分类统计，通过计算受淹面积、受淹耕地面积、受淹房屋面积、受淹公路里程、受淹人口、受淹工商企业及受影响 GDP 等统计值反映。

1. 洪水影响分析指标体系

行蓄洪区洪水影响分析的具体指标根据淹没区社会经济发展状况及收集到的社会经济指标完备程度选择确定。洪水影响分析指标体系如图 12-14 所示。

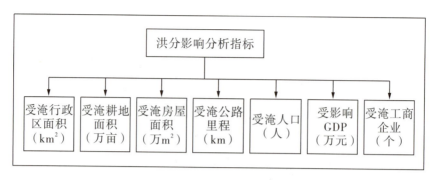

图 12-14 洪水影响分析指标体系图

2.洪水影响分析统计

将收集、调查得到的社会经济数据进行整编、规范处理,建立属性数据库,与空间地理信息进行关联,形成社会经济指标分布图层,分别以面图层、点图层或线图层形式存储(如表 12-6)。在 ArcGIS 平台上,利用 21 软件计算得到洪水淹没特征分布图层(包括淹没范围、淹没水深等要素),进行空间叠加运算,获取淹没范围内不同淹没水深区域内的人口、资产等社会经济分类指标统计值。

表 12-6　行蓄洪区灾情统计类别及 GIS 存储对象

GIS 存储对象	灾情统计类别
面图层	行政区界、耕地、居民地、淹没范围
线图层	道路
点图层	工商企业

(1)受淹行政区面积、受淹耕地面积及受淹房屋面积统计

受淹行政区面积、受淹耕地面积数据以乡镇为统计单元,受淹房屋面积以行政村为统计单元。基于 ArcGIS 软件的叠加分析功能,将不同洪水案例的淹没图层与行政区界图层叠加得到不同洪水方案、不同淹没水深等级下的淹没行政区面积;将淹没图层及行政区界图层分别与耕地图层、居民地图层相叠加,得到不同洪水案例、不同淹没水深等级下的淹没耕地面积、淹没房屋面积。另外受淹没人口可在受淹居民地面积统计值基础上进一步推求。

(2)受淹公路里程统计

受淹公路里程数据以乡镇为统计单元。通过对道路图层与行政区界图层、不同洪水案例的淹没图层进行叠加运算,获取不同洪水案例下不同淹没水深影响的道路名称、宽度、结构、长度等信息。蒙洼蓄洪区内现有道路主要为连接各乡镇及行政村的县道、乡道,一般为砼路面,路面宽度4.5~6 m。

(3)受影响 GDP 统计

采用地均 GDP 法计算受影响 GDP,以乡镇为统计单元,根据某乡镇受影响行政区面积与该乡镇单位面积上的 GDP 相乘计算受影响 GDP。

1991年、2003年、2007年典型年洪水和淮河干流设计洪水风险分析各计算方案下受洪水影响的社会经济指标见表12-7。

表12-7 各计算方案下受洪水影响社会经济指标总表

洪水案例	指标	受淹总面积(km^2)	受淹房屋面积(万m^2)	受淹耕地面积(万亩)	受淹公路里程(km)	受影响 GDP(万元)
典型年洪水	1991年	170.63	12.34	19.89	96.78	31376.05
	2003年	169.37	12.34	19.80	95.72	31144.02
	2007年	164.29	12.34	19.40	92.48	30200.05
	2020年	166.22	12.34	19.60	94.57	30672.04
淮干设计洪水	1954年型100年一遇相应分洪,蒙洼超蓄	171.56	12.34	19.96	97.19	31547.40

(二)洪水损失评估

洪灾损失评估包括各量级洪水导致的各类型资产的直接经济损失和间接经济损失的估算分析。

1.损失评估资产分类

损失评估资产分类与地区社会经济结构和发展水平有关,要求能够充分反映地区经济特征。分类首先考虑区域主导型资产,将承灾特性基本相同的归为一类,充分考虑现有资料所能提供的信息完备程度,并与洪灾损失率分析相配合。

损失资产类型包括城乡居民财产、城乡工商企业、农林牧渔业、铁路公路交通、供电、通信设施等资产。由于蒙洼蓄洪区实施有计划蓄洪,区域内居民可预先撤出,家禽、牲畜、家电等重要家庭财产也可被安全转移,因此居民财产损失不在考虑范围内;蓄洪区内工商企业均位于保庄圩内,因此工商企业的洪水损失不在考虑范围内;蓄洪区内主要产业为种植业,林、牧、渔业发展较少,因此仅考虑农作物经济损失;蓄洪区淹没范围内无铁路、交通干线,供电、通信设施损失较小,因此不计入洪灾损失范围内;另外行洪区内的主要水闸、泵站、堤防、保庄圩等均满足设计防洪需求,因此也不计入洪灾损失范围内。蒙洼蓄洪区的洪灾损失资产类型包括居民房屋、农作物和道路,经济损失均以乡镇为评估单元。

2. 财产灾前价值确定

群众财产中房屋、农作物单位面积灾前价值按《2019 年阜阳市被征土地上青苗和房屋等附着物补偿标准》(阜政秘〔2015〕205 号)中规定的标准确定。房屋拆迁补偿标准结合行蓄洪区内各类型房屋(砖混、砖木、土木结构)的比例加权计算。考虑行蓄洪区受淹农作物损失只涉及一季,农作物灾前价值采用青苗补偿标准。道路单位长度灾前价值根据道路的路面结构、宽度进行估算。各类资产灾前单位价值统计如表 12-8。

表 12-8　各类资产灾前单位价值表

项目	单位	财产值
房屋	元/m²	665
农作物	元/亩	800
道路(砼路面)	万元/km	70

注:道路为 5 m 宽砼路面,不同宽度道路按此标准进行折算。

3. 损失率确定

洪灾损失评估的关键是估算不同淹没水深条件下,各类资产洪灾损失率。洪灾损失率一般按 2 种方法来确定:一是洪灾发生后,调查收集各类资产的灾后价值,运用统计学方法,确定洪水淹没特性与洪灾损失率的关系;二是选择前人总结出的具有一定可信度的损失率作为参考,根据目前评估区域的社会经济发展情况,依据损失率随时间、空间变化的一般规律,作相对合理的调整。

本研究采用第二种方法,参考安徽省水利设计院 1991 年对沿淮地区洪灾损失、1981 年对淮北大堤保护区洪灾损失调查后得到的洪灾损失率。考虑近年来房屋结构发生较大变化,砖混类房屋增多,农村房屋损失率下降,本研究对房屋损失率进行调整,各级淹没水深房屋损失率按 1991 年调查值的 70% 进行估算;其他类型资产损失率变化不大,沿用前人调查得到的损失率。

各类资产不同淹没水深的损失率(1981 年调查值、1991 年调查值、本研究采用值)见表 12-9。

表 12-9 各类资产不同淹没水深的洪灾损失率比较表(单位:%)

淹没水深 项 目	0~1 m			1~2 m			2~3 m			3 m 以上		
	1981年	1991年	采用值	1981年	1991年	采用值	1981年	1991年	采用值	1981年	1991年	采用值
房屋	60	40	30	80	70	50	90	88	60	100	100	70
农作物	80	/	80	100	/	100	100	/	100	100	/	100
道路	20	/	20	30	/	30	40	/	40	50	/	50

4.直接经济损失估算

在确定了各类资产的受淹程度、受淹范围、灾前价值、洪灾损失率后,即可进行分类洪灾直接经济损失估算。各类资产直接经济损失计算方法如下

(1)居民房屋洪灾损失估算

$$R_{房} = \sum_k^l W_k \eta_k \quad (公式1)$$

式中 $R_{房}$ 为居民房屋洪灾损失值(元);W_k 为第 k 级淹没水深下受淹房屋的灾前价值(元),由受淹房屋面积 * 单位面积房屋灾前价值计算得到;η_k 为第 k 级淹没水深下房屋的洪灾损失率。

(2)农作物洪灾损失估算

$$R_{农} = \sum_{k=1}^{l} w_k \eta_k \qquad (公式2)$$

式中 $R_{农}$ 为农业直接经济损失(元);w_k 为第 k 级淹没水深下受淹农作物正常年份灾前价值(元),由受淹耕地面积*单位面积农作物灾前价值计算得到;η_k 为第 k 级淹没水深下,农作物洪灾损失率。

(3)道路损失估算

$$R_{路} = \sum_{i=1}^{n} \sum_{k=1}^{l} w_{ik} \eta_k \qquad (公式3)$$

式中 $R_{路}$ 为道路直接经济损失(元);W_{ik} 为第 k 级淹没水深下第 i 结构类型受淹道路灾前价值(元),由受淹道路长度*单位长度道路灾前价值计算得到;η_k 为第 k 级淹没水深下道路的洪灾损失率。

(4)总直接经济损失计算

各类资产损失值的计算方法如上所述,将各行政区的总损失包括居民房屋、农作物、道路损失,各行政区损失累加得到蒙洼蓄洪区的经济总损失:

$$D = \sum_{i=1}^{n} R_i = \sum_{i=1}^{n} \sum_{j=1}^{m} R_{ij} \qquad (公式4)$$

式中 R_i 为第 i 个行政分区的各类损失总值(元);R_{ij} 为第 i 个行政分区内第 j 类资产损失值(元);n 为行政分区数;m 为损失资产种类数。

各计算方案下洪灾直接经济损失汇总见表12-10。

表12-10 各计算方案下洪灾直接经济损失汇总表(单位:万元)

洪水案例	指标	居民房屋损失	农业损失	道路损失	合计
典型年洪水	1991年	4913.53	15869.04	3560.69	24343.25
	2003年	4483.87	15722.82	3275.44	23482.13
	2007年	3399.86	15069.77	2254.04	20723.67
	2020年	3941.87	15225.13	2304.98	21471.98
淮干设计洪水	1954年型100年一遇相应分洪,蒙洼超蓄	5391.35	15956.30	3886.99	25234.64

5.总经济损失估算

间接损失采用折算系数法,即用间接损失占直接损失的比例求得。参考有关资料可知,我国折算系数取值区间为农业 15%~28%,工业 16%~35%。蒙洼蓄洪区以农业为主,且发展水平不高,折算系数取用 20%。

总经济损失为直接经济损失与间接经济损失之和,各计算方案下洪灾总经济损失汇总见表 12-11。

表 12-11　各计算方案下洪灾总经济损失汇总表(单位:万元)

洪水案例	指标	居民房屋损失	农业损失	道路损失	合计
典型年洪水	1991 年	5896.23	19042.85	4272.83	29211.91
	2003 年	5380.65	18867.38	3930.53	28178.56
	2007 年	4079.84	18083.72	2704.85	24868.41
	2020 年	4730.24	18270.16	2765.98	25766.38
淮干设计洪水	1954 年型 100 年一遇相应分洪,蒙洼超蓄	6469.62	19147.56	4664.39	30281.56

三、避险转移分析

综合人口分布、撤离道路、安置条件等进行避险转移分析,包括确定转移范围、转移人员、转移时间、转移场所及转移路线。

(一)避险转移范围及转移人员

蒙洼蓄洪区由进洪闸控制蓄洪,避险转移范围为设计蓄洪水位 29.2 m 下的淹没范围。

蒙洼蓄洪区内居民均居住在保庄圩内和庄台上,设计蓄洪水位以下无不安全人口,避险转移人员为在蓄洪区内临时生产人员。

(二)避险转移时间

当预报水位达到或超过保证水位时,48 小时内撤退完毕;当接到上级撤退命令后,确保在规定的时间内转移完毕,一般要在 12 小时内撤退完毕;当突发重大险情时,8 小时内撤退完毕;当突发险情不能进行有效控制时,4 小时内撤退完毕;当撤退时间在 12 小时以上时,人员、财产、牲畜要求全部转移完毕;当撤退时间在 8 小时以内时,保证人员、粮食、大牲畜转移完毕;当撤退时间在 4 小时以内,要保证人员和大牲畜转移完毕;紧急情况下,只转移或撤退人员。

(三)避险转移场所

根据洪水淹没情况,结合安全区域(设施)的布局及容纳能力,以能充分容纳可能转移的最大人口数为衡量标准。在充分利用已有安全设施的基础上,在淹没区周边规划安置场所,安置场所应尽可能选择居民地、厂矿企业,以便提供相关生活保障。若上述区域容纳能力仍然不足,则规划设置独立的安置场所。

安置场所规划需考虑安置场所具体位置、安置场所人口容纳能力、安置场所对外交通容量等。

1. 安置场所具体位置

安置场所就近选择保庄圩等安全区或淹没范围以外的区域,安置地点尽量利用学校、绿地、广场等空旷地区,便于搭建临时住处。

2. 人口容纳能力

根据相关资料,单个临时避难场所安置规模较小,人均占地一般为 $2\sim3~m^2$,总面积 $500\sim1000~m^2$,安置 100 人以上。

3. 对外交通容量

选取安置场所,应充分考虑对外道路的畅通,保证安置群众出现人员过剩、遭遇疾病或火灾等情况时能迅速撤离安置场所。

因此蒙洼蓄洪区临时转移撤退人员的安置点应以乡镇为主,乡镇建重点安置点,各行政村建辅助安置点,安置点房屋以学校、村部公房为主,以投亲靠友和搭建临时帐篷为辅。

(四)避险转移路线

当淮河发生特大洪水,人员远距离转移时,蒙洼蓄洪区内的避险转移路线以防汛撤退道路为主。王家坝、老观、曹集、阜蒙农场沿蒙马河右侧到淮河之间大部分撤离人员及大牲畜,可以从王家坝交通桥撤离湖区;老观、曹集部分转移人员可从中岗大桥蒙洼交通大桥撤离湖区;老观、曹集其他转移人员、郜台乡撤退人员,可沿付老路、中曹路、黄郜路、张刘路等经分洪道乘船撤离湖区。当蒙洼大堤遇到突发险情或转移时间不足时,人员应就近转移,以附近安全庄台、保庄圩、大堤为主选地,或前往临时中转站。当群众脱离险情后,再组织车船逐步向计划安置区转移。

四、洪水风险分析结论

蒙洼蓄洪区由王家坝进洪闸控制蓄洪,由曹台孜闸控制退洪。本研究揭示了蒙洼蓄洪区内洪水风险,根据洪水风险分析结果得出以下结论。

蒙洼蓄洪区按淮河干流 1954 年型 100 年一遇设计洪水分洪时,最高蓄水位为 28.95 m,湖区仅庄台未被洪水淹没。蒙洼蓄洪区蓄洪时,靠近进洪闸附近的区域洪水流速较大,超过 3.1 m/s;行洪通道上,不包括进退洪闸附近,自上游至下游最大洪水流速在 2.00~0.20 m/s 范围内渐变。蒙洼蓄洪区分洪后洪水淹没时间较长,有 1~2 个月,行洪区内农作物基本被损毁,不同计算方案下农作物洪灾损失大体相同。

分蓄 1991 年洪水时,蓄洪区淹没面积 170.63 km^2,最高蓄洪水位为 27.63 m;除地形较高的王家坝镇区域外,其余区域最大淹没水深值在 3 m 以上,靠近下游曹台孜闸附近区域最大淹没水深值较大,淹没水深达 5.5 m;靠近进洪闸和退洪闸附近区域洪水流速较大,超过 3.1 m/s;行洪通道上,不包括进退洪闸附近,自上游至下游最大洪水流速在 0.90~0.17 m/s 范围内渐变;洪水前锋到达曹集站、曹台孜站时间分别约为 24 h、48 h。受淹耕地面积为 19.89 万亩,受淹房屋面积为 12.34 万 m^2,总经济损失为 29211.91 万元。

分蓄 2003 年洪水时,蓄洪区淹没面积 169.37 km^2,最高蓄洪水位为 26.95 m;除地形较高的地王家坝镇外、老观乡区域,其余区域最大淹没水深值在 3 m 以上,靠近下游曹台孜闸附近区域最大淹没水深值较大,淹没水深达 5.0 m;靠近进洪闸附近区域洪水流速较大,超过 3.1 m/s;行洪通道上,不包括进退洪闸附近,自上游至下游最大洪水流速在 0.90~0.15 m/s 范围内渐变;洪水前锋到达曹集站、曹台孜站时间分别为 23 h、46 h。受淹耕地面积为 19.80 万亩,受淹房屋面积为 12.34 万 m^2,总经济损失为 28178.56 万元。

分蓄 2007 年洪水时,蓄洪区淹没面积 164.29 km^2,最高蓄洪水位为 25.28 m;大部分区域最大淹没水深值在 1~2.5 m,靠近下游曹台孜闸附近区域最大淹没水深值较大,淹没水深达 3.0 m;靠近进洪闸附近区域洪水流速较大,超过 2.7 m/s;行洪通道上,不包括进退洪闸附近,自上游至下游最大洪水流速在 0.90~0.20 m/s 范围内渐变;洪水前锋到达曹集站、曹台孜站时间分别约为 18 h、44 h。受淹耕地面积为 19.40 万亩,受淹房屋面积为 12.34 万 m^2,总经济损失为 24868.41 万元。

分蓄 2020 年洪水时,蓄洪区淹没面积 166.22 km^2,最高蓄洪水位为 25.91 m;大部分区域最大淹没水深在 1~3 m,靠近下游曹台孜闸附近区域最大淹没水深值较大,淹没水深达 3.5 m;靠近进洪闸附近区域洪水流速较大,超过 3.1 m/s;行洪通道上,不包括进退洪闸附近,自上游至下游最大洪水流速在 0.90~0.20 m/s 范围内渐变;洪水前锋到达曹集站、曹台孜站时间分别约为 15 h、40 h。受淹耕地面积为 19.60 万亩,受淹房屋面积为 12.34 万 m^2,总经济损失为 25766.38 万元。

分蓄淮干 1954 年型 100 年一遇设计洪水时,蓄洪区淹没面积 171.56 km^2,最高蓄洪水位为 28.95 m;大部分区域最大淹没水深值在 3 m 以上,靠近下游曹台孜闸附近区域最大淹没水深值较大,淹没水深达 7.0 m;靠近进洪闸附近区域洪水流速较大,超过 3.1 m/s,行洪通道上,不包括进退洪闸附近,自上游至下游最大洪水流速从 2.00~0.20 m/s 渐变;洪水前锋到达曹集站、曹台孜站时间分别约为 24 h、48 h。受淹耕地面积为 19.96 万亩,受淹房屋面积为 12.34 万 m^2,总经济损失为 30281.56 万元。

第十三章　迁建社区乡村振兴与社区治理

一、蓄洪区居民迁建思路

（一）指导思想

以习近平新时代中国特色社会主义思想为指导，全面贯彻党的十九大精神，深刻把握人民日益增长的美好生活需要和不平衡不充分的发展之间的矛盾，坚持以人民为中心、人与自然和谐共生的方针，以增进民生福祉、促进人的全面发展为出发点和落脚点，把蓄洪区脱贫攻坚放在首位，按照"减总量、优存量、建新村、分步走"的思路，加强区内人口控制，落实"一区一策"基本要求，稳步推进居民迁建工作，加快补齐发展短板，推进城乡融合发展，实施乡村振兴战略，确保同步全面建成小康社会。

（二）迁建布点

截至 2017 年底，蒙洼蓄洪区居住人口 45883 户、191976 人，主要避洪安置在庄台和保庄圩。其中 131 座庄台居住 34454 户、151340 人，6 座保庄圩居住 11429 户、40636 人。湖心庄台 77 座，居住 10933 户、47147 人；沿淮堤庄台 38 座，居住 17825 户、78296 人；沿蒙堤庄台 16 座，居住 5696 户、25897 人。蒙洼蓄洪区现有 6 座保庄圩，堤线总长 18.31 km，占地面积 8.97 km^2，可使用面积 6.87 km^2，规划安置人口 6.87 万人，居住 11429 户、40636 人。2018—2021 年间实施居民迁建 14683 户、55084 人，完成外迁安置 4141 户、13918 人，其中 2018 年实施搬迁 1204 户、4664 人。4 个安置点均分布在现有保庄圩（王家坝、老观、曹集西、段台）内，目前全部竣工，安置房分配工作已完成。2019年实施搬迁3901户、13258人。一是集中安置贫困户539户、1567人,全部为截至2017年底未脱贫户。目前主体结构封顶,原计划9月底前具备搬迁入住条件,但受疫情和汛情影响,工程竣工时间后延,待完成搬迁安置后拆除庄台原有住房。二是迁至蓄洪区外安置3362户、11691人。2020年拟实施搬迁4004户、15990人。一是在现有保庄圩安置3225户、13763人,仍需在王家坝保庄圩新建安置房648套,规划设计方案已确定,正在开展招标准备工作,2021年底前完成搬迁入住工作。三是迁至蓄洪区外安置779户、2227人,新建4座庄台、1座保庄圩,安置庄台超容量人口5574户、21172人。在新建庄台、保庄圩工程完工并具备施工条件后,将立即开展招投标等工作,力争在1年内完成居民迁入安置工作。

(三)迁建步骤

1954年洪水期间,蒙洼蓄洪庄台发挥了一定作用,但由于分布零散且不易防守,政府依然安排了大量群众进行撤退转移。加之庄台在洪水期间受冲刷严重,威胁群众生命财产安全,汛后庄台修补工程量也较大,淮委、阜南县组织成立了阜南县蒙洼蓄洪区调查委员会,对11854户、53595人进行实地调查,提出两点建议:有条件的尽量迁堤、迁岗,没有更好安置去处的采取加高、扩建和新建庄台等办法安置群众;充分利用现有的自然条件进行防洪,不大规模建庄台,可将建庄台经费投入群众生产,促进农业互助合作,走集体化的生产道路。

2003年洪水期间,蒙洼蓄洪区2次开闸蓄洪,转移人口19142人。主要是在新筑王家坝、老观、曹集西、段台4座保庄圩内实施移民建房,兴建配套基础设施,对2003年蒙洼蓄洪区内因蓄洪转移的5331户、19228人进行迁移安置。其中王家坝镇1434户、5452人,老观乡1261户、5676人,曹集镇797户、3135人,郜台乡1839户、4965人。

2018年蒙洼蓄洪区庄台超容量人口需迁出安置9.24万人,其中货币化外迁城镇安置1.0万人,原有保庄圩安置3.36万人,新建老观北保庄圩安置0.8万人,沿蒙堤新建庄台安置4.08万人。2018—2020年,共安置2.60万人,全部迁入原保庄圩进行安置,至2020年底将人口控制在19.93万人以内;2021—2025年,共安置6.64万人,迁入新建庄台4.08万人,迁入原保庄圩0.76万人,迁入新建保庄圩0.8万人,外迁至区外安全区域安置1.00万人,至2025年底人口控制在18.93万人以内。

原规划实施搬迁计划:蒙洼蓄洪区2018年实施搬迁0.48万人,2019—2020年直接建房外迁安置庄台超容量人口3.88万人(其中迁至蓄洪区外安置1万人、在原保庄圩集中安置2.88万人),2021年新建庄台和保庄圩迁入安置4.88万人,总计搬迁安置9.24万人。近年来,阜南县推进环境整治和居民搬迁工作,蒙洼庄台人均台顶面积已达到26 m^2。绝大部分庄台居民的住房为2层以上的楼房,容积率大幅提升,庄台环境、基础设施和公共服务设施条件通过整治均有明显改善,基本能够满足庄台居民日常生产、生活需要。通过调查摸底,统计出有搬迁意愿的居民约5.5万人,其中2.12万人愿意在沿蒙堤新建的4座庄台和曹集镇安岗西保庄圩安置。阜南县在编制蒙洼居民迁建安置实施方案时,结合蒙洼地区实际,逐户征求群众的意愿,组织专家和有关部门再次论证,调整搬迁人数和安置方式。

调整后搬迁计划:2018年实施搬迁0.48万人、2019—2020年直接建房外迁安置庄台超容量人口2.9万人,新建庄台和保庄圩拟迁入安置2.12万人,总计搬迁安置5.5万人。

(四)薄弱环节

蒙洼蓄洪区内庄台居住环境差,实施居民迁建是落实"减存量、控增量,不搞大折腾,确保蓄洪区人口不再增多"的要求改善庄台居住环境极其重要的措施之一,能够从根本上改善蒙洼地区人民群众生活条件和发展环境。虽然蒙洼蓄洪区居民迁建工作当前进展较为顺利,但在落实上级的部署要求和满足蒙洼居民对美好生活的需求上,还存在一定差距。

庄台居民搬迁腾出的土地无法复垦。淮河蓄洪区大部分迁建对象是低洼地的居民,低洼地的居民整体搬迁后,腾出的土地可以复垦;而蒙洼蓄洪区庄台超容量人口搬迁后出的土地无法复垦。根据测算,5.5万人搬迁后,可腾出土地约 2000 亩,而腾出的土地只能用于庄台台顶道路等公共服务设施建设,无法复垦。

资金压力大。根据测算,2018—2021 年实施居民迁建 5.5 万人,总投资约 60 亿元,其中中央和省市投资约 18.5 亿元,群众自筹资金约 4.5 亿元,仍有 37 亿元资金缺口。而阜南县本级财力规模小,财政自给率仅有 14.6%。虽然计划 2018—2021 年发行专项债 37 亿元,但是县级财政无法承受未来专项债资金还款压力。根据实际承受能力测算,阜南县级财政最多可承担 10 亿元投资资金。

庄台超容量人口搬迁工作量大。淮河蓄洪区内共有庄台 199 座,其中阜南县蒙洼蓄洪区内有 131 座,约占安徽省的 66%;安徽省搬迁庄台超容量人口 9.79 万人,其中阜南县搬迁庄台超容量人口 5.5 万人,约占安徽省的 56%。为解决庄台超容量人口搬迁问题,水利部门和各级政府多年以来在开展安全建设工程的过程中,积极寻求合适的居民迁建方式。

基础设施建设滞后。受蓄洪影响,区内基础设施相对落后,群众生产生活困难。蒙洼蓄洪区建设配套不足,人均居住面积达不到国家规定的庄台 50 m^2(现有人均面积约 24 m^2)、保庄圩 100 m^2 的标准,庄台居住环境拥挤不堪。主撤退道路损坏严重,安全庄台与主撤退道路之间多为土路,庄台台顶道路毁坏严重。保庄圩基础设施配套不足,群众居住条件差。

居民迁建难度较大。蒙洼庄台建设年久,人口居住特别密集,人均住房面积极为有限,公共服务设施严重不足,卫生条件较差。一旦蓄洪,77 座湖心庄台就成了一座座孤岛,与外界联系极为不便,对群众的生产生活造成严重影响。尽管近年来阜南县积极宣传、鼓励和支持蒙洼居民迁移安置工作,但受生产、耕种等因素制约,工作效果不够理想。移民迁建工作实施过程中集中存在以下问题。一是中央补助标准偏低,难以满足居民建房要求。2003 年灾后移民建房中央每户补助 1.7 万元(其中基础设施每户补 0.2 万元,补助费用集中使用),但由于建房成本加大,群众自筹经费困难,搬迁积极性总体不高、观望情绪浓厚,搬迁工作开展难度较大。二是耕作区半径加大,群众生产生活难度增大。移民搬迁安置后,居住地相对集中,耕作半径普遍加大,增加了劳动出行成本及管理成本,给群众的生产积极性带来一定影响,加大了群众的生产生活难度。三是安置区基础设施投入偏少,难以满足群众生产生活需求。四是安置区缺乏后期扶持措施,难以保证移民安心发展。即使有一定的外迁安置补助,但外迁安置仍需个人投入相当多的资金,且受制于需注销当地户口、拆除库内房屋、交回库内宅基地等政策规定及外迁户仍要返回库内进行耕种等现实情况,居民外迁安置难度较大。

二、蓄洪区乡村振兴策略

(一)理论指导

2021年2月21日,中共中央、国务院正式发布《中共中央国务院关于全国推进乡村振兴,加快农业农村现代化的意见》(以下简称《意见》),提出全面推进乡村振兴,加快农业农村现代化。这是21世纪以来第18个指导"三农"工作的中央一号文件,突显了新发展阶段党和国家对农业农村工作的高度重视。"十三五"时期现代农业建设取得重大进展,乡村振兴实现良好开局。粮食年产量连续保持在1.3万亿斤以上,农民人均收入较2010年翻一番,新时代脱贫攻坚目标任务如期完成。现行标准下,农村贫困人口全部脱贫,贫困县全部摘帽,农村改革向纵深推进,农业农村发展取得新的历史性成就,为党和国家稳定、经济社会发展大局,发挥了"压舱石"作用。

"十四五"时期是开启全面建设社会主义现代化国家新征程,向第二个百年奋斗目标进军的第一个五年。民族要复兴,乡村必振兴。党中央提出,新发展阶段"三农"工作依然极为重要,须臾不可放松,务必要抓紧抓实,坚持把解决好"三农"问题作为全党工作重中之重,把全面推进乡村振兴作为实现中华民族伟大复兴的一项重大任务,举全党全社会之力,加快农业农村现代化,让广大农民过上更加美好的生活。为此,文件明确指出要实现巩固拓展脱贫攻坚成果同乡村振兴有效衔接,加快推进农业现代化,大力实施乡村建设行动,加强党对"三农"工作的全面领导,到2025年农业农村现代化取得重要进展,粮食和重要农产品供应保障更加有力,现代乡村产业体系基本形成,乡村建设行动取得明显成效。毫不动摇地坚持和加强党对农村工作的领导,健全党管农村工作方面的领导体制机制和法规,确保党在农村工作中始终总揽全局、协调各方,为乡村振兴提供坚强有力的保障。

同时,《意见》对信息通信业支撑农业农村现代化建设提出更高的要求。一次次实践表明,数字化是农业现代化的必要条件。在我国开局"十四五"、开启全面建设社会主义现代化国家新征程之际,数字乡村成为提振乡村发展的重要突破口。

(二)土地流转

1.基本概念

土地流转是指土地使用权的流转,具有土地承包权的农户将土地的使用权以租赁、入股、合作、互换、转让、转包等形式让渡,但土地的集体所有性质未发生改变,形成新型"三权分离"农地体系。

中国农业的发展正面临着新的转折点。农业生产结构调整、农业水利设施建设、土地资源利用效率提高等农业发展战略的实现对农业规模化、机械化发展提出新的要求,土地管理的适度集中又是提高农机使用效率、农业生产效率的重要因素。"分田到户"的分散经营与大户种植、家庭农场及龙头企业的经营模式相结合是中国农业经营体系调整的趋势。在这一过程中,土地流转是农业经营体系创新的关键环节。更好地促进土地、人力的有效结合,适度促进农村土地流转,探究农村土地流转的动力因素,对促进农村经济的新发展具有重要作用。首先,我国正处于城镇化发展阶段,农村务农人口不断地向城镇转移,使农村出现"撂荒"现象,土地资源没有得合理利用。而土地合理流转可以提高我国农业生产效率,保障粮食安全。其次,土地流转能为农户带来更多的收入。土地流出方可通过规范化的土地流转获得稳定的租金收入;土地流入方生产规模扩大,能有效降低单位生产成本。最后,土地流转使得我国土地、人力资源得到更好的配置,土地所有权、承包权和经营权构成的三权分离体系成为我国农业经营体系创新的主要抓手。

2.土地流转措施

安徽省阜南县位于淮河中游北岸,素有"皖西北南大门"之称。该县辖29个乡镇和1个省级工业园区,345个村委会,人口160多万人,总耕地面积约有145万亩。安徽省农村承包地土地流转的特征是小规模、小范围、短期化和不规范,近几年才开始加速发展。具体到阜南县,虽然县政府成立了土地流转领导小组,专项管理农村土地流转工作,但是阜南县的土地流转与本省其他县市相比,规模、范围更小,承包期限更短,流转速度仍然相当缓慢。2009年5月调研显示,安徽省阜南县土地流转41020多亩,约占阜南县耕地面积的2.8%。从总量上来看,土地流转的发生率偏低。至2013年,阜南县的土地流转面积增长虽然加快,但是与其他县市相比,还落后甚远:与太和县相比相差2.7个百分点,与界首市相比相差10个百分点,与临泉县相比更是相差了24.5个百分点。

对此我们提出相关的政策建议,以提高土地流转质量。①政府和农户合力开拓更多的农村市场,增强农民流转土地的意愿,提供土地流出和流入双方双向补贴,进一步提高农民社会保障水平。根据调查,影响农民土地流转意愿最主要的因素就是收入,提供双向补贴不仅可使农民土地流转意愿增强,更可以带动了承包户的积极性和增加资金供给,为国家发展现代化农业奠定基础。此外,我国是农业大国,大规模的土地流转必然涉及较大的资金额度和人数,为了更好地防止贪污及其他负面事件的发生,政府必须优化必要的监察监管流程,最大程度地杜绝违法事件的发生,建立一个健康的竞争市场。②加快土地确权,要加强相关法律法规的宣传,提升农户的土地确权意识,使农民懂得利用规范的土地流转程序来保护自己的权益。首先要成立并完善土地流转管理服务中心,更好地为土地流转工作提供服务,及时协调、解决土地流转过程中的农户纠纷,同时为农户普及相关知识,提供土地流转指导。其次,完善农村土地流转立法,以解决在土地流转过程中出现的一些问题,为农民提供有效的法律保护。最后,加强政府监管,政府应全力参与土地流转的监督指导工作,使土地流转进程透明化、合规化,并积极引导农户学会维护自身土地权益,促进土地流转的可持续健康发展。③加强农业社会保障体系建设。调查显示蒙洼蓄洪区务农人群主要为中老年人群,而拥有社保的人群比没有拥有社保的人群更愿意进行土地流转。通过调查发现,影响土地流转的因素有很多,其中劳动者的文化水平、人均收入和社会保障程度对农民是否愿意进行土地流转有着很大的影响。此外,农民受教育程度越高,其职业选择越偏离于农业,越倾向于流转土地。农民越依赖于务农收入,越不倾向于流转土地,而更加看重土地承包权的长期稳定。政府要加强农村的基础设施建设,使社保覆盖到每一位农民,做好农业保险的普及工作,使农民即使在没有收成的年份也能有可靠的收入来源。同时为贫困家庭提供资金补贴和工作岗位,让农户无后顾之忧。最后,做好农村的养老工作,让农民在没有土地的情况下也能老有可依。④搭建土地流转线上及线下平台。在中国,土地流转不是强制性举措,而是农民的自发性行为,缺乏一定的规范性。在流通过程中,土地使用费也没有统一的定价标准。阜南县农户平均文化程度较低,学习能力和网上获取相关信息的能力不足,获取有关土地流转信息的途径非常有限,且从这些有限的途径中获取的信息具有很大的局限性。大量研究表明,中介组织服务的缺位,使得农民之间信息沟通不畅,土地交易成本增加,土地交易风险增大,继而抑制了农民进行土地流转的积极性,并降低了土地流转速度与规模。因此政府需要完善土地流转平台的建设,通过搭建线上网络平台及设置线下服务站点两种方式进行土地流转政策的宣传及农业金融知识的普及。在线上,通过建立专业的土地流转信息发布网站,对信息进行分类,让农民可以轻松地在网站上找到相关的土地流转政策和土地流转的信息。在线下,设立有关土地流转中介机构,发挥咨询、评估、代理和法律服务等专业功能,保障农民利益。通过发布当地土地分配价格、供需关系等具体信息,降低转让交易成本,促进土地有效分配。开展适度规模化订单种植,实现优粮优质优价,增加农民收入。

3.产业发展

一是实施优质小麦"示范种植—规模化种植—就地加工转化"三步走计划,稳步推进粮食产业"五优联动"。①立足于自然资源优势,试点发展优质小麦交易。2018 年冬季,阜南县与中粮贸易签订粮食订单,根据当地自然资源优势和企业加工需求优选良种,组织合作社采取土地托管模式,手把手指导农民用最好的技术种出最好的粮食。在 4 个乡镇试点种植的 1.5 万亩优质小麦喜获丰收,经检测小麦品质均达到国标二等粮以上,实现产量、品质双提升,"优粮优产"取得良好开局,成功迈出良种示范种植"第一步"。②引进龙头企业,着力打造优质小麦基地。去年冬季,阜南县支持中化农业、中粮贸易以"公司+合作社+基地+农户"模式结成利益共同体,在 26 个乡镇建成 30 万亩优质小麦基地,统一进行布局供种,进行田间管理,按订单敞开收购。两家央企盘活多家国有粮库近 10 万吨闲置仓容,开展分品种、分等分仓和精细化管理,实现"优粮优购""优粮优储",圆满完成建设粮源基地"第二步"。③探索粮食产业集群发展,质量兴粮、产业强县。2020 年 6 月,阜南县引进山东中裕建设年产 30 万吨面粉生产线,带动 60 万亩优质小麦就地进行加工转化。同时,建成阜南好粮油直营店等多个线上线下销售平台,逐步实现"优粮优加"和"优粮优销"。中粮粮谷、益海嘉里等大型企业陆续与阜南县签订了 10 个战略合作协议,以全产业链为纽带,立足当地,辐射周边,推动产业集群发展,扎实走稳就地加工转化"第三步"。

二是绿色优质粮食供给大幅度增加,促进农民增收、企业增效,乡村振兴"阜南样板"成效初显。粮食产业由粗放式经营向精细化管理转变。阜南县小麦种植方式粗放,产量和品质长期在低端徘徊。中化农业、中粮贸易紧贴市场需求,从当地 160 多个小麦品种中优选 6 个良种,开展"一村一品"整村式推进工作。

三是合作社发展由单打独斗向抱团转变。阜南县大部分合作社缺乏实体经济支撑,没有发挥出联农、带农、富农作用。两年来,中粮贸易联合 18 家合作社组建现代粮食产业化联合体;中化农业建成 MAP 现代农技服务中心,提供产前、产中、产后服务。两家央企带动 87 家合作社和近 20 万农户"种出好品质、卖出好价钱",粮食市场化收购比重大幅度提高,合作社带领农户走上共同富裕之路。一体推动阜南粮食产业"五优联动":继续支持中化农业、中粮贸易实施"优粮优产""优粮优购""优粮优储",延伸带动山东中裕开展"优粮优加""优粮优销",实现"五优"整体联动。加快培育"三链协同"粮食产业集群,重点扶持在延伸粮食产业链、提升价值链、打造供应链方面的好项目,推动粮食产业集聚发展,就地实现粮食转化增值,做实、做优、做大阜南粮食产业物流园。

四是提出"互联网+"行动计划,助力阜阳乡村旅游的发展。阜阳市利用自身优势发展乡村旅游,形成了比较合理的发展模式,探索出具有自己特色的发展路子。然而,由于受到各种因素影响,阜阳乡村旅游发展中仍存在一些问题。乡村旅游经营者信息化发展意识较弱,乡村旅游地信息化建设滞后,网络营销人才短缺。促进阜阳乡村旅游发展应当做好两个方面的工作:建设各类网络服务平台和加强网络知识培训。在经济新常态下,互联网日益成为我国创新驱动发展的推动力量。当"美丽乡村"邂逅"互联网+",乡村旅游将迎来新的发展机遇。乡村旅游要想获得较快发展,阜阳市应借助网络技术,充分挖掘当地特色,走出一条传统与现代相结合的发展道路。

(三)蒙洼蓄洪区发展存在的问题

蒙洼蓄洪区作为安徽省脱贫攻坚的三大主战场之一,贫困问题、乡村发展问题日益凸显。本研究在此视角下,基于生产、生活、生态协同的乡村振兴策略,以蓄洪区整体尺度和微观尺度下的"三生"发展为考量,梳理蒙洼蓄洪区发展存在的问题。

蒙洼蓄洪区自启用至今,已蓄洪 16 次,对蓄洪区内的社会发展和生态环境造成了极大的破坏。蒙洼蓄洪区区内工业发展缓慢,企业难以引进,农业发展也受限颇多,年轻劳动力流失严重,经济发展基本处于缓滞状态。2014 年该区人均年收入仅 5306 元,落后于安徽省平均水平,蓄洪区脱贫致富成为安徽省精准扶贫的重点任务。2018 年,蒙洼蓄洪区内人口由 1953 年的 1.13

万陡增至 19.5 万,约增长 17 倍;人均建设用地面积仅 19.87 m²;贫困人口达 2.55 万人,约占总人口的 13.08%。由于其特殊的建设条件和区位关系,蒙洼蓄洪区被确定为生态敏感区、限制发展区,人口外迁是其发展趋势。长期蓄洪导致其地理隔离、经济发展落后、居民思维僵化、社会矛盾突出,随着外部大环境的变化,众多问题日益凸显。

1.生态维度缺乏统筹,环境保护问题凸显

长期的行洪准备和洪水侵蚀,使得蓄洪区内生态薄弱;人口规模已超过承载力极限,可持续发展面临挑战;农业污染、资源浪费、物种多样性缺失等问题凸显,生态逐步失衡。蒙洼蓄洪区的生态问题主要体现在村庄和区域两个层面:村庄层面主要是庄台拥挤不堪、环境卫生状况差、基础设施缺乏等;区域层面主要是缺少统筹保护及水源涵养、河道淤积、环境污染等问题都对生态基质产生了影响。与此同时,居民生态保护意识薄弱,部分居民在滩地种植的现象屡禁不止、过度利用自然资源,人为割断生态廊道使蓄洪区生态格局安全性面临巨大考验。

2.生产维度动力不足,产业发展无序失衡,产业结构不尽合理

蓄洪区以第一产业为主导,以农业作为支柱性产业,较难在经济与生态效益中找到平衡点;第二产业发展尚未形成规模,家庭作坊式企业仍为主导;新兴产业缺乏信息化导向,资源利用率低,示范类项目带动力弱,生产空间与生产资料不足,科学技术运用比例低,限制了产业的进一步发展。除产业结构问题外,产业绿色发展步伐缓慢,农业生产产生一定污染,如农药、化肥、塑料薄膜的使用改变了土壤的安全性,对自然生态系统的破坏不容忽视。部分乡村在发展新兴产业时过度关注经济效益,忽略了自然环境的承载力,以致对生态环境造成了负面影响。

3.生活维度供给欠缺,人居品质有待提升

庄台拥挤不堪,居住空间严重不足。人口激增,资源承载力不足引发人居环境恶化,对生态基底产生负面效应,地理隔离致使物资流通不畅,区域间居民意识形态差异较大,生活生产方式落后、贫困诱发的社会问题突出;

各类设施配套不足,精神文化生活缺乏,使得居民幸福指数与归属感降低,地域文化特征逐步消失。教育、医疗等资源配套不足,限制了乡村生活服务供给,必要的公共设施建设难以保障,不利于形成系统完善、层次分明的生活服务供给系统;乡村发展较为被动,对生活空间的维护和管理难以持续。

(四)蒙洼蓄洪区乡村振兴举措

乡村振兴战略有助于探寻农村发展新动力,是系统解决"三农问题"的新方案,而国土空间视域下的"三生"空间(生产空间、生活空间、生态空间)是相互融合的有机整体,不能分割或隔离发展。乡村振兴与"三生"协同均是从系统、综合视角对乡村发展的探索,彼此之间互为保障、互为根本。生产、生活、生态空间为产业兴旺、生活富裕、生态宜居目标的实现提供基本的空间保障,治理有效和乡风文明形成直接影响生产、生活、生态空间的可持续发展。生产空间有序发展是产业兴旺的前提,空间优化为产业存续提供根本保障。产业兴旺为生活空间可持续改善提供经济保障;生活富裕是生活空间价值最直观的衡量标准;生活空间振兴发展的目标就是生态宜居,生态文明是"三生"空间发展的共同目标;治理有效为"三生"空间提供秩序保障;乡风文明是"三生"空间协同发展的精神保障。

蒙洼蓄洪区的区域振兴战略要求对区域内"三生"空间结构关系进行重构,以空间统筹为基本手法,注重产业和生态功能的升级优化,保障生活空间美好有序。

1.生态协同共享振兴

在"三生"空间系统中生态空间是蒙洼蓄洪区的基底空间,在塑造乡村景观格局时需落实"三线"(生态保护红线、永久基本农田、城镇开发边界)管制要求,同时专注生态空间的保护修复。蒙洼蓄洪区有丰富的水体资源、湿地、耕地等,其中水域面积占比7.37%,湿地占比21.92%,生态基质较为完整,但防洪设施造成的地域隔离在一定程度上影响了各类空间的交流。针对目前耕地斑块化、景观破碎化的特点,蓄洪区规划构建以分洪道为主体,以蒙马河、干渠和溪流为分支的生态网络系统,承担区域联络主廊道的功能,保证大多数生物间的信息交流,恢复生物多样性。

2. 生活协同保障振兴

在整合构建区域生活空间时,为实现"三生"共享资源、协同发展,规划利用搬迁后的部分庄台及周围水网,建设生态斑块,形成均质空间内,以弥补生态构成分布不均衡带来的劣势,同时畅通水系,提高生态空间连接度,增强整体稳定性。在居民密集的保庄圩空间中,营造防洪工程周边楔形绿地,改善通风环境,优化活动组织行为,形成良好的生活空间格局,通过完善交通、绿化系统,增强居民生活空间连接,保障生活空间系统的有效运作。

3. 加大产业发展引导

加大产业发展引导,实施"一稳、二转、三融合"的策略,农业生产实现信息化,与市场供需关系接轨,以有机、无公害产品作为产品主线,稳定发展特色种植和生态养殖业;工业与第一产业协调,全面转型,向劳动力密集型和特色农副产品零排放类产业升级;发掘地理环境资源特质,打造观光、休闲、体验相结合的乡村旅游产品,利用庄台发展"养生、养老、养乐"的主题服务业,以实现蒙洼蓄洪区内产业联动、生产高效、设施优化、产品优质的发展目标。

4. 村庄发展振兴的"三生"融合

蒙洼地区村庄生态问题是人口超出环境承载力的所导致的,因此居民迁建是实现"三生"融合的基本措施,通过三阶段的居民搬迁工作,使庄台人口降至可持续发展水平线内,再逐步开展相应的融合措施。在现有空间生态本底基础上,采用"上控下限重修复"的策略,上限控制建设用地增量,下限严守"三线"本底,通过人居环境整治、居民搬迁、防洪设施修复等措施,实现土地复垦、退耕还林和水网畅通,将生态空间从生产、生活空间中逐步剥离,使人为活动对生态环境的影响降至最低。

5. 生活要素配置优化规划

从改善人居环境入手,优化居住空间环境和质量;以生态自我修复为底线,加强庄台雨污水的处理与利用,着力改善通风光照条件;优化公共资源配置,建立层层覆盖的乡村生活圈,提升居民生活幸福指数,打造风格化建筑,放大地域符号,增强居民归属感;畅通道路,改放射型路网为环状交通体系,打通尽端路,为地区经济发展创造新机遇。在居民点体系建立中,强调保庄圩的核心功能,形成社区生活圈,完善服务水平较高的各类设施,配置合理的服务规模和半径;对于保留成为永久性居民点的庄台,集中资源,完善雨污、供电和联络通道等基础设施建设;关注以提升精神文化生活为目的的设施建设,逐步建成服务半径合理的开敞空间。

6.生产协调组合发展

在农业空间层面,蒙洼蓄洪区以提供农产品为主要功能,在基本农田控制线的把持下,将水稻种植作为粮食安全保障,发展西瓜、喜水蔬菜种植和禽类、水产散放养殖,控制农药、化肥、激素的使用,结合生态空间布局保育水土,协调旅游业发展。工业空间上,整合现有企业,淘汰高能耗和污染型工业,重点发展柳编、服装、玩具三大劳动密集型产业,制定扶持政策,引导搬迁庄台建设成为创意型、作坊型、融合型产业高地。在服务空间层面,发挥生态环境和淮河风光优势,利用"留白"用地资源,重点引导"养生、养老、养乐"行业发展,合理定位旅游产品,引导市场开发。

三、蓄洪区移民迁建社区的社会治理与创新

(一)社会治理与创新内容

根据蒙洼蓄洪区调研分析,结合当地社会经济发展现状,研究小组认为,移民迁建点可以从以下几个方面进行社会治理与创新。

1.党建引领

坚持把党的政治建设摆在首位,教育引导基层党组织和党员旗帜鲜明地讲政治,树牢"四个意识",坚定"四个自信",坚决做到"两个维护"。不断推进基层党组织标准化规范化建设,扎实开展党支部建设提升行动,严肃党的组织生活,严格落实"三会一课"和主题党日等基本制度。完善党委领导、政府负责、社会协同、公众参与、法治保障的社会治理体制,探索加强政治引

领、组织引领、能力引领、机制引领的有效途径;加强基层党组织对移民迁建点自治组织、社会组织等各类组织的领导;继续发挥移民迁建点党员、基层党组织的先进作用,创新移民迁建点党建,引领移民迁建点治理。把各类组织和群体团结在党的周围,带动多类主体共治共建,逐步形成以党组织为核心、以党员为典型、以居民为主体的党建模式。

2.完善顶层设计,合理进行规划布局

科学编制移民迁建点规划,加强与控制性详细规划、村庄规划的衔接。广泛吸纳居民参与移民迁建点规划,强化移民迁建点整体设计。科学规划利用移民迁建点空间和公共资源,适时调整乡镇(街道)行政区划,有序推进乡镇撤并、撤乡设镇和撤镇设街道。夯实调整优化移民迁建点网格设置,变多种网格为基层治理"一张网",街道设立网格化服务管理中心。坚持城乡规划建设和社会治理服务一体化,科学规划、统筹建设各级服务中心,构建高效便捷的服务治理网络。

一是要加强政策保障,制定科学合理、因地制宜的移民迁建点治理方案,科学规划、整体布局,完善配套体制机制。

二是要实行分阶段推进,具体内容包括:第一步,建设新型移民迁建点,重点调整区划、整合资源、完善基础设施建设及实现移民迁建点标准化建设;第二步,建设发展型移民迁建点,重点实现社区人、文、地、产、景的和谐统一,打造移民迁建点生活共同体;第三步,建设现代化智慧移民迁建点,重点把握移民迁建点可持续发展和智慧创新,构建现代化的治理能力和治理体系。

3.明确部门分工,协同治理

社会治理是系统性工程,需要各部门综合发力,实现党政领导、民政牵头、多部门配合、全民参与。移民迁建点领导小组负责统筹指导,协调各方力量,整合资源,督促落实部署重大事项,推进重大改革。建立移民迁建点联席会议制度,定期研究工作,落实分解任务,协调解决有关事项,日常工作由移民迁建点建设工作领导办公室负责。各镇(街道、经开区)党委、政府成立专门机构,把移民迁建点建设工作纳入重要议程,建立党政主要领导负责的移民迁建点建设工作责任制,构建统一领导、上下联动、各负其责、协调有序的移民迁建点建设工作格局。健全以移民迁建点居民满意度为主要衡量标准的移民迁建点建设评价体系和评价结果公开机制。

4.加大投入,拓宽资金来源渠道

资金保障是移民迁建点治理创新的重要保障,健全移民迁建点建设多元投入机制,建立移民迁建点建设专项保障资金、激励资金双轨并行机制。一是政府要增加专项投入,加大对移民迁建点建设工作的以奖代补力度,将相关经费纳入一般性转移支付保障范围;县财政落实乡镇(街道)资金预算,保障乡镇(街道)和移民迁建点工作经费。二是大力发展地方经济,如村集体经济,增加财政税收,拓宽资金来源渠道。三是出台支持政策,引导社会资金和群众自筹资金投入移民迁建点建设,参与移民迁建点公益项目,增加移民迁建点发展治理源头活水,共同推动移民迁建点发展。

5.发挥地方特色,创新文化治理

阜南县地方文化历史悠久,独具特色,且居民对移民迁建点文娱活动的需求较高。优化移民迁建点公共文化服务体系,完善历史文化传承体系,建构现代文化产业体系,创新移民迁建点现代文化治理体系,加快推进移民迁建点文化振兴,有利于为阜南县城乡接合部移民迁建点治理创新战略的实施提供文化推力和精神动力。

(二)社会治理路径

加强蒙洼蓄洪区基本公共教育、劳动就业、社会保险、医疗卫生、住房保障、社会服务、公共文化体育、残疾人基本公共服务等基本公共设施和服务的建设,制定蒙洼蓄洪区基层基本公共服务实施方案,完善服务功能。安置区配套建设相应基本公共服务项目,保障群众居住需求。加强安置区综合治理,完善社区服务体系,实现政府治理和社会自我调节、居民自治良性互动,提升迁建居民的自我管理和自我服务水平。健全社会矛盾预防化解机制,有效预防和化解社会矛盾。

设立搬迁咨询服务机构,及时帮助居民解决生产生活中遇到的困难和问题,保证居民不返迁。建立和完善乡镇、村、企业综合治理组织,加强综合治理、司法、信访、调解、警备等为一体的乡镇级综治工作中心建设。建立完善治安预警和防控机制,对重点人群进行社会稳定风险评估与预防,建立通畅有序的信访工作机制,加强对闲散青少年的教育、帮助、帮扶和矫正安置帮教工作。积极开展移民法制宣传教育工作。推进移民安置区社会建设,提高移民新村的自主性和自我组织能力,提升移民的自我管理和自我服务水平。创新社会管理手段和方法,开展"移民新村文明户""移民工程贡献者""移民工程优秀工作者"等评选活动,制定相关奖励和激励办法。

(三)"四维并举"的发展策略

以人为核心——以人民为中心,满足人民群众物质、文化、生活的多样化、多层次、多方面需求,关注群众的安全感、归属感、舒适感、幸福感,促进人民群众的全面发展,以精细管理和良好服务造福居民,实现服务在基层拓展、矛盾在基层化解、民心在基层凝聚。

项目推动——进一步完善庄台和保庄圩综合服务功能,在调查的基础上,设计开发议事类、楼组自治类、志愿服务类、亲子教育类、孵化培育类、文化传承类、为老服务类等服务项目,通过吸收、培育社会组织,激发群众开展自我组织等形式的项目服务。满足居民生活消费方式由生存型、传统型、物质型向发展型、现代型、服务型转变的需求,提升居民生活品质。

文化振兴——加强保护利用历史文化,以文化人、以德润区。大力弘扬中华优秀传统文化,践行社会主义核心价值观,深度发掘社区地域文化特质,配建多元文化设施,加强家规家风建设,引导社区居民崇德向善。

以福祉为上——推进落实基本公共服务设施建设,落实布局差异化的服务设施,以精细化管理、精准化、差异化服务满足人民群众多元诉求,努力探索建立以居民满意度为主的服务评价制度,把蒙洼建成和谐有序、绿色文明、创新包容、共建共享的幸福家园。

(四)"一核四治、共建共享"的治理机制

构建以党建引领、自治为基础、法治为保障、德治为先导、智治为支撑的治理机制,推动各类治理主体共建共治,共享成果。以发展为导向,以治理为手段,以智慧平台为支撑,充分发挥自治章程、村规民约、居民公约在治理中的积极作用,弘扬公序良俗,促进法治、德治、自治、智治有机融合。

以党建为引领——加强和改善党对庄台和保庄圩建设的领导,把加强基层党的建设,巩固党的执政基础作为贯穿社会治理和基层建设的一条红线,发挥基层党组织领导核心作用,推进单位党建、行业党建互联互动,建立开放、互联、互动纽带,推动各机关单位党员到庄台和保庄圩报到全覆盖;坚持"党建带社建",最大程度地把群众组织起来,实现从社会人向组织人的转变,真正把基层党建的政治优势转化为基层社会治理的工作优势,形成创新基层社会治理新机制。统筹协调各类组织与庄台和保庄圩居民共商区域发展、共担社会责任、共享发展成果、共建美好家园。

以自治为基础——加强和完善庄台、保庄圩自治功能。充分发挥自治章程、村规民约、居民公约在庄台和保庄圩治理中的积极作用。建立居民常态化培训机制,增强居民公共意识和公共精神,引导居民主动关心庄台和保庄圩建设、参与治理;进一步增强基层群众性自治组织开展协商、服务居民的能力,凡涉及庄台和保庄圩公共利益的重大决策事项、关乎居民切身利益的实际问题和矛盾纠纷,原则上由庄台和保庄圩党组织、基层群众性自治组织牵头,组织居民协商解决。

以法治为保障——以法治为保障,制定完善庄台和保庄圩发展治理地方性法规和规章,引导各类主体依法参与庄台和保庄圩共建;加强法制宣传,深入开展法律进社区等活动,畅通利益诉求表达渠道,整合各类法治资源下沉庄台和保庄圩,引导人民群众自觉守法、遇事找法、解决问题靠法。

德治为先导——充分发挥道德的引领、规范和约束功能,推动德治贯穿乡村治理全过程。以特色文化为依托,以新时代文明实践基地为载体,常态化开展文化活动、创评活动,加强德治建设,"潜移默化"地影响居民,弘扬社

会主义核心价值观,开展线上、线下相结合的道德教育,推动家风家训家教建设,构建友爱互助的邻里关系,培育向善向美的庄台和保庄圩精神,向上向善的文明乡风。

智治为支撑——强化互联网思维,善于运用智能化手段推动基层社会治理创新。加快打造基层社会治理的智能化平台,整合构建全流程一体化在线服务平台和便民服务体系,使互联网这个"最大变量"变为促进基层社会治理现代化的"最大增量"。

(五)"五大举措"的治理路径

1.建立治理研究基地,专家专业深度介入

与高校和相关研究机构加强合作,建立庄台和保庄圩治理研究基地。高校的专家与基层治理工作者依据庄台和保庄圩发展需要,共同设计开发与基层庄台和保庄圩治理相关的精品课程;同时与相关单位共同确定一批具有理论性、指导性、创新性、实践性的研究课题,以蒙洼蓄洪区作为治理研究"样本"和实践"范例",在坚持继承与发展结合、理论与实践结合、务实与务虚结合、共性与个性相结合的基础上,切实提升庄台和保庄圩治理的理论和实践水平,深入挖掘、呈现及推广蒙洼的治理经验,不断改进和完善治理体系。

2.进一步厘清各层级职责

深化街道管理体制创新,重构街道(乡镇)组织架构,细化街道(乡镇)的职能职责,逐步淡化街道直接抓经济发展的职能,突出抓党建、抓服务、抓治理的主责主业,建立权责清单制度。根据街道(乡镇)职能定位和履职重点,进一步细化街道(乡镇)具体职责任务,编制并向社会公布街道(乡镇)权力清单和责任清单。厘清权责边界,明确划分街道(乡镇)与相关职能部门、产业园区(功能区)、庄台和保庄圩之间的权责界限。规范事权下放准入制度。相关职能部门下放给街道(乡镇)的行政权力和责任事项,统一归口报县城乡社区建设工作领导小组,并经党委政府研究批准,同时按照人随事转、费随事转、权责对等原则提供相应保障。街道(乡镇)不得将职责范围内的行

政事项转移给庄台和保庄圩自治组织承担,不得向庄台和保庄圩自治组织下达目标考核任务,促进庄台和保庄圩自治职能归位。

3.依据需求分析,开发社会服务项目

庄台和保庄圩以提案、召开居民代表和业主委员会会议和社会组织座谈会,以及进行网格长入户走访、开展网络问卷调研等形式,在辖区居民中广泛开展需求调研征集活动,在深入调查分析庄台和保庄圩问题、居民需求和潜在资源的基础上,经统计、汇总、分析、评估,整理出急需解决的社会服务需求条目,设计和实施社会服务项目,最大化满足居民多样化、个性化服务需求,将居民需求的满足程度作为检验社会工作服务成效的标准。

4.建设建立社会组织孵化基地

建立社会组织孵化基地,从专业化、法治化的角度入手对社会组织进行培育,有利于政府、社会组织协同推进"合作共治"的社会治理平台的形成,进一步激发和释放社会活力,从而全面提升社会治理法治化水平。通过用政府主导、专业团队运营、社会有关方面跨界合作的模式,把社会组织孵化基地建成集培育扶持、培训交流、信息服务等功能为一体的社会组织综合服务平台。政府通过加大财政投入力度,建立专项奖励机制,引导社会组织健康发展;同时,降低社会组织准入门槛,简化审批手续,对部分尚不具备成立条件、尚处于初始阶段的社会组织进行备案;对于已备案的社会组织加快其正式登记注册手续办理进度,将其纳入社会组织孵化基地进行孵化管理,推动其在各自的领域为社会提供服务。社会组织进入基地后,将经历包括孵化培育、能力建设、项目运作、资金扶持等近十几项严格的孵化程序,强化社会组织参与社会治理的专业性,使其在服务居民的同时找到自我发展与提升的空间。

5.有序推动治理工作

在有序推动庄台和保庄圩治理的过程中,基层党委必须发挥领导作用、基层政府必须发挥主导作用,进一步优化基层党委、政府的功能设定与治理结构,根据职能定位和履职重点,加快制定和落实基层党委、政府的权力清单、责任清单和负面清单,推动基层党委、政府依法依规作为,补齐在社区治理方面的短板;有目标、有组织、有计划地培育社会组织,拓展社会组织发展空间,改善社会组织生存环境;制定政府购买社会服务计划,加大基层党委、政府对社会组织的支持和监督力度,促进社会组织更好开展工作;通过政策制定,强化基层治理方面的制度保障,保障社会组织和公民参与治理。

四、蓄洪区灾后重建中社会资本的支持路径

灾后重建作为一项系统性工作,需要借助人与人之间在虚拟社会和实体社会中的网络关系,需要组织与组织的合作与协调,需要社会规范与互惠的保障,而这些都得益于社会资本。因而以社会网络、社会组织和社会规范为内容的社会资本在灾后的重建与恢复中发挥着不可替代的作用。同时,作为一种可增值的资本形式,社会资本本身属于社会发展的范畴,也是灾后重建的一项重要内容。通过访谈调研,我们发现蓄洪区内社会资本虽然在灾后重建中发挥着正面功能,但同时社会资本存量有待挖掘和积累。

(一)培植乡村精英和非制度性权威

乡村精英一般是指在村庄里具有一定经济、文化和社会影响力及拥有相对资源优势的人,包括乡村干部和一些村民。这些人在乡村的发展中,尤其是在灾害重建中能够发挥社会动员和社会整合功能,对乡村的经济发展、社会与文化发展等发挥着重要的作用。首先,培养蓄洪区内优秀的年轻人。在蒙洼蓄洪区内,绝大多数的年轻人都外出务工,村内呈现一种空心化,因而政府需引导优秀的年轻人扎根农村,培养区内具有影响力的年轻人。根据政府政策优惠及实际情况,这些优秀的年轻人可在区内发展养殖、种植业或者是建工厂等,增强区内的经济活力,吸纳村民就业,促进村民发展业缘关系,从而丰富其网络资源。这样,他们将逐渐成为区外市场与区内村民之间的纽带,不仅增强村民的经济实力、提高村民的抗灾能力,而且为蓄洪区的发展奠定了坚实的基础。其次,培植和创建一种非制度性权威,非制度性权威意味着基层干部能够通过自身的工作表现和个人魅力而不是通过行政

权力获得村民的认可与支持。这就要求乡村的基层干部要与村民发展一种非制度性信任关系网络。第一,乡村基层干部要公平地执行相关政策,树立信任。基层干部应坚持在救援力量投入、救灾物资发放、灾后心理支持、灾后重建资金拨付、基础设施建设等方面的公平正义,为受灾村民的灾后恢复创造良好的环境,提高公共政策的运行效率,增强生产生活的恢复效果。第二,乡村干部要积极深入基层,积极与村民沟通,了解村民生产生活情况。第三,通过一些宣传活动,改变村民对乡村干部的惯常认知。基于此,村民的信任关系就可以从熟人关系拓展到社会关系和非制度性关系,消除区内关系网络的排他性、内向型倾向,保证受灾者的灾后恢复效果。

(二)强化村民自组织的角色与功能

村民自组织在蒙洼蓄洪区的灾后重建工作中能够弥补政府组织的不足,使得受灾村民在灾后恢复中承担积极的角色。在蒙洼蓄洪区的灾后重建中政府的主要职责是保障灾区群众的基本生存,加快相关基础设施的重建,基本恢复企业的正常生产。对于灾区社会关系形态和群众社会支持网络的恢复,政府显然无法面面俱到。实际上,灾后重建除了需要物质、资金的援助外,更重要的是群众信心的重塑和社会关系的重建,而各种类型的自组织往往能够发挥这方面的作用。村民自组织成员能够发挥自身的主动性,积极参与灾后恢复工作,而不是被动等待政府组织的帮助。在市场经济下,政府的作用往往是有限的,这就需要村民自组织发挥桥梁作用,积极争取区内所需要的重建资源。政府要积极培育村民自组织,发挥自组织的作用,动员受灾群众更积极地参与灾后重建。针对蒙洼蓄洪区的自组织缺位问题,首先政府需要转变观念,乡村基层政府应该认识到村民自组织能够弥补政府公共服务能力上的不足。其次,政府采取政策、资金支持等措施大力培育除农业合作社之外的其他公共服务村民自组织,如针对区内适龄儿童的相关教育自组织、村民迁建过程中表达利益诉求的政治维权自组织、就业自组织、环境治理自组织等。同时政府或区内有威望者可将蓄洪区恢复行动中的一些临时自组织发展为具有各种功能的长期性自组织,确保集体行动和合作行为的稳定性。最后,村民自组织要加强自身能力建设,提高社会形象,提供专业服务,通过与政府的合作,动员村民参与社区互助、地区巡逻和公共设施建设等社区活动,从而促进灾后生产生活的顺利恢复。

(三)建构正式与非正式相结合的社会规范

首先政府应该根据蒙洼蓄洪区内的问题,积极制定一些规范来引导村民建设美好家园。由于蓄洪区的特殊性,村民们大多住在庄台上,庄台面积小,居住空间拥挤且人畜共住环境差。因而政府除了制定一些安全防洪规范之外,还要制定一些环境卫生规范,指导区内村民共同营造良好的居住环境。这种正式社会规范的长期执行能够潜移默化地转化为非正式的社会规范。其次,居民迁建可能会使一些社会规范发生变化,因而政府在迁建中要将受灾者原有的社会联系纳入考虑范围,尽量保持原有的社会交往,进而使得村民在长期生活中所形成的非正式社会规范依然能够发挥作用。对于那些由于移民安置社会交往发生变化的社区,政府和村民自组织要积极开展社区活动,促使村民相互联系,创造一种共同经历和共享经验,从而增强他们的社区归属感和认同感。

(四)推动以网络为载体的社会资本连接

通过访谈,我们注意到在大数据时代下,以互联网为载体的社会资本对蒙洼蓄洪区的灾后重建发挥着巨大的作用。在蒙洼蓄洪区内,微信群成为村民之间的信息交流空间,促进了信息沟通;基层干部通过抖音平台为灾后生产的蔬菜做广告,提供了灾后生产恢复的方法,实现了资源共享;政府公共网站成了人民表达意见、了解政策的平台,一些互联网技术也被用于灾后公共空间的营造。微信这一社交网络平台,在蓄洪区灾后恢复中发挥的作用尤其明显。Chu Haoran 和 Yang Janet Z 在飓风"哈维"期间和之后对休斯敦华裔社区微信使用情况的研究中发现,微信作为一个社会化的消息传递平台,其动态的用户互动和群组形成,让用户能够有效地建立社交联系,从而获得不同类型的社会资本,促进了个人和社区抗灾能力的形成。微信群作为在线社会资本的载体,在促进灾后重建上有三个明显优势。首先,拓宽了受灾地区个人和集体的社会网络空间,群内成员可获得的信息和资源更加多样化。大多数用户通过强关系和弱关系被邀请加入不同的群组,群内成员社会背景不同、异质性比较高、因而成员可获得更多的异质性资源。其次,微信群在一定程度上也是一种在线社会组织,群内成员各有分工,推动了灾后工作的统一部署和决策信息的畅通。相关成员利用微信传播重要的实时救灾信息并反馈灾后恢复工作的最新进展,协调了灾后重建行动。最后,当用户邀请他认识的人加入群组时,这种因紧密联系而带来的信任感会促使新成员信任其他组内成员并且适应群内相关规范,使他们产生一种组织内的身份认同感。这往往可以提高他们行动的一致性和互助性,也可以使更多的人参与到灾后的恢复活动中来,维持灾后重建的秩序。因而,以社会网络、社会组织和社会规范为内容的社会资本在互联网时代通过微信平台能够发挥更好的作用。所以,政府组织和村民自组织要认识到微信这样的社交网络平台所蕴藏的潜力,增强个人和社区的韧性。政府组织和村民自组织除了在微信、微博等社交网站上开通账号建立群组之外,也要通过各种活动扩大自身的公信力和影响力,推动社会资本线上和线下的连接。

第十四章 启示与展望

一、启示

(一) 利用蓄滞洪区调蓄洪水是流域防洪的重要手段

治淮初期确定的"蓄泄兼筹"的治淮方针，经实践证明是完全正确的。上游以蓄为主、中游蓄泄兼筹、下游以泄为主的治理策略，符合淮河实际情况。在中游设置蓄滞洪区调蓄洪水，是国内外大江大河防洪治理的普遍做法。淮河中游的行蓄洪区，在我国各大江河的蓄滞洪区中运用最为频繁。这是由淮河流域所处的地理位置、气象条件、洪水特点等因素决定的。

淮河中游的行蓄洪区自设置以来，在流域防洪中发挥了重要作用。它们的及时有效运用，削减了洪峰，降低了干流水位，减轻了干流堤防的防汛负担，保障了淮北平原、沿淮重要城市的防洪安全，同时也大大减轻了淮河上游、下游地区的防洪压力。

就运用机遇而言，位于洪水汇集点附近的行蓄洪区运用相对频繁。蒙洼蓄洪区位于淮河上中游的分界点、淮河干流和洪河的交汇处，王家坝的洪水位和蒙洼蓄洪区的运用与否，是淮河防汛的晴雨表。中游洪水汇集点的正阳关，附近的姜家湖、唐垛湖、城东湖运用次数也较多。总体而言，蚌埠以下河段的行蓄洪区运用次数较少。目前，寿西湖行洪区、董峰湖行洪区正在实施行蓄洪区调整建设工程，即将建成有进、退洪闸的行蓄洪区。届时，蓄洪区调度将更灵活、更有效。淮河中游行蓄洪区调整建设工程完成后，需要重新研究行蓄洪区的调度运用办法。将来，蒙洼、姜唐湖、寿西湖、董峰湖、荆山湖等行蓄洪区可以作为应对一般或较大洪水优先考虑使用的行蓄洪区。

(二)在低洼地合理设置行蓄洪区是科学的土地利用方式

蒙洼蓄洪区的设立,既是为了调蓄洪水,同时也是为了合理利用这片低洼地发展农业生产。蒙洼蓄洪区建成后,68年间共13年16次进洪,即1954年、1956年、1960年、1968年、1969年、1971年、1975年、1982年(2次)、1983年、1991年(2次)、2003年(2次)、2007年、2020年,缓解了防洪压力,减轻了洪水灾害损失。与设立蓄洪区之前相比,极大地改善了这一地区的农业生产条件。设立蓄洪区之前,蒙洼地区的农作物保收程度很低,几乎年年受淹。据有关记载,十年中要淹三次麦,淹七次秋。建成蓄洪区后,虽然进洪年份洪水造成的农业损失很大,但在非蓄洪年份可确保区内农业生产麦秋两收。由于土地肥沃、水源条件好,区内农业生产得到了较好的发展,耕作面积不断扩大,目前耕地面积已达19万亩。除进洪年份以外,截至2020年底,蒙洼蓄洪区内共收农作物午季66次、秋季55次,农作物种植面积累计达2390万亩。蓄洪工程减少了非蓄洪年份灾害范围和损失,增加了粮食产量。初步分析,蓄洪区建成后,多收午季作物19次,秋季作物35次,农作物种植面积累计增加1519万亩,为国家粮食安全作出了贡献。因此,看待蓄洪区,尤其是研究蓄洪区的规划建设与投入安排时,要树立历史的观点、大局的观点,客观认识蓄洪区建设的意义。

(三)蓄洪区建设必须始终坚持以人为本的指导思想

要保障蓄洪区的及时有效运用,除了安全可靠的进退洪闸和堤防以外,重要的是安置好区内居民。进洪前需要将低洼地居民撤退至安全地带。1991年淮河洪水,安徽省淮河行蓄洪区临时撤退转移的群众接近100万人,大量群众的临时安置、生活保障、卫生防疫等都是难点。群众安居问题不解决,就难以保障行蓄洪区的及时运用,老百姓也难以有长久安稳的生活环境。

淮河中游的行蓄洪区建设始终坚持以人为本的指导思想,把群众的生命安全放在首位。特别是1991年国务院作出进一步治理淮河的决定,通过建庄台、筑保庄圩、居民迁建等措施,基本上解决了经常进洪的行蓄洪区居民的安全居住问题。

蒙洼蓄洪区在20世纪50年代建有少量的低标准庄台,以方便群众的居住和生产。80年代扩建庄台,2003年大水后增建保庄圩,并实施居民迁建。在方便群众撤退转移和生产方面,还建设了蒙洼防汛交通桥和中岗大桥,畅通了蓄洪区的对外交通。目前,蓄洪区内的19万名居民已得到妥善安置,群众的居住环境得到极大改善。需要蓄洪时,无须安置大量的临时转移人口,蓄洪条件发生了根本的变化。蒙洼蓄洪区逐步从人水争地到人水和谐共生,从解决安全问题到安全、环境与发展并重,建立了因地制宜、迁建与就地安置并举、生态优先的发展模式。

(四)区内人口增长过快加大了蓄洪区管理的难度

针对蒙洼蓄洪区群众安置问题,淮委早在1954年就组织开展了系统的专门调查,形成了《对蒙洼蓄洪区群众安置问题的调查报告》(以下简称《调查报告》)。《调查报告》建议按照不同地区采取不一的处理方案,认为利用岗地就近安置是一种最安全、最经济的处理办法,有条件的尽量迁堤、迁岗,没有更好安置去处的采取加高、扩建和新建庄台等办法。蒙洼蓄洪区内1954年人口为5.36万人,2018年人口为19.5万人,平均人口年增长率为20.3‰,远高于全省人口增长水平。

70年来,我国社会经济快速发展。回顾过往,蒙洼蓄洪区安全建设对《调查报告》中提出的规划思路和原则并未引起足够的重视,偏重于工程措施建设,对"人"的问题研究不够,在蓄洪区及周边村庄布点、新农村建设、城镇规划中,将区内居民尽量迁出蓄洪区的意识不强,缺乏统筹考虑和安排,致使区内人口增长过快,加大了蓄洪区建设和管理的难度。

目前,全国各大江河蓄滞洪区的综合性管理尚待强化。《全国蓄滞洪区建设与管理规划》虽经批复,但主要是由水利一个部门来实施相关的政策和措施,且主要是安全设施建设等减灾措施,缺乏对蓄洪区内行之有效的管理政策和措施。许多蓄滞洪区人口的流入和增长控制不到位,加大了居民迁建的难度。社会管理薄弱仍是蓄滞洪区治理的短板,后期相关政策制定应当利于人口外迁的实施。

(五)居民迁建和安全区建设是未来蓄洪区安全建设的主要方向

从实践看,蒙洼蓄洪区安全建设大体分为三个阶段。

一是生产生活保障阶段,以建设庄台为主。从 20 世纪 50 年代到 80 年代,甚至 90 年代,群众收入基本来源于土地,加上农业机械化程度低,农民需要便利的生产条件。这一阶段为解决安全问题,同时考虑群众对于土地的依赖,安全建设以就近建设庄台为主。虽然在 50 年代就提出过居民外迁,但受认识水平、外迁后就业机会少等因素的限制,外迁措施很难实行。

二是环境改善阶段,规划建设保庄圩(安全区)。1991 年、2003 年大水暴露出蓄洪区庄台存在的许多问题,包括居民的生产生活空间狭小、卫生状况堪忧、湖心庄台在进洪之后难以对外联络等。随着经济发展,群众的生活水平逐步提高,对于环境改善的需求十分迫切。在 1986 年建成的安岗保庄圩的基础上,从 2003 年开始,规划建设了王家坝、老观等 5 座保庄圩,以保障群众的生命安全,改善群众居住环境和生产条件。保庄圩的规划建设,与社会经济的发展、农业机械化程度的提高、农业生产半径的扩大等因素有关。

三是城镇化发展阶段,以居民迁建为主。2003 年淮河洪水,安徽省淮河行蓄洪区紧急转移群众 65 万人,其中,许多群众的房屋倒塌,面临着无家可归的困境。安徽省根据水利部的要求,及时编制了淮河行蓄洪区和滩区移民迁建的规划设计,先后批复实施四期移民迁建共 7.22 万户、25.28 万人。2018 年,围绕实现脱贫攻坚和全面建设小康社会,安徽省编制了淮河行蓄洪区安全建设规划,作出"减总量、优存量、建新村、分步走"的总体部署,加快实现行蓄洪区长治久安、可持续发展。规划以实施人口迁建为主,协调推进居民迁建和美丽乡村建设。

回顾蒙洼等其他淮河行蓄洪区安全建设历史,安全建设措施及人口安置方式的选择与当时的社会经济发展水平是分不开的。目前,长江、淮河、海河等流域,正在规划或实施蓄滞洪区调整与建设工程,随着流域总体防洪形势的改善及城镇化程度的提高,居民迁建和安全区建设将是未来蓄洪区安全建设的主要方向,大量的洲滩圩垸和低标准圩区的治理及人口安置同样可以采取居民迁建和建设安全区的方式。

(六)需要加强蓄滞洪区的管理及相关政策的研究制定

中华人民共和国成立以来,蓄滞洪区的建设取得巨大成效。蓄滞洪区的及时有效运用,保障了流域防洪安全。淮河行蓄洪区的治理为全国其他蓄滞洪区的建设提供了示范,积累了经验。但是,纵观几十年蓄滞洪区的建设与管理工作,综合性管理不足仍然是一个明显的短板。水利部门的工作重心主要集中在建设安全设施的"硬件"上,对非工程措施的研究,无论是人才队伍还是研究基础,都显得不足。一个科学的蓄滞洪区管理政策的制定,需要经历一段时间的调查研究、分析思考、综合研判并进行政策实施后的效果预测,这样制定出来的管理政策才更切合实际、更科学。因此,开展蓄洪区以"人"为主体的相关社会学研究,显得尤为必要。

二、展望

(一)布局调整

经过几十年的防洪建设,大江大河的防洪形势发生了深刻变化,重要防洪保护区的防洪标准显著提高,蓄滞洪区的社会经济条件也发生了很大变化。淮河中游行洪区调整与建设工程的实施,通过修建进、退洪闸改善了进退洪条件,调度运用更加灵活有效,部分行洪区调整为保护区,行蓄洪区的布局得到优化。未来,应结合正在开展的流域防洪规划修编,进一步优化蓄滞洪区布局,根据各个蓄滞洪区在流域防洪中承担的作用,以及位置、面积、区内经济条件、河势变化等因素,重新审视、研究蓄滞洪区在流域防洪体系中的定位,优化调度方案,以适应新时期经济社会发展的需要。

(二)安全建设

安全建设是蓄滞洪区建设的重要内容。淮河行蓄洪区安全建设的实践表明,撤退道路、庄台、保庄圩、居民迁建等措施的制定,必须因地制宜,兼顾生产生活,远近结合。一直以来,蓄滞洪区内居住在低洼地群众的防洪安全、居住在庄台上群众的生活环境改善是亟须解决的两大问题。未来,将按照"减总量、优存量"的思路,继续实施以外迁安置和安全区建设为主的安全建设模式,完善以撤退道路为主的防汛交通路网建设,彻底形成行蓄洪运用不迁人、物资财产转移快、安全区居住环境优的蓄滞洪区新局面。

(三)人口管理

制定蓄滞洪区人口管理政策,构建统一规划、地方负责、政策引导、综合监管的蓄滞洪区人口控制管理体系。严控区外人口迁入,杜绝外迁人口返迁。提高人口素质,把人口红利转变为人才红利,通过洪水风险教育、务工技能培训等措施,增加劳动的知识含量和产品附加值,推动蓄滞洪区内农村劳动力向城市非农产业转移。各级地方政府制定行蓄洪区群众外迁鼓励政策,从就业、住房、教育、医疗等多方面解决群众生产生活问题,保证迁得出、稳得住、能致富。

(四)风险管理

洪涝水风险贯穿于蓄滞洪区居民日常生活和汛期防洪中。在风险划分的基础上,制定蓄滞洪区土地利用规划,将蓄滞洪区分为重度、中度、轻度三种土地分区,制定相应的土地利用政策和产业政策,发挥蓄滞洪区的农业生产、生态观光旅游等多种功能。推行洪水保险制度,建立居民洪水保险基金和扶持政策,提高承灾能力。

(五)产业发展

充分发挥蓄滞洪区水土资源优势,因地制宜,挖掘产业特色,发展具有蓄滞洪区特色的区域经济。以生态涵养与修复、传统农业集约经营、特色农业与加工业、生态观光旅游为产业发展方向和模式,加快土地流转,推动产业适度规模化发展。调整产业结构,宜种则种、宜牧则牧、宜林则林、宜鱼则鱼、宜水则水,发展优质稻米、蔬菜、林草、水产(禽)养殖等适应性产业,推进稻虾(渔)共生、藕渔共生、稻鸭混育、农牧结合的生态循环立体种养模式。发挥原生态乡村聚落景观和优质湿地生态资源优势,发展以休闲度假、湿地观光、田园采摘为一体的原乡生态旅游,构建人水和谐共生,绿色发展的产业新格局。

附　录

55年间15次蓄洪的濛①洼蓄洪区，在脱贫攻坚最为关键阶段，积极探索一条在履行好蓄洪"国家使命"同时，让19万群众在全面小康路上不落一人的新路子

濛洼巨变

一直到56岁那年，郎健才住上红砖砌成的平房。他今年70岁，所居住的王家坝镇郎楼庄台是阜南县濛洼蓄洪区较早建成的一座庄台。如今，焕然一新的庄台面貌，常勾起他对过去的回忆。"做梦也想不到庄台能变成今天这样好！"郎健说，"以前每次放水，家就被淹。2003年大水后，才在国家政策支持下盖起现在住的房子。"

郎健说的"放水"，就是指蓄洪。濛洼蓄洪区从1952年建成到2007年最近一次运用，55年间15次蓄洪，为保障淮河流域防洪安全作出巨大贡献。

今年是濛洼蓄洪区变化最大的一年：12月20日，全部131个庄台人居环境整治主体工程完工，台顶修通了双向通行的公路，安装了路灯，建起村民广场，污水管网连通家家户户，生活污水集中处理。1.9万多超容量居住在庄台的群众，被拆迁安置到附近保庄圩内集镇周边。"我们下决心在今年内投入8亿多元，改造全部庄台，用最直接、最现实的获得感凝聚民心民力，吹响濛洼地区决战深度贫困的冲锋号。"阜南县委书记崔黎说，2019年，阜南

---

① 濛洼即蒙洼。

县可望摘掉国家级贫困县帽子,濛洼蓄洪区——这片因洪水频繁造访而陷入深度贫困的"民生洼地",将历史性地解决绝对贫困问题。

作为中华人民共和国成立以来运用最频繁、贫困程度最深的淮河蓄洪区,如何在履行好国家防总直接调度蓄洪这一"国家使命"的同时,让19万多群众在全面小康路上不落一人,濛洼闯出一条新路。

心态之变
从"等靠要"到"加油干"

淮水汤汤,润泽着淮河流域1亿多人,也给沿岸人民留下不少创痛。

"淮河流域夏季汛期降雨占全年降雨量的60%以上,易发大洪水,且来得快、去得慢。"省水利水电勘测设计院总规划师徐迎春介绍,从淮河源头到豫皖两省交界洪河口的上游地区,坡降比是我省境内中游地区的16倍以上,而下游洪泽湖湖底平均高程比我省境内部分淮河干流河道高出8米以上。由于地形特殊,泄洪尾闾不畅,防洪形势严峻复杂。我省淮河行蓄洪区多达21处,占全国行蓄洪区总数近1/4,构筑起流域重要的防洪安全屏障。但行蓄洪区内迄今仍有超过64万人,住在低洼地带或超容量居住在庄台上,成为全省脱贫攻坚的"坚中之坚"。

濛洼处境最为艰难。它是淮河上游以下的第一个蓄洪区,从王家坝进洪闸到曹台孜退洪闸,地势由高到低,占地面积超过180平方公里,蓄洪库容7.5亿立方米,覆盖王家坝镇、老观乡、曹集镇、郜台乡等乡镇,生活着19万多人,其中15万多人生活在庄台。"独特的地理位置和地势条件,让濛洼成为运用最频繁、运用效果明显的淮河蓄洪区。"徐迎春说。

"过去濛洼老百姓有一个说法,全部家当就系在一条绳子上。洪水一来,拎起来就走。"阜南县水务局局长张彪回忆说。

频繁蓄洪不仅让群众难以积累财产,经济发展也严重受限:严禁布局工业项目,工业化城镇化"双轮驱动"之路行不通,贫困发生率是全省2倍多。

"濛洼是国家防总直接调度的蓄洪区,这在一定程度上滋生了'等靠要'

思想,认为应该靠国家来摘掉穷帽子。"崔黎说。

这种观念加重了发展中的畏难情绪。"过去特色产业做不起来,很大程度在于不愿意引导农民进行土地流转。"曹集镇党委书记陈东群说,流转土地有时会涉及迁坟,有时会遇到群众私下把土地让给他人耕种等情况,往往就会产生"何必自找麻烦"的想法。

深度贫困地区脱贫攻坚,最重要的是激发内生动力。"蓄洪区虽然是国家调度的,但群众是乡里乡亲,不靠实干、自己干,怎能改变贫困面貌?"崔黎说。

"怎样走出一条稳定的脱贫路?我们考虑还是要靠特色产业,于是主动到合肥,试着找当地莲藕种植协会负责人洽谈。结果出乎意料,对方非常看好我们这里,先行种植 1800 亩,现已带动莲藕种植面积超过一万亩,吸收840 多名贫困群众就业。"陈东群颇有感触地说,只要愿意干、加油干,不仅能找到出路,路子还会越走越宽。

状态之变
从"安身老庄台"到"宜居新家园"

"出门一线天,污水靠蒸发,垃圾靠风刮。"这句在濛洼广泛流传的顺口溜,道出了庄台群众的生活窘境。

庄台是行蓄洪区特有的居住形态。全省淮河行蓄洪区共有 199 座庄台,其中 131 座在濛洼,庄台台顶按 30.5 米高程建设,以确保蓄洪时居住安全。濛洼 15 万多群众居住在庄台,人均占地面积不足 23 平方米,仅为 2017 年末全省农村人均村庄用地面积 6% 左右。房挨房、楼挤楼,过道常常只有一人宽,这就是"出门一线天"的由来。

"路太窄,出门既不方便也不安全。"郜台乡童家庙庄台村民童大叶说,前两年,就曾发生上下庄台的两辆摩托车迎面相撞事故。

这次庄台改造中,童大叶第一个站出来拆掉自家房子,支持在庄台中间新修一条超过 10 米的宽阔通道。

"庄台整治改造,首先要对部分超容量居住群众进行拆迁安置,以便腾出空间修道路、建广场、铺管网,修建污水处理设施,彻底改善人居环境。"驻守庄台整治一线的阜南县委副书记、县政协主席陈建华说,"基层干部把拆迁称为'天下第一难',但庄台拆迁改造得到了群众的真心拥护。"

庄台改造工程的最后阶段,由于冬季雨雪增多,遇到天气晴好时就要连夜施工。12月中旬,在王家坝镇前丁郢庄台,施工队昼夜奋战修建台顶道路。村民金其友不仅为施工队送热水,还腾出一间房给施工队员轮流休息。道路完工那天晚上,硬是做了一桌饭菜慰劳施工人员。"你们都是为我们好。"老金的话很朴实。

干部着急,群众不急,是深度贫困地区脱贫攻坚常见的难题。"干部真干事,群众有盼头,干群就会一条心。"陈东群说,以前土地流转时总有两成左右群众不同意,现在顺利多了,扶贫项目也就能很快落地。

老观乡和平庄台贫困户徐良文,因妻子患病致贫,这次被安置到保庄圩内。"住进新家,老婆家人愿来照顾她,我就出去打工。"徐良文说,除自己干活,两个孩子也都在学技术,日子会过好的。

新的家园,让这个农村汉子燃起了新的希望。

思路之变
从"被动蓄洪"到"主动用水"

第二次联系上张朝玲时,电话里传来她风风火火的声音:"我正忙着装车发货呢。"这位昔日"打工妹"创办的德润工艺品公司,主营柳编产品加工出口,一年营收超过2000万元。

第一次见面是在田间地头。她在郜台乡流转2000多亩土地种植杞柳,蒙蒙细雨中正组织村民收割,干完活现场结账,一天100元。"最忙的时候,要请200多人。"她说。

"全乡杞柳种植面积超过1万亩,亩均收入超过4000元。村民帮着收割,一年也能增收3000元左右。"郜台乡乡长刘怀昌说,杞柳能长在水中,该乡准备把 3000 多亩河滩也种上杞柳。

产业是脱贫的根本支撑,但蓄洪区内发展工业、设施农业都受到限制。"虽然承担蓄洪功能,但变被动蓄洪为主动用水,也能走出一条适应性的产业发展路子。"崔黎介绍,2015 年以来,阜南县财政每年拿出 3000 万元,对濛洼地区发展水生作物等产业进行奖励。

"一开始大家并不积极,有的乡镇每次开现场观摩交流会,都带大家看同一块蔬菜种植基地。"陈建华说,当时产业基础薄弱,找不到像样的龙头企业和大户来带动。

"农业产业化更要'挑商选资',如果招引不到真正有实力和成熟市场网络的龙头企业,不仅产业发展不起来,还会把流转土地的群众坑了。"老观乡乡长王军说。该乡 1 万亩芡实种植基地将在 2019 年春节前完成配套设施建设。一旦蓄洪,淹没深度在 3 米左右,但芡实生长不受影响。

"收获的芡实经过深加工后,主要销往福建、广东等地,年盈利能达到 1000 万元。"项目投资商钱会明说,他是看到亲戚在这里投资的 5000 亩芡实基地经营状况良好,才决定入驻的。

"以商引商、龙头带动龙头,让群众觉得很可信。"王军说。

如今,濛洼的土地流转率已超过 40%,芡实、莲藕、龙虾种养等适应性产业的发展,已经带动当地 20% 左右的群众创业就业,亩均效益 4000 元以上。

"家里 5 亩多地流转种芡实了。"老观乡钱楼庄台村民杜贵元说,地不需要自己种,在庄台改造时他选择搬到保庄圩内,这让两个孙子上学更方便了。

理念之变
从"人水争地"到"人水和谐"

老观乡老戎台庄台原本是一座不安全的废弃庄台,在今年冬天却喧闹起来。位于濛马河边,独特的邻水优势赋予它新的生机:庄台台顶被加高至安全高程,正在建设一座专业化钓鱼比赛基地。

"如果建设顺利,2019年春节前就能迎来一场专业钓鱼比赛。"项目投资商苗少龙说。濛马河流经濛洼四个乡镇,苗少龙这位"凤还巢"创业者自小在河边长大,垂钓濛马河曾是儿时最大的乐趣。

"一场专业钓鱼比赛能吸引两三百人参加,前后五六天时间,对农家乐、旅游观光、特色农产品销售都会有明显的拉动效应。"王军说。

濛洼蓄洪区内分布着濛河分洪道、濛马河、淮河故道等河流。"在这次庄台改造中,我们把重要河流沿线庄台建设成具有旅游功能的精品庄台,依托河流发展旅游休闲产业。"陈建华说,水患一直是"濛洼之痛",但独特的水资源条件越来越成为一大突出优势。

历史上,濛洼曾经是"地广人稀的湖洼地,分布着8个长年的积水湖,野鸭成群,是捕鱼的'战场'"。

"蓄洪时'水进人退',蓄洪后'水退人进',人水争地加剧了濛洼蓄洪与发展的两难。"徐迎春说,今后还是要给水资源腾出足够空间,走一条因水而兴的发展路子。

据统计,濛洼人口由1954年的5.4万人增长至目前的19万人以上。根据9月份出台的我省淮河行蓄洪区安全建设规划,濛洼有9.24万庄台超容量居住人口需要搬迁安置。

"用好水资源,发展适度规模经营的适应性农业和旅游休闲、健康养老等现代服务业。"崔黎说,濛洼脱贫,根本上还是要靠产业结构调整来引导人口布局优化,闯出"人水和谐"新路子。

"深水鱼、浅水藕,滩涂洼地种杞柳。鸭鹅水上游,牛羊遍地走。"这是今日濛洼人正在绘制的绿色发展画卷。

人与自然和谐共生,是濛洼人的向往,更是濛洼人的出路。

(记者 胡旭 王恺)

【来源:安徽日报】

(本文获2018年安徽新闻奖一等奖)

主要参考文献

1. 中华人民共和国住房和城乡建设部.蓄滞洪区设计规范(GB50773-2012).北京:中国计划出版社,2012.

2. 水利部水利水电规划设计总院.全国蓄滞洪区建设与管理规划[DB/DL].http://www.doc88.com/p-9883114988387.html.

3. 华阳河蓄滞洪区建设工程可行性研究简要报告

4. 王艳艳、向立云.《全国蓄滞洪区建设与管理规划》解读.水利规划与设计,2013(6).

5. 梁志勇等.国外非工程防洪减灾战略研究.自然灾害学报,2002(1-2).

6. 治淮委员会,治淮汇刊编辑委员会.治淮汇刊(第二辑).蚌埠:治淮委员会办公厅,1952.

7. 濛河洼地蓄洪工程七年来的成绩和效益 蒙洼蓄洪区工程管理处 1957年10月.

8. 王家坝闸竣工总结报告安徽省阜阳专区蒙洼进水闸施工队1953年6月30日.

9. 安徽省王家坝闸除险加固工程竣工验收报告汇编2006年5月.

10. 安徽省王家坝闸除险加固工程设计报告安徽省水利水电勘测设计院2006年7月.

11. 安徽省王家坝闸控制运用办法安徽省水利水电勘测设计院2004年6月.

12. 王邦雨.《淮河洪水调度方案》修订工作概述.治淮,1999(01).

13. 徐迎春、陈平等.淮河中游行蓄洪区的运用与减灾[J].中国水利水电科学研究院学报.2004(01).

14. 李燕、徐迎春.淮河行蓄洪区和易涝洼地水灾防治实践与探索[M].北京:中国水利水电出版社,2013.

15. 徐英三.淮河洪水调度的实践与展望.治淮,2011(11).

16. 曹台孜退水闸安全鉴定报告书.2001年9月6日.

17. 安徽省阜南县曹台孜退水闸除险加固工程初步设计安徽省阜阳市水利规划设计院2002年3月.

18. 何琦.浅析濛(蒙)洼蓄洪区运用时机.治淮,2003(12).

19. 高强、徐迎春、王露露.关于蒙洼蓄洪区安全建设的思考.江淮水利科技,2020(05).

20. 安徽省淮河干流蒙洼蓄洪区堤防加固工程初步设计安徽省水利水电勘测设计院2003年8月.

21. 安徽省淮河干流蒙洼防汛交通桥工程设计报告安徽省水利水电勘测设计院2006年7月.

22. 安徽省淮河干流蒙洼防汛交通桥工程竣工验收鉴定书蒙洼防汛交通桥竣工验收委员会2006年5月.

23. 安徽省淮河干流蒙洼蓄洪区中岗大桥工程初步设计安徽省水利水电勘测设计院2008年8月.

24. 蒙洼蓄洪区安全建设中岗大桥工程设计工作报告安徽省水利水电勘测设计院2009年12月.

25. 蒙洼蓄洪区安全建设中岗大桥工程设计自查报告安徽省水利水电勘测设计院2010年11月.

26. 蒙洼蓄洪区安全建设中岗大桥工程设计工作报告安徽省水利水电勘测设计院2010年11月.